Jean-Christophe Rufin

# Die Diktatur
# des
# Liberalismus

Deutsch von
Hainer Kober

Rowohlt

Die Originalausgabe erschien 1994 unter dem Titel
«La Dictature libérale.
Le secret de la toute-puissance
des démocraties au 20ᵉ siècle»
bei Éditions Jean-Claude Lattès, Paris

Umschlaggestaltung Sebastian Linnerz

# Inhalt

Der Mensch wird frei geboren, und überall
ist er in Ketten.

J.-J. Rousseau
*Der Gesellschaftsvertrag*

# Der demokratische Menschenfresser

*«Monsieur Frérot, der Staatsanwalt hat Ihnen eine Frage gestellt. Wollen Sie sie nicht beantworten?»*

*«Ich habe Ihnen schon mal gesagt, ich habe keine Aussage zu machen. Verstehen Sie kein Französisch?»*

*«Lassen Sie mich noch einmal nachfragen, Monsieur Frérot, Sie möchten wirklich nicht . . .»*

*«Nein, ich habe dem Schwachkopf nichts zu sagen.»*

*«Gut, in Ordnung. Ich rufe den Gutachter Soundso auf. Sie schwören die reine Wahrheit zu sagen und nichts als die Wahrheit . . .»*

*Die rührende Litanei des Rechtsstaates, verhöhnt, mit Füßen getreten vom zynischen Lächeln und den Beleidigungen dieses angeblich Unschuldigen, dessen Schuld sich am folgenden Tag erweisen wird.*[1]

Jedesmal, wenn ein Richter unter Mafiakugeln stirbt, ein Extremist terroristische Anschläge verübt, ein Diktator die Welt der Freiheit und der Menschenrechte herausfordert, wird das gleiche Klagelied angestimmt: Wie verletzlich sind die Demokratien! Wie hilflos den Zumutungen und Nachstellungen böser Mächte ausgeliefert! Wie tragisch ist ihr Schicksal: Sie sind dazu verurteilt, im Meer der Gewalt unterzugehen, das sie umgibt und sie aushöhlt.

Die letzten hundert Jahre sind von einem Ansturm schrecklicher Kräfte gegen die Demokratie geprägt: von den preußischen Junkern bis zu den Nazis, den ersten Bolschewiki bis zur welt-

---

1 Claude Sarraute, *Le Monde*, Oktober 1992.

weiten Verflechtung des kubanischen, chinesischen und vietnamesischen Kommunismus. Terroristen, Mafiosi, religiöse Fundamentalisten – das Heer derer, die den Untergang der Demokratien auf ihre Fahne geschrieben haben, ist nie müde geworden, die Ablösung dieser Staatsform zu verkünden. Mühelos erkennt das geübte Auge schon von fern die Gefahren, die zwar noch nicht Wirklichkeit geworden sind, sich aber doch am Horizont abzeichnen: die ökologischen Katastrophen, untrennbar verbunden mit dem gefährlichen Übereifer der grünen Utopisten; die unkontrolliert anwachsenden Menschenmassen der südlichen Halbkugel, die sich, entwurzelt, anschicken, die Industrienationen zu überfluten; die krisengeschüttelte Weltwirtschaft, die neue Armut immer größeren Ausmaßes produziert und damit eine wachsende Zahl verzweifelter Menschen extremen politischen Auffassungen in die Arme treibt.

Diese Mischung aus diffusen Ängsten und bevorstehenden Tragödien, aus schmerzlicher Vergangenheit und bedrohlicher Zukunft nährt die düsteren Bedenken in den Demokratien. Optimismus ist das Privileg totalitärer Staaten, die bedenkenlos eine verheißungsvolle Zukunft beschwören – blonde Kinder mit Blumensträußen, wogende Getreidefelder und was dergleichen Zeugnisse sieghaften Lebens mehr sind. Ganz anders geht es im feuchten, finsteren Unterholz republikanischer Gesinnungen zu: Die demokratische Kultur pflegt das morbide Privileg, sich sterblicher als alle anderen zu wissen. Um leben zu können, muß sie sich Tag für Tag alle Einzelheiten des Dolchs ausmalen, von dem sie den Gnadenstoß empfangen wird. Bangen Auges sucht sie die Gefahr, die sie in ihren Bann zieht. Erklärt ihr jemand entgegenkommenderweise, «wie die Demokratien enden»[2], nimmt sie ihm nicht übel, daß er sich für den Augenblick geirrt hat. Die Stunde wird kommen. Wie Kranke, die wissen, daß ihre Situation hoffnungslos ist, erträgt sie ihr Leiden, indem sie sich sagt, daß sie sich ihr Ende schon zu oft vorgestellt hat, um es nicht als Erlösung willkommen zu heißen.

2 J.-F. Revel, *So enden die Demokratien*, Piper, München 1986.

Im vorliegenden Buch möchte ich versuchen, diese Vorstellung von der Schwäche der Demokratien zu widerlegen. Dabei gehört die Ansicht, daß die Gesellschaften, die sich auf das Doppelprinzip von Rechtsstaat und Marktwirtschaft berufen, extrem anfällig sind, zu den wenigen unumstrittenen Meinungen unseres Jahrhunderts. Wenn sich eingefleischte Liberale und fanatische Marxisten je in einem Punkt einig waren, dann in dieser Überzeugung.

Wir müssen kämpfen, sagten die Marxisten, denn die Krise der bürgerlichen Demokratie ist absehbar. Ihre Widersprüche höhlen sie aus, schwächen ihre Kräfte, wir werden siegen! Wehe! riefen die Liberalen, die Mittel der Demokratie sind schwach. Ihre politischen und wirtschaftlichen Mechanismen verleihen ihr nur begrenzte Macht: Sie ist nicht sehr belastbar. Im Namen dieser Hinfälligkeit bekämpfen sie jede Form der Utopie und stehen nicht an, sich mit der Gewalt zu verbünden, um ihr Einhalt zu gebieten.

Alle waren von der Schwäche der Demokratie überzeugt – die einen, um die Mittel zu rechtfertigen, mit denen sie sie verteidigten, die anderen, um an den eigenen Sieg zu glauben und um den Mut zu schöpfen, den sie brauchten, um sie anzugreifen.

Zweifellos ist es uns deshalb so rätselhaft, weshalb aus dem ungleichen Kampf zwischen Totalitarismus und Freiheit letztere als Siegerin hervorging. Und doch scheint das Verschwinden der UdSSR genau das zu bedeuten. Hat also der Schwächere den Sieg davongetragen, der Schlappschwanz den Raufbold fertiggemacht, die Schwäche die Kraft überwunden? Viele glauben angesichts des Sieges der Demokratien über den sowjetischen Feind lieber an ein Wunder. Wie Belagerte, die, vom Hungertod bedroht, den Feind plötzlich und grundlos abziehen sehen, wollten die westlichen Demokratien diese Rettung nicht als Sieg verstanden wissen, sondern nur als glücklichen Zufall von zweifellos begrenzter Dauer. Ihrer Ansicht nach geht der Zusammenbruch der UdSSR lediglich auf einen geheimnisvollen Fehler in der Mechanik des feindlichen Systems zurück. Tschernobyl ist gewissermaßen ein Symbol dafür. Wie ein Fischer, der am Ufer einen gestrandeten Wal entdeckt hat, ist der Westen nun seit drei Jahren damit beschäftigt, den riesigen Leichnam der UdSSR zu sezieren, um die Ursache für seinen natürlichen Tod zu finden. Nicht einen hat er gefunden, sondern hundert, hatte die Krankheit doch den ganzen Organismus erfaßt. Diese Erkenntnis bringt den Westen zu der Überzeugung, daß die Demokratien nur dank der Schwäche ihres Gegners überlebt haben. Damit ist die Idee, daß sie schwach und anfällig sind, nicht in Frage gestellt. Sie können also weiterzittern und sich der süßen Erwartung ihres Endes hingeben.[3]

Um die Dinge anders zu sehen, müssen wir nur, wie üblich, dem Huronen lauschen.[4] Heute treffen wir ihn irgendwo in Afrika, in Südamerika oder in einem abgelegenen malaiischen Handelskontor an. Er hockt in einem durchgesessenen Korbstuhl. Die Tür seiner Hütte ist mit plattgehämmerten Cola-Dosen bedeckt, die in der Sonne bleichen und zu rosten beginnen. Setzen Sie sich zu ihm und erzählen Sie ihm, die großen Demokratien des Nordens seien schwach: Er wird Sie auslachen. Verkünden Sie ihm mit trauerumflorter Stimme, daß unsere Länder in Europa oder Amerika steter Bedrohung ausgesetzt waren und sind: Er wird Ihnen sagen, daß sie trotzdem immer gesiegt haben. Aus dem Stegreif wird er Ihnen zwanzig Beispiele für niedergeschlagene Aufstände, nutzlose Opfer, vergeblichen Widerstand gegen die Großmächte aufzählen können, die wir so bemitleiden. Nach und nach begreifen Sie, wie sich das Jahrhundert aus seinem naiven Blickwinkel darstellt. Der Ost-West-Konflikt? Ein Streit unter Komplizen, bei dem für beide Seiten etwas abfiel. Die Krise

---

3 Was nach einer Denkpause von drei Jahren das Erscheinen neuer Bücher zum Tode der Demokratie belegt: Jean-Marie Guehenno, *La mort de la démocratie*, Flammarion, Paris 1993; G. Hermet, *Les désenchantements de la liberté, la sortie des dictatures dans les années 90*, Fayard, Paris 1993. Vom Triumphgefühl Fukuyamas sind wir zur demokratischen Melancholie Pascal Brückners gelangt, um schließlich wieder beim Katastrophengezeter zu landen.

4 Anspielung auf den Roman von Voltaire, «l'Ingénu», dessen Hauptfigur, der Hurone, ein junger Wilder aus Nordamerika ist.

der alten Demokratien? Ein ständiges Gejammer, welches darüber hinwegtäuschen soll, daß eine Gruppe von Staaten die gesamte wirtschaftliche, finanzielle, kommerzielle und militärische Macht der Welt auf sich vereinigt hat.

Mehr wird der echte Hurone nicht sagen; ihm fehlen die Voraussetzungen, um genauer zu analysieren, was er fühlt. Nun weiß aber jeder, daß der Hurone in Wirklichkeit Voltaire ist und daß sich unter Usbeks persischer Kleidung Montesquieu versteckt. Der Rückgriff auf den naiven Fremdling erlaubt eine Verschiebung des Blickwinkels und zwingt uns, mit anderen Augen zu betrachten, was uns allzu vertraut ist. Lassen wir also den Huronen, aber behalten wir seinen *Blickwinkel* bei. Mein Thema ist nicht die dritte Welt, in der wir dem Huronen begegnen.[5] Es geht um Näherliegendes – um die großen Demokratien des Nordens, die ich zu sehen versuche, wie sie sich dem distanzierten Blick der Menschen auf der südlichen Halbkugel präsentieren. Ich möchte die entwickelten Länder gewissermaßen *von der gegenüberliegenden Seite aus* betrachten.

Von dort unten gesehen verliert sich die ungewisse Angst, die die Demokratien heimsucht und denen, die in ihnen leben, den Eindruck vermittelt, diese politischen Gebilde seien anfällig, kurzlebig und schwach. Die Geschichte unseres Jahrhunderts wird uns nicht mehr als eine lange Folge von Bedrohungen erscheinen, die sich gegen die westlichen Demokratien richteten, sondern als eine Reihe von Triumphen über diese Bedrohungen.

Verständigen wir uns zunächst über die Terminologie. Ich werde durchgehend von der «liberalen Kultur» sprechen. Dahinter steht die Überlegung, daß die liberalen Demokratien, die scheinbar in eigenständige und rivalisierende Nationen zerfallen, in Wirklichkeit ein geschlossenes System darstellen, einen Raum, wo Ideen, Informationen, Produkte und Menschen in wechselseitiger Abhängigkeit zirkulieren und sich bewegen. Ich werde diese Demokratien nicht getrennt betrachten: Nicht die Geschichte je-

---

5 Was ich in einem anderen Buch behandelt habe: *Das Reich und die neuen Barbaren*, Volk und Welt, Berlin 1993.

der einzelnen soll uns hier interessieren, sondern das Schicksal der Kultur, die sie gemeinsam bilden.

Die liberale Kultur hat nicht nur dank der Schwäche ihrer Gegner überlebt, sie besitzt eine eigene Kraft, die sie nicht nur aus dem Sieg über ihre Feinde, sondern auch aus dem Kampf selbst bezieht. Und damit sind wir bei dem entscheidenden Gedanken, der Quintessenz dessen angelangt, was uns der Hurone zu sagen hat, und wir sollten ihm aufmerksam zuhören: Die liberale Kultur gewinnt ihre Kraft, ja ihren besonderen Charakter aus der Feindseligkeit, der sie begegnet. Sie ist die erste Kultur in der Geschichte, die kein freiwilliges Einverständnis weckt, sondern höchst radikale Oppositionen duldet und ermutigt. Sie verfügt über die einzigartige Fähigkeit, sich von dem zu nähren, was sich ihr widersetzt, alle Kräfte, die sie vernichten wollen, in zuträgliche Energie umzuwandeln, was gelegentlich so weit geht, daß sie sich ihre eigenen Feinde schafft und sie heimlich unterstützt, um sie sich dann zunutze zu machen.

Es ließe sich einwenden, daß es im Laufe der Jahrhunderte auch anderen Mächten angesichts eines drohenden Feindes gelang, sich zu einigen und ihre Kräfte zu konzentrieren. Schon im 16. Jahrhundert erklärte Jean Bodin: «Das beste Mittel, einen Staat zu bewahren und ihn vor Revolten, Aufständen und Bürgerkriegen zu schützen, ist ein Feind, gegen den man sich bewähren kann.»[6]

Das Vorhandensein eines furchteinflößenden Gegners gibt einem Staat die Möglichkeit, die Opposition mundtot zu machen, das Volk und die Nation zusammenzuschweißen und der Gesellschaft Disziplin und Gehorsam einzuimpfen, als gelte es, eine schlagkräftige Armee aufzustellen. Bekanntlich neigen instabile Regime zu waghalsigen außenpolitischen Abenteuern. Doch in den modernen Demokratien bleibt dieser Mechanismus ohne Wirkung. Sie reagieren auf äußere Bedrohung, ohne ihren inneren Zwist zu mindern. Jeder Widerstand macht sie stark, auch der, der in ihrem Inneren gärt und wächst. Sicherlich ist es schwer zu

6 J. Bodin, *Les Six Livres de la République,* S. 759.

glauben: Keine Revolte ist eine Bedrohung für die demokratische Kultur, selbst die radikalste nicht, selbst die nicht, die sich die Zerstörung dieser Kultur zum Ziel gesetzt hat. Die Geschichte unseres Jahrhunderts liefert uns – wenn wir denn bereit sind, zu sehen und zu hören – genügend Beweise für die einzigartige Fähigkeit der Demokratien, alle feindseligen Tendenzen für sich zu vereinnahmen.

Die liberale Kultur erscheint schwach, weil sie sogar ihre erbittertsten Gegner gewähren läßt, doch in Wirklichkeit ist das ihre besondere Stärke, sie schöpft daraus neue Kräfte. Der Stoff, von dem sie zehrt, ist der Widerstand. Widerstand der Natur: aus der Knappheit der Dinge macht sie das Prinzip ihres wirtschaftlichen Handelns. Widerstand der Menschen: der Widerspruch ist ihre Nahrung, und je heftiger die Feindseligkeit, die ihr entgegenschlägt, desto größer die Energie, die sie daraus gewinnt.

Damit ist das Programm des vorliegenden Buches umrissen: Einerseits heißt es, die Quelle dieser Kraft ausfindig zu machen, andererseits gilt es zu zeigen, wie sich die demokratische Kultur unter dem ständigen Druck ihrer Feinde systematisch entwickelt hat. Bei diesem paradoxen Ansatz steht buchstäblich alles auf dem Kopf: Je größer eine Gefahr erscheint, desto gewichtiger ist ihr Beitrag zur Entfaltung der Demokratie. Infolgedessen kann man die normalen Funktionen der liberalen Kultur am besten analysieren, indem man die Katastrophen, die radikalsten Herausforderungen, die blutigen antidemokratischen Utopien untersucht. Um diese Kultur im Normalzustand zu erleben, müssen wir betrachten, wie sie auf außergewöhnliche Bedrohungen reagiert, auf Bedrohungen, die die völlige Vernichtung der demokratischen Welt im Schilde führen – kurzum, wir müssen beobachten, wie sie sich zu Apokalypsen stellt.

*

Anfang 1960 habe ich in einem Ferienhaus in den Bergen zusammen mit anderen Kindern eine ganze Nacht lang auf das Ende der Welt gewartet. Dank des erweiterten Publikums, für das das Radio und das gerade in Mode gekommene Fernsehen sorgten, war es einem Gelegenheitspropheten gelungen, Menschen weltweit davon zu überzeugen, daß dieser Tag unser letzter sein werde. Noch heute sehe ich die große violette Wolke vor mir, die morgens aus dem Tal stieg. Sie erschien uns als Sinnbild unseres Endes. Doch als der Wind sie langsam vertrieb, kehrte die Sonne zurück, und die Welt hörte nicht auf zu existieren.

Diese Verkünder von Apokalypsen sind aus der Mode gekommen, wohl, weil sie zu häufig widerlegt wurden. Damit sind plumpe Prophezeiungen dieser Art zwar verstummt, doch an apokalyptischen Vorhersagen gibt es auch heute keinen Mangel. Sie sind nur raffinierter geworden und damit überzeugender. Die vom Marxismus verkündete vernichtende Krise des Kapitalismus ließ lange Zeit und läßt heute noch große Menschenmassen bangen oder hoffen. Seit zwanzig Jahren gibt es neue Prophezeiungen: die ökologische Katastrophe, das entsetzliche Ergebnis von Wirtschaftswachstum und ungebremstem technischem Fortschritt; die Apokalypse, die die Invasion der Armutsheere aus den Ländern der dritten Welt heraufbeschwört; der gesellschaftliche Zusammenbruch der postindustriellen Nationen, die ausgehöhlt sind von der Krise ihres Wirtschaftssystems und sozialer Ausgrenzung.

Von allen Apokalypsen wird uns jene, die der Marxismus verkörpert hat, am längsten beschäftigen. Wie sich die liberalen Gesellschaften auf diese Apokalypse eingestellt haben, läßt sich an ihrer Dauer, ihrem wechselvollen Schicksal und Ende sehr schön verdeutlichen. Vor allem hat sich die marxistische Apokalypse heute überlebt und deshalb den Schrecken eingebüßt, den sie so lange verbreitete. Ohne Angst betrachtet, tritt sie klarer in den Blick. Wir müssen zurück und uns mit ihrer turbulenten Vergangenheit auseinandersetzen. Erst wenn wir verstanden, ja, zu Modellen verarbeitet haben, wie es der liberalen Kultur über einen so langen Zeitraum gelungen ist, nicht *trotz* der sowjetischen Bedrohung, sondern *dank* ihrer zu blühen und zu gedeihen, können wir ihre gegenwärtige Situation beurteilen oder gar Vermutungen über ihre Zukunft anstellen. Wie wir sehen werden, hat die liberale Kultur den Doppelmythos von der Weltrevolution und der kommunistischen Expansion aufrechterhalten und dadurch vermocht, die bolschewistische Apokalypse nicht nur zu verhindern, sondern auch zum Kontrollinstrument aller menschlichen Protestbewegungen umzubilden. So ist die revolutionäre Explosion, die zu Anfang des Jahrhunderts in Europa unmittelbar bevorzustehen schien, einer Außenstelle, der Sowjetunion, anheimgegeben worden, die vorgab, die Revolution zu fördern, und sie zugleich unablässig verriet. Von der Bedrohung befreit, ohne direkt gegen sie vorgehen zu müssen, erlebten die liberalen Demokratien daraufhin eine Blütezeit ohnegleichen und konnten gefahrlos die gewaltigen wirtschaftlichen und gesellschaftlichen Umgestaltungen vornehmen, die die industrielle Revolution ihnen abverlangte. Im Zuge der internationalen Arbeitsteilung unseres Jahrhunderts übernahm die UdSSR die einzige Aufgabe, für die die liberale Kultur ihr einen hohen Preis zu zahlen bereit war: den Verrat der revolutionären Hoffnung.

Im Fortgang meiner Darlegungen möchte ich diese Schlußfolgerungen auf die gegenwärtigen Apokalypsen übertragen, die seit zwanzig Jahren immer stärker an Einfluß gewinnen und deren neue Bedeutung die liberale Kultur dazu gebracht hat, ihren ausschließlichen Dialog mit dem sowjetischen Kommunismus zu beenden. Zweifellos hat der Zusammenbruch der UdSSR seine Ursachen nicht nur in der Entwicklung des sowjetischen Staates. Er resultiert auch aus dem schwindenden Interesse der demokratischen Kultur für diesen lange Zeit wertvollen Feind, der sich allerdings im Laufe der Zeit den modernen Formen des Protestes in den westlichen Gesellschaften immer weniger gewachsen zeigte. Nützlich, ja unentbehrlich war die UdSSR, solange der Marxismus die häufigste und organisierteste Form der Empörung im Westen war, solange sich in ihm also die Hoffnung und – für die liberale Kultur – die Apokalypse verkörperte.

Als sich Anfang der siebziger Jahre in den reichen und konsumorientierten Demokratien Bestrebungen regten, die weniger diszipliniert, anarchischer, vielfältiger und unbeständiger waren, entstanden andere Formen des Protests. Ihr Aufkommen ist nicht unabhängig vom Verfall der sowjetischen Apokalypse, und als die Ost-West-Konfrontation schließlich endete, stand die Ablösung schon bereit. Wir werden sehen, daß ähnliche Mechanismen, wie sie ein halbes Jahrhundert lang den Marxismus zugleich gefördert und ausgebeutet haben, fortan im Zusammenhang mit anderen Bedrohungen funktionieren: der Ökologie, dem Süden, der sozialen Ausgrenzung.

Mit dieser Beschreibung erhebe ich keinen Anspruch auf Vollständigkeit und weiß, daß ich mich bei der Behandlung der neuen Apokalypsen auf heftigen Widerspruch gefaßt machen muß. Denn bei aktuellen Fragen werden die Gefahren besonders intensiv wahrgenommen, zumal sie uns von den Massenmedien immer wieder eingehämmert werden. Aber genau darum geht es in diesem Buch: Ich möchte begreifen, warum die Idee der Bedrohung so notwendig für das Funktionieren der Demokratien ist. Um die Schlußfolgerungen nicht allzusehr vorwegzunehmen, sei hier lediglich festgestellt, daß die Bedrohung dazu dient, ein sorgfältig gehütetes Geheimnis zu wahren, den einzigen wirklich blinden Fleck der demokratischen Kultur, die ansonsten so großzügig auf Transparenz angelegt ist: den Beweis ihrer Stärke.

Mehr als irgendein anderes geschichtliches Beispiel lohnt das bolschewistische Abenteuer eine erneute Betrachtung, denn es vermag uns zu zeigen, daß die Demokratien von einer Triebfeder bewegt werden, die stärker als die aller totalitären Systeme ist. Auf bestimmte Ideologien verpflichtet, demonstrieren totalitäre Gesellschaften unablässig eine Gewalt, die wir nicht mit Stärke verwechseln dürfen. Egal, ob das Kriterium die Klasse (Marxismus), die Rasse (Nationalsozialismus) oder einfach die Verteidigung der bestehenden Ordnung (autoritäre Regime oder Militärregime) ist – diese auf Zwang gegründeten Diktaturen sind bestrebt, jeden, der es ablehnt, sich ihren rigiden Vorstellungen zu unterwerfen, mit Gewalt eines Besseren zu belehren. In diesem Kampf büßen sie ihre Lebenssubstanz ein, denn ihnen bleiben nur Hinrichtungen, Verbote, Zwangsausweisungen und Lager.

Dagegen setzt sich die demokratische Kultur gerade bei jenen durch, die sie am entschiedensten ablehnen, und zwar ohne sie daran zu hindern, gegen sie zu arbeiten. Mag die Revolte noch so extrem sein, sie trägt doch zur Stabilisierung des Systems bei, auf

deren Zerstörung sie vermeintlich abzielt. So versteht es die Demokratie, alle Oppositionen zu ihrem Vorteil zu nutzen, und
gerade die Bewegungen, die es am entschiedensten auf die Vernichtung der Demokratie abgesehen haben, sind für ihre Entwicklung am förderlichsten.

Als Robespierre die «Tyrannei der Freiheit» ausrief, vermochte
er sich nur eine klassische Schreckensherrschaft vorzustellen, das
heißt, eine sehr archaische Form der Diktatur. Sicherlich nähme
er heute sehr erstaunt zur Kenntnis, mit welchen Mitteln die aus
der demokratischen und industriellen Revolution erwachsene
Kultur nach und nach eine Diktatur der Freiheit errichtet hat. Da
ist keine Spur mehr von Terror, Zwang, Unterdrückung oder auch
nur einem expliziten Gesellschaftsvertrag. Das System hat sich
von der Frage, wie die Menschen die Freiheit nutzen, die es ihnen
einräumt, einfach unabhängig gemacht.

Wenn in diesem Rahmen überhaupt noch eine Schreckensherrschaft fortbesteht, dann nur in dem Sinne, daß sie den Völkern die
schlimmsten Folgen ihrer Freiheit vor Augen führt. So kommt es,
daß alles, was von der Demokratie entfernt, im Zuge derselben
Bewegung auch wieder mit absoluter Sicherheit zu ihr zurück-
führt. Das läßt sich nicht ohne Beispiel beweisen, und so hat das
vorliegende Buch nur den einen Zweck, diese widersinnig klin-
gende Behauptung möglichst vielfältig zu belegen.

Soll das heißen, daß die demokratische Kultur unzerstörbar
ist? Daß sie das Geheimnis der absoluten Macht und des Perpe-
tuum mobile entdeckt hat? Gewiß nicht. Sie bleibt weiterhin
inneren Krisen unterworfen, etwa den großen Rezessionen, die
eines Tages durchaus für ihr Ende sorgen könnten. Befreit hat sie
sich indessen von der Notwendigkeit, das Einverständnis der von
ihr regierten Menschen einzuholen. So ist eine doppelte Gleichgültigkeit entstanden. Mehr und mehr scheint die liberale Kultur
zu einem autonomen, nicht mehr zu kontrollierenden Gebilde zu
werden. Sie entwickelt sich nach eigenen Gesetzen und scheint
sich allen Einflußmöglichkeiten zu entziehen, die die Menschen
sich verschafft haben. Gleichzeitig erweisen sich die Individuen,
die diese Kultur bevölkern, in zunehmendem Maße als unregier-

bar. Keine Norm, keine Vorschrift vermag sie einzuschränken, wenn sie sie nicht freiwillig akzeptieren. Die Revolte ist grenzenlos, nicht weil sie wirksam ist, sondern weil sie ganz im Gegenteil nicht mehr in der Lage ist, das System in seinem Kern zu treffen. Noch nie ist die Freiheit des Menschen so groß gewesen. Gleichzeitig hat sie noch nie so wenig Einfluß auf die gesellschaftliche Organisation ausgeübt, der sie ihre Existenz verdankt. Selbst wenn sie sich das äußerste Ziel setzt, das System zu zerstören, gelingt es ihr immer nur, es zu stabilisieren.

Diese Kultur ist den Elementen, die das System beeinträchtigen wollten, zu größerem Dank verpflichtet als den konservativen Kräften, die ihm ihre Pflege haben angedeihen lassen. Wenn es in der liberalen Kultur heute noch etwas Menschliches gibt, dann sind es die Überreste der Utopien, die sie vereinnahmt und vernichtet hat. Was diese höchst anpassungsfähige Gesellschaft daran hindert, steril und unmenschlich zu werden, was sie an sozialen, generösen, ökologischen und farbigen Zügen besitzt, verdankt sie den Bewegungen, die ihr die Früchte ihrer gescheiterten Utopien vermacht haben, als sie versuchten, eine neue Gesellschaft auf anderen Fundamenten zu errichten.

Auf dem langen Umweg, zu dem uns die nochmalige Besichtigung des Jahrhunderts veranlaßt, werden wir eine andere Angst entdecken, grundverschieden von der, die die Demokratien umtreibt: Nicht in der zerstörerischen Kraft der Utopien, sondern in ihrer schwindenden Stärke hat sie ihren Ursprung. Wenn in Zukunft etwas die liberale Kultur bedroht, dann eher die extreme Armseligkeit und Schwäche zeitgenössischer Protestbewegungen. Dazu erzogen, großen Entwürfen mit furchtsamer Abneigung zu begegnen, geben sich die Menschen mit immer regionaleren Revolten zufrieden. Mikroskopische Formen der Gewalt, regressive Rückbesinnung auf Stammeszugehörigkeit und Identitätsbestrebungen verbreiten sterile Unruhe in unseren Ländern. Der Verzicht auf die großen Forderungen beruhigt diese Bewegungen, macht sie aber auch verwundbar. Für die liberale Diktatur liegt die Sicherheit nicht in dem Verzicht auf Utopien, sondern in ihrer Wiedergeburt, und die einzig würdige Haltung ist die des Dissidenten.

# Die marxistischen Jahre

# I
# 1921, Der Leninpakt

> Was also die Männer der Russischen Revolu-
> tion von ihren verstorbenen Kollegen des
> achtzehnten Jahrhunderts zu lernen wußten
> [...] war Geschichte und nicht Politik. Was
> sie aus dieser Schule schließlich davontrugen,
> war eine große Geschicklichkeit, jede Rolle
> zu spielen, welche das große geschichtliche
> Drama ihnen anweisen würde. Und man muß
> es ihnen lassen, daß sie bereit waren, auch die
> Rolle des Bösewichts zu akzeptieren, wenn
> keine andere ihnen geboten wurde, nur um
> überhaupt im Spiel bleiben zu dürfen.
>
> Hannah Arendt, *Über die Revolution*

Beginnen wir mit dem Glaubensbekenntnis: Zweiundsiebzig Jahre lang ist die Sowjetunion der schlimmste Feind der westlichen
Demokratien gewesen. Keine Revolte, ganz gleich welchen Ausmaßes, keine Ideologie – noch nicht einmal der Faschismus, der
viele Merkmale des liberalen Wirtschaftssystems beibehielt – hat
die «bürgerlichen» Gesellschaften jemals so radikal und aggressiv
bedroht. Insofern hat der Zusammenbruch der sowjetischen Regierung nicht so sehr den marxistischen Ideen ein Ende gesetzt –
vielleicht werden sie sogar wieder an Einfluß gewinnen –, er hat
auch die Nationen des russischen Reiches nicht verändert – ihr
Ehrgeiz ist größer denn je: Vielmehr hat er das sowjetische Abenteuer beendet, das diese zweiundsiebzig Jahre hindurch, also über
einen Zeitraum, der nicht ganz der Lebenserwartung eines Europäers entspricht und die Dauer der Dritten Republik Frankreichs

um ein geringes übertrifft, als Werkzeug der Apokalypse gedient
hat.

Parteigänger und Gegner des sowjetischen Kommunismus haben dieses Glaubensbekenntnis mit bemerkenswerter Einmütig-
keit hergebetet. Beide Seiten waren sich von Anfang bis Ende
dieser Epoche darin einig, daß der Bolschewismus für die bür-
gerlich genannte Welt eine tödliche Bedrohung darstellte. «Ein
Gespenst geht um in Europa», hatte Marx am Anfang des Kommunistischen Manifestes verkündet, «das Gespenst des Kommunismus.» Vom Augenblick ihrer Machtergreifung an wollten die
Bolschewiki unter Beweis stellen, daß sie die Inkarnation des
angekündigten Schreckgespenstes waren. Als sie sich am 6. März
1918 den Namen «Kommunistische Partei» zulegten, brachen sie
damit nicht nur mit den «Verrätern» der Sozialdemokratie, sondern wollten sich auch in der Gestalt zu erkennen geben und
Schrecken verbreiten, in der sie sich selbst sahen: als Vollstrecker
der Apokalypse, die bereit waren, den Todeskampf der kapitalistischen Welt eigenhändig zu verkürzen.

In ganz Europa lebten die Gegner der Kommunisten zu Anfang
des Jahrhunderts in Angst vor der Apokalypse. Die großen Industrienationen hatten ungeheure soziale Umwälzungen erlebt. Die
entwurzelte Landbevölkerung, die sich unter elendsten Lebensbedingungen in den Städten sammelte, bildete «gefährliche Klassen».
Die Arbeiterbewegung hielt sie von individuellen Straftaten nur ab,
um sie zu sozialen Forderungen anzustiften. Als 1914 aus diesen
proletarischen Heeren schlicht Heere wurden, glaubte man ein
nationales Ventil für die politische und zivile Gewaltbereitschaft
gefunden zu haben. Doch da der Krieg nicht enden wollte, wuchs mit
jedem Tag die Gefahr, daß sich die Wut der Völker nicht gegen den
äußeren Feind richtete, den man ihnen vorgegeben hatte, sondern
gegen die politische Ordnung ihrer eigenen Nationen.

Als dann eine kommunistische Bewegung an die Macht kam –
mochte das auch in einem so rückständigen und fernen Land wie
Rußland geschehen –, mußte das von denen, die am meisten
Grund hatten, sie zu fürchten, als gefährlicher Präzedenzfall und
verhängnisvolles Beispiel verstanden werden.

So wurde schon 1919 auf beiden Seiten das Glaubensbekenntnis geschrieben. Die Unabwendbarkeit der weltweiten Krise des Kapitalismus und die Überzeugung, daß die proletarische Revolution ihn hinwegfegen werde, verkündete Lenin schon auf dem ersten Kongreß der Kommunistischen Internationale (März 1919). Etwa zur gleichen Zeit erklärte Churchill: «Von allen Diktaturen der Geschichte ist die sowjetische Diktatur am schlimmsten, zerstörerischsten und entwürdigendsten.»[1]

Die Bolschewiki hatten ursprünglich die Absicht, die Französische Revolution dort weiterzuführen, wo sie gescheitert war. Ostern 1917, als Lenin dem «Zug des Kaisers» auf dem Finnischen Bahnhof in Sankt Petersburg entstieg, wurde er mit den Klängen der *Marseillaise* begrüßt. Rußland hatte den Zar davongejagt und glaubte, das Frankreich des Jahres 1789 eingeholt zu haben. Lenin erklärte, man müsse es hinter sich lassen.

Den Dummköpfen, die die Revolution für beendet hielten, teilte er mit, daß sie erst anfange. Seine Zuhörer waren erstaunt; in Frankreich wären sie es nicht gewesen. Seit langem wußten die europäischen Bourgeoisien, insbesondere die französische, daß die Französische Revolution nur durch ein Wunder auf halbem Wege zum Stillstand gekommen war, als sei ein Leichnam bei seinem Sturz in den Abgrund von einem Strauch an der Felswand aufgehalten worden. Es waren die Exzesse der Schreckensherrschaft, der Widerstand im Ausland, das Scheitern des Kaiserreichs, die Erfahrungen der Restauration und schließlich die Wiederkehr der bürgerlichen Republik in gemäßigter Form erforderlich, um den Sturzbach von 1789 einzudämmen und am Ende in Gestalt der parlamentarischen Demokratie in die trügerische Unbeweglichkeit eines Stausees zu verwandeln. Doch die Flut konnte jeden Augenblick wieder entfesselt werden und die fast grenzenlose Zerstörungskraft jener totalen Revolution freisetzen, die Tocqueville fast ein Jahrhundert zuvor beschrieben hatte: «In den meisten großen Revolutionen, die bis dahin in der Welt stattgefunden hatten, war der religiöse Glaube von denen, die die

1 Zitiert bei: Martin Gilbert, *W. S. Churchill*, London 1966.

bestehenden Gesetze angriffen, respektiert worden, und in den meisten religiösen Revolutionen hatte niemand, der die Religion angriff, versucht, mit demselben Schlage das Wesen und die Ordnung aller politischen Gewalten zu ändern und die alte Verfassung der Regierung von Grund aus zu zerstören. Es hatte daher bei den größten Erschütterungen immer einen Punkt gegeben, der festblieb.

Da man aber in der Französischen Revolution die religiösen Gesetze gleichzeitig mit den bürgerlichen Gesetzen umgestürzt hatte, verlor der menschliche Geist vollständig sein Gleichgewicht; er wußte nicht mehr Maß noch Ziel zu finden, und man sah Revolutionäre von einer unbekannten Art erscheinen, die die Verwegenheit bis zur Tollheit trieben, die nichts Neues überraschen, kein Bedenken aufhalten konnte und die niemals vor der Ausführung irgendeines Plans zurückschraken.»[2]

Und um deutlich zu machen, daß die Gefahr nicht an eine bestimmte Zeit und einen bestimmten Ort gebunden war, fügte Tocqueville hinzu: «Und man darf nicht glauben, diese neuen Wesen wären die vereinzelte und ephemere Schöpfung eines Augenblicks und bestimmt gewesen, mit ihm vorüberzugehen; sie haben seit der Zeit eine Rasse gebildet, die sich forterhalten und in allen zivilisierten Teilen der Erde verbreitet und überall die gleiche Physiognomie, die gleichen Leidenschaften, den gleichen Charakter bewahrt hat.»[3]

Offenbar waren die Bolschewiki Menschen dieses Schlages. Ihre Aufrufe zur Revolution von unten, zur Diktatur des Proletariats und zur weltweiten Erhebung würden, so stand zu befürchten, die Kräfte wecken, die die bürgerlichen Demokratien zunächst selbst genutzt hatten, um sie anschließend mit großer Mühe einzudämmen.

Von ihrer Entstehung bis zu ihrem Sturz hat die Sowjetmacht für die liberale Welt die höchste innere wie äußere Gefahr ver-

---

2 Tocqueville, *Der alte Staat und die Revolution,* Carl Schünemann, Bremen o. J., S. 195/196.
3 Ebd., S. 196.

körpert. Im Inneren gewann sie ihre Kraft aus der revolutionären Bewegung, die sie in einem weitreichenden subversiven Netz von teils offiziellem Zuschnitt (den kommunistischen Parteien) und teils Untergrundcharakter organisierte. Im Äußeren verstärkte der sowjetische Staat unablässig seine Bewaffnung und drohte, wie die Sowjetologen siebzig Jahre lang schrieben, «dem Westen mit einem Kampf auf Leben und Tod».

Beide Lager waren von der Vorstellung dieses Kampfes auf Leben und Tod beherrscht. Egal, ob man die Sowjetunion als das Reich des Bösen anprangerte oder sie als heroische Heimat des von jeglicher Ausbeutung befreiten Menschen pries, man konnte in ihr nur das Werkzeug der Apokalypse sehen, eine schreckliche Geißel, dazu ausersehen, den liberalen Gesellschaften den Garaus zu machen. Eigentlich waren sich Ost und West nur in der Anerkennung ihres tödlichen Gegensatzes einig.[4]

Dieses Kredo sollte erst mit dem Sturz des sowjetischen Regi-

---

4 Diese Einigkeit war so groß, daß in den häufigen Fällen, wo Menschen die kommunistische Partei verließen und das Lager wechselten, sie ihre entgegengesetzten Auffassungen fast immer mit gleicher Heftigkeit vertraten. Niemand hat die westlichen Demokratien mit solchem Nachdruck vor der sowjetischen Gefahr gewarnt wie die ehemaligen Kommunisten. Offenbar standen diese Konvertiten unter einem seltsamen Gesetz, das sie zwang, stets von einem Extrem ins andere zu fallen. Sobald sie den Weg der Wandlung eingeschlagen hatten, mußten sie ihn bis zum Ende gehen. Doch das war offenbar eine optische Täuschung. Ich habe in der Generation vor mir eine große Zahl solcher Überläufer erlebt und weiß, daß sie in Wirklichkeit weder ihren Standort noch ihr Denken verändert hatten. Im großen und ganzen behielten diese Aktivisten ihre Überzeugungen bei und änderten nur das Vorzeichen. Es war sehr leicht, von einem Extrem ins andere zu verfallen, da die beiden Welten, die liberale und die kommunistische, sich genau dort, in den Extremen, begegneten, das heißt, in ihrem Glauben an die Apokalypse. Die Behauptung, daß die UdSSR der Todfeind des Westens sei, war die einzige Ansicht, die sich sowohl mit kommunistischer Überzeugung wie mit ihrem Gegenteil vertrug. Dennoch markiert die Grenze, die der Konvertit überschreitet, einen Unterschied: Auf der einen Seite erfleht man den Untergang der bürgerlichen Welt, während man ihn auf der anderen fürchtet. Doch ob in Liebe oder in Haß, man opfert dem gleichen blutrünstigen Götzen.

mes im Jahre 1990 wirklich ins Wanken geraten. Angesichts der tiefgreifenden Destabilisierung, die nach dem Verschwinden der Sowjetunion weltweit einsetzte, wächst der Verdacht, daß sich zwischen Ost und West am Ende ein Gleichgewicht herausgebildet hatte, das einem Frieden gleichkam. So wäre die Sowjetunion nicht nur ein Feind gewesen, der die Vernichtung seines kapitalistischen Feindes im Sinn gehabt hätte, sondern auch ein Gegengewicht, ein Gleichgewichtsfaktor. Im Grunde wäre also der Gegensatz beider Welten, ohne je in Frage gestellt zu werden, zur statischen Konstellation eines griechisch-römischen Ringkampfes erstarrt, wo erhebliche gegensätzliche Energien im Spiel sind, ohne eine erkennbare Bewegung hervorzurufen. Offenbar war im Laufe eines langen Kampfes die revolutionäre Lava vom Oktober 1917 nach und nach erstarrt, von außen eingedämmt durch die wehrhafte Wachsamkeit des Westens und von innen zum Erkalten gebracht durch eine immer harmlosere Formen annehmende Gerontokratie.

Diese Teilrevision des Glaubensbekenntnisses, das die Grundlage des kalten Krieges bildete und in seiner letzten Phase den Ost-West-Gegensatz aufweichte, um die Gemeinsamkeiten stärker zu betonen, geht noch nicht weit genug.

Nun, da die zwanghafte Zensur durch die Leute, die aus der Verteufelung der UdSSR ihre Hoffnungen (und manchmal auch ihre Einkünfte) schöpften, erlahmt ist, sollten wir die Gunst der Stunde nutzen, um noch einen Schritt weiterzugehen und uns von den Denkweisen des kalten Krieges vollständig zu befreien.

Die sowjetische Revolution hat unbestreitbar einen totalitären Staat geschaffen und unermeßliches Leid über die Völker gebracht, die seinem Einfluß unterworfen waren. Doch wenn wir die Beziehungen der UdSSR zur westlichen Welt betrachten – und nur mit diesem Aspekt wollen wir uns hier beschäftigen –, dürfen wir dann wirklich behaupten, die UdSSR sei jemals eine ernstliche Bedrohung für den Westen gewesen?

War das Gleichgewicht zwischen Ost und West, das am Ende einer langen Entwicklung zu stehen schien, nicht vielmehr ein frühzeitiges, fast augenblicklich geknüpftes Verhältnis zwischen zwei Systemen, deren angebliche Feindseligkeit beiden gleichermaßen nützlich war? Ist dieses antagonistische Gleichgewicht jemals vollkommener gewesen als in den Zeiten größter Spannung? Ist es nicht viel eher so, daß das Gleichgewicht während dieser letzten Phase, der sogenannten «Entspannung», zu Bruch gegangen ist, wodurch das eine System zerfiel und das andere destabilisiert wurde?

Ja, war nicht nur deshalb soviel von der Apokalypse die Rede, wurde die tödliche Auseinandersetzung der beiden Systeme nicht nur deshalb ständig beschworen, weil man hinter dieser scheinbaren Rivalität eine prinzipielle Komplizenschaft verbergen wollte?

Es wird nicht leicht sein, das Glaubensbekenntnis des kalten Krieges Lügen zu strafen. Zwar ist die UdSSR verschwunden, doch das marxistische Denken hat überlebt, und zwar nirgends so ungebrochen wie im Bewußtsein der schlimmsten Kommunistenfresser des Westens. Dort hat man den Bolschewiki aufs Wort geglaubt. Die Meinung, die man bei uns von den westlichen Demokratien hat, ist immer noch in hohem Maße der marxistischen Kritik verpflichtet. So glaubt man, sie seien schwach, ließen sich von ihren Feinden bis zur Blödheit faszinieren und von ihrem Krämergeist zu immer neuen Verlusten verleiten. Diese Themen haben während des kalten Krieges die antisowjetische Literatur beherrscht. Die großen Flagellanten des Liberalismus wurden nicht müde, den Masochismus und die Schizophrenie der demokratischen Gesellschaft, ihre Schwäche und Uneinigkeit anzuprangern – und das sind dezidiert marxistische Themen.

«Die Kapitalisten verkaufen auch noch den Strick, mit dem man sie hängt.» «Diese Tiere bringen sich gegenseitig um, nur ihre Schwänze werden übrigbleiben.»[5] «Die demokratische Zivilisation ist die erste der Menschheitsgeschichte, die sich im Angesicht der auf ihren Untergang bedachten Macht unrecht gibt.»[6] Das Jahrhundert beginnt mit den Prophezeiungen Lenins und endet mit denen Jean-François Revels. Die Worte haben sich verändert, der Sinn ist der gleiche geblieben.

5 Lenin in der *Prawda*, 10. März 1919.
6 J.-F. Revel, a. a. O., S. 15.

Dagegen wurden dem Kommunismus ausschließlich positive Eigenschaften zugeschrieben: Geschlossenheit, Geschicklichkeit und strategische Weitsicht. Der Schwäche und Naivität der einen Seite standen die Entschlossenheit und Gerissenheit der anderen gegenüber. Die politische Aktion, hat Tschernyschewski gesagt, sei nicht der Bürgersteig des Newskij-Prospekts in Leningrad. Lenin schätzte dieses Zitat, weil es schlicht war und, wie er meinte, zum Ausdruck brachte, daß man Hindernisse umgehen, gewundenen Wegen folgen und Umwege in Kauf nehmen müsse, um den Feind von hinten zu packen. Dieses schmeichelhafte Selbstporträt revolutionären Handelns, in dem es sich allgegenwärtig und arglistig präsentiert, haben die Verteidiger der freien Welt endlos reproduziert. Ihnen zufolge gab es praktisch kein Geheimnis, das sich der KGB nicht zu verschaffen wußte, der im übrigen durch die Presse und andere Einflußorgane das Gift der Desinformation verbreitet habe. Unbeschadet des Zusammenbruchs der UdSSR hat dieses Bild in unseren Köpfen wie das ovale Doppelporträt der Großeltern auf dem Kaminsims überlebt: auf der einen Seite eine demokratische Welt, wohlhabend und wohlbeleibt, doch mit einem kindischen Lächeln, in dem sich Ohnmacht und Naivität offenbaren; auf der anderen Seite der Kommunismus, kalt, streng, mit glühenden Augen, höhnisch und heimtückisch.

Zweifellos ließen sich die Massen seinerzeit mit solchen Mitteln mobilisieren und auf die «richtige Denkweise» einschwören. Doch der Fortfall des vermeintlichen Feindes entbindet uns von den Zwängen der allgemeinen Mobilmachung, und deshalb sollten wir auch unser Denken von diesen Schemata befreien. Allerdings ist es da nicht mit bloßer Mäßigung getan: Wir müssen das Pendel kräftig in die andere Richtung stoßen.

Fassen wir zusammen: Zunächst gilt es festzustellen, daß die liberalen Staaten unter ihren scheinbaren Widersprüchen keineswegs gelitten, sondern ganz im Gegenteil außergewöhnliche Kraft aus ihnen geschöpft haben. Dank der Vielschichtigkeit ihrer Gesellschaften, dem Nebeneinander von Gruppen mit unterschiedlichen Interessen und Zielsetzungen, der Vielfältigkeit ihrer politischen Entscheidungszentren waren die westlichen Demokratien sehr gut in der Lage, sich «außerhalb des Newskij-Prospekts» zu bewegen, das heißt, Listen auszuhecken, den Feind zu umgehen und ihn auszumanövrieren. Und die Sowjetmacht, so geschlossen sie erschien, war ständig von unüberbrückbaren Widersprüchen zerrissen, die die bürgerlichen Demokratien geschickt zu nutzen wußten.

Der wichtigste dieser sowjetischen Widersprüche wurde im Kredo des kalten Krieges bewußt zu einem persönlichen Gegensatz heruntergespielt: Man hat in Trotzki den Verteidiger der Weltrevolution gesehen, während Stalin der Idee des Sozialismus in einem einzigen Land zum Triumph verhalf. Durch diese Lesart legte man scharfsinnigen Beobachtern nahe, die Auseinandersetzung der Ideen als Vorwand für die Begleichung persönlicher Rechnungen, als Tarnung für den Kampf um die Macht zu verstehen. Das hatte den doppelten Vorteil, daß dadurch einerseits das Ausmaß des fundamentalen Widerspruchs kaschiert wurde, der die ganze Geschichte des Kommunismus kennzeichnet und seine Achillesferse darstellt, und daß man andererseits einer einzigen Person – Stalin – nach dem Sieg seiner Richtung die Schuld als eine Art persönlichen Verrat an den Oktoberidealen in die Schuhe schieben konnte.

Vor allem stellt man die beiden Begriffe «Weltrevolution» und «Sozialismus in einem einzigen Land», indem man sie in dieser Weise personalisiert, als unüberbrückbaren Gegensatz hin, obwohl die ganze Vieldeutigkeit des sowjetischen Abenteuers darin besteht, daß es die beiden Begriffe ständig miteinander verknüpft, sie einander untergeordnet und aus ihnen eine einzigartige Mischung gebraut hat, deren Erfinder Lenin war, während Stalin das Rezept nur übernommen hat.

## Die beiden Waffen Lenins

Das einzige historische Beispiel, das Lenin 1917, zum Zeitpunkt der Oktoberrevolution, zur Verfügung stand, war die Pariser Kommune. Sie fand unter den Kugeln der Versailler Truppen ein dramatisches Ende, was zeigte, daß die Revolution von unten, wenn sie sich selbst überlassen blieb, zum Scheitern verurteilt war. So wußte Lenin, daß er, um Erfolg zu haben, auf die Hilfe äußerer Kräfte angewiesen war. Aber auf welche? Er konnte nur mit zweien rechnen: zum einen mit den im Krieg befindlichen imperialistischen Mächten, deren Gegensätze er sich, wie er hoffte, zunutze machen konnte. Sodann die anderen Revolutionen, mit denen Europa, seinen eigenen Worten nach, «schwanger» zu gehen schien. Nacheinander versuchte er, die beiden Waffen einzusetzen.

Zwei Jahre lang – von seiner Rückkehr nach Sankt Petersburg bis zur Landung der Alliierten in Archangelsk und Wladiwostok im Juli 1918 – glaubte er an eine mögliche Unterstützung durch die kriegführenden Mächte. Skrupellos spielte er sie gegeneinander aus. Vom deutschen Kaiserreich erhielt er erste Hilfe und vor allem die materielle Möglichkeit, nach Rußland zurückzukehren. Mit Sicherheit bekam er auch erhebliche Mittel für die Entwicklung seiner pazifistischen Propaganda. Doch viele Einzelheiten der zwischen Lenin und Deutschland getroffenen Vereinbarungen liegen noch im dunkeln. Von den zwanzig Stunden, die er auf dem Weg nach Rußland in Berlin unweit der Wilhelmstraße verbrachte, weiß man nicht, ob sie für Geheimverhandlungen genutzt worden sind, und wenn, welcher Art sie waren. Die Hartnäckigkeit, mit der Lenin für einen Separatfrieden in Brest-Litowsk eintrat, waren wahrscheinlich der Preis, den er für die erhebliche Unterstützung durch Deutschland zahlte.

Doch gleichzeitig verhandelte Lenin auch mit den Feinden der Mittelmächte. Da er mit England und Frankreich kaum Erfolg hatte, setzte er alle Hoffnungen auf die Vereinigten Staaten. Wilson schien ihm wohlgesonnen zu sein. Er ließ ihm Nachrichten zukommen, die sich in krassem Widerspruch zur offiziellen Linie befanden. Einerseits erklärte Lenin, der Friede sei notwendig, andererseits ließ er Robins[7] durch Trotzki sagen, daß er sich für eine Fortsetzung des Kriegs (gegen Deutschland) aussprechen würde, falls die Anerkennung der Amerikaner rasch genug erfolgte und von einer Hilfe der Alliierten begleitet wäre.

Dieses Jonglieren schien zunächst Erfolg zu haben. W. B. Thomson[8] versuchte die Engländer davon zu überzeugen, daß man die Russen zurückgewinnen könne: «Lassen Sie die Deutschen aus ihnen nicht ‹ihre› Bolschewiki machen; sie müssen unsere werden.»

Als sich die Sowjets unter dem Druck der Deutschen mit den drakonischen Friedensbedingungen von Brest abfinden mußten, wurden ihre Vorschläge an die Adresse der Amerikaner noch deutlicher: Jetzt versprach Lenin den amerikanischen Kapitalisten die Bewilligung von Bergbaukonzessionen als Gegenleistung für die Hilfe der Vereinigten Staaten.

Letztlich sollte sich das komplizierte Spiel jedoch nicht auszahlen. Statt Lenin zu nützen, erwiesen sich die Gegensätze des Westens als höchst nachteilig für ihn: Die Deutschen profitierten von der russischen Kapitulation und der Anarchie an der Ostfront, indem sie die von ihnen gewünschten Gebiete in der Ukraine und im Baltikum annektierten. Im Mai 1918 entbrannte der Bürgerkrieg, und die Alliierten griffen auf seiten der Weißen ein. Durch die geschickte Vermittlung Masaryks beteiligten sich auch die Amerikaner an diesen Expeditionen. Die erste Waffe hatte sich als stumpf erwiesen: Die Revolution war nicht etwa durch die bürgerlichen Staaten gerettet worden, sondern mußte sich gegen sie verteidigen.

In den folgenden beiden Jahren (von Juli 1918 bis zum März 1921) war Lenin bemüht, seine zweite Waffe einzusetzen: die

---

7 Robins, ein staatlicher Prospektor, übernahm Ende 1917 die offizielle Vertretung der amerikanischen Interessen in Rußland.

8 Amerikanischer Geschäftsmann, der während der Revolution die amerikanische Mission des Roten Kreuzes leitete und Ende des Jahres zurückkehrte, um Präsident Wilson Bericht zu erstatten.

Weltrevolution. Der Zusammenbruch des deutschen Kaiserreichs
im Oktober 1918 gab ihm neue Hoffnungen. Doch leider benutz-
ten die Sozialdemokraten, die in Deutschland an die Macht
kamen, diese dazu, die äußerste Linke noch unnachsichtiger zu
verfolgen, als es eine konservative Regierung getan hätte. Die
Ermordung der Spartakistenführer Karl Liebknecht und Rosa
Luxemburg kurz nach ihrer Verhaftung im Januar 1919 hatte in
den Augen Lenins wenigstens einen Vorteil: Sie gab ihm – mangels
verbliebener Gegner – recht in seiner Auseinandersetzung mit den
deutschen Revolutionären. Er glaubte nur an die Organisation
und setzte im Gegensatz zu Rosa Luxemburg nicht das geringste
Vertrauen in die «Spontaneität» der Massen. In seinem Kommen-
tar zur Junius-Broschüre (einem Buch, das Rosa Luxemburg
während ihres Gefängnisaufenthalts geschrieben hatte) hatte er
boshaft geschrieben: «In der Junius-Broschüre spürt man den
allein Dastehenden.»[9] Und wie sich zeigte, hatte der allein Da-
stehende verloren.

Die deutsche Revolution beweist, daß die Bedingungen für einen Proletarieraufstand überall vorhanden sind. Doch ihre Vereinnahmung durch die Sozialdemokraten bestätige Lenin in
seiner Überzeugung, daß sich nur eine Bewegung zum erfolgreichen Abschluß bringen ließ, die nicht spontan war, sondern
richtig geleitet und ausgerichtet wurde. Die hastige Gründung der
Dritten Internationale (Komintern) im März 1919 in Moskau
entsprach seinem Bestreben, die «allein Dastehenden» auszu-
schließen, die internationalen kommunistischen Bewegungen
straffer zu organisieren und sie auf gemeinsame Prinzipien und
eine einzige Richtung zu verpflichten.

In den ersten Jahren ihrer Existenz konnte die Komintern be-
eindruckende Erfolge vorweisen: Bildung einer Räterepublik in
Ungarn, Triumph der Roten Armee gegen Polen.

Auf dem zweiten Kongreß der Kommunistischen Internationale war die Stimmung triumphal und der Andrang der Delegierten

9 W. I. Lenin, *Über die Junius-Broschüre,* Werke, Bd. 22, Dietz, Berlin
1971, S. 325.

gewaltig. Vergessen waren die mühsamen Verhandlungen vom
Vorjahr, in denen nationale Bewegungen um ihre Unabhängigkeit
gekämpft und den Sowjets die Vorherrschaft in der Organisation
streitig gemacht hatten. In dieser Siegesstimmung wurde der Gehorsam gegenüber dem Moskauer «Zentrum» gefordert und in
den Statuten festgeschrieben. Die Beitrittsbestimmungen waren
streng, und man verhängte drakonische Disziplinierungsmaß-
nahmen. Mit dem Instrument, das den sowjetischen Kommunisten ab 1920 zur Verfügung stand, unterwarfen sie die revolutionären Bewegungen in aller Welt ihrer Kontrolle. Fortan konnten
sie absoluten Gehorsam erwarten, das hieß, wenn es befohlen
wurde, ein völliges Zurückstellen eigener Wünsche zugunsten der
Interessen der Revolution, und das hieß vor allem, der Sowjetunion.

Doch schon im nächsten Jahr erfolgte der Rückschlag. In einem nationalen Aufbegehren gelang es den Polen, die Russen
zurückzuwerfen, die sich zu einem ungünstigen Friedensschluß
gezwungen sahen. Nach hundertunddreiunddreißig Tagen brach
in Ungarn die Republik von Béla Kun zusammen und wich der
Diktatur von Horthy. Die «Märzkämpfe» in Deutschland, un-
vorsichtigerweise von der Komintern angestiftet, erwiesen sich
als Fehlschlag.

1921 hatten die Ereignisse Lenin in eine paradoxe Situation
gebracht. Die Rote Armee hatte die Weißen besiegt und die Kontrolle über das alte Zarenreich zurückgewonnen. Doch überall
sonst wurde die kommunistische Revolution in Schach gehalten.
Zwar war die Macht der Sowjets fest etabliert, aber nur in einem
einzigen Land, um das herum sich, wie Joffre sagt, ein «Cordon
sanitaire» zog. Die UdSSR war siegreich, aber allein, und sie
würde isoliert in einer Welt überleben müssen, die kapitalistisch
blieb.

Die Bolschewiki befanden sich in einer ähnlichen Situation
wie die Apostel, als sie erkannten, daß das Ende der Welt und das
Jüngste Gericht offenbar nicht unmittelbar bevorstanden und
daß die Gläubigen in der Zwischenzeit beschäftigt werden mußten. Ohne – zumindest offiziell – auf die Idee der Weltrevolution

zu verzichten, mußte sich die sowjetische Führung darauf einstellen, daß das Heil nicht kurzfristig zu erwarten war. Im Gegenteil, der Kronstädter Matrosenaufstand im März 1921 zeigte, daß das Schicksal der russischen Revolution auf dem Spiel stand und daß selbst in dem einzigen Land, in dem sich eine kommunistische Regierung hatte halten können, Scheitern und Revolte drohten.

Wie sollte man sich organisieren, um zu überleben? Als der Krieg vorüber war, war das Land ausgeblutet. Wie konnte man die Isolierung überwinden, Hilfe von außen erhalten, internationale Anerkennung gewinnen und Handelsbeziehungen anknüpfen? Doch was sollte man verkaufen? Die natürlichen Ressourcen des Landes, indem man die Abbaugenehmigungen ausländischen Unternehmen erteilte? Lenin kam nun auf diese Idee zurück und konnte sie grundsätzlich auch durchsetzen. Das führte 1922 zur NÖP[10], die den privaten Handel wieder zuließ, den Bauern die Überschußproduktion zur freien Verfügung ließ und private Investoren ermutigte. Doch dieser Weg konnte nur begrenzte Abhilfe bringen, denn er drohte die wirtschaftliche Selbständigkeit und die Prinzipien des Sozialismus aufs Spiel zu setzen. Auf jeden Fall brauchte die neue Politik Zeit, um Früchte zu tragen. Doch die Zeit drängte.

1921 konnte die UdSSR weder Erfolg noch Reichtum vorweisen; sie mußte also aus ihrer Not und ihren Mißerfolgen Nutzen ziehen.

In diesem Winter nahm die Not die fürchterliche Gestalt einer Hungersnot an. Auf eine Reise durchs westliche Ausland entsandt, schilderte Gorki das Leiden der russischen Landbevölkerung und versuchte, den Regierungen durch die Empfindungen, die er mit seinen Vorträgen weckte, Zugeständnisse abzuringen. Das gelang ihm, und die Vereinigten Staaten stellten siebzig Millionen Dollar für die größte Hilfsaktion der damaligen Zeit zur Verfügung. Doch die Bolschewiki wollten die Hilfe nur unter erpresserischen Bedingungen annehmen: Anerkennung ihrer Re-

10 Neue Ökonomische Politik.

gierung und Verteilung der Hilfsgüter unter eigener Kontrolle. Nach erbitterten Verhandlungen gingen die Amerikaner nur auf einen Teil der Forderungen ein. Dieses Erlebnis führte zu einer hartnäckigen Abneigung gegen die russischen Kommunisten, für die sie bis dahin keine übermäßig feindseligen Gefühle gehegt hatten. So erkannten die Vereinigten Staaten erst als letzte der Großmächte die sowjetische Regierung an (1933). Abgesehen davon, daß sich die Hungersnot schicklicherweise kaum in die Länge ziehen ließ, hatte sie sich auch als eine Ware erwiesen, deren Tauschwert begrenzt bleibt und deren Nutzung mit vielen Unannehmlichkeiten verbunden ist.

Doch im Gegensatz hierzu lernten die Sowjets zur gleichen Zeit, aus einem anderen Fehlschlag Kapital zu schlagen, und er erwies sich als außerordentlich lohnend: Die Rede ist vom Fehlschlagen der Weltrevolution.

## Triumph durch Mißerfolg

Inmitten des Trümmerhaufens, den die Sowjetunion 1921 darstellte, war die Dritte Internationale sicherlich das wichtigste Machtinstrument, das dem Regime geblieben war. Da es der Sowjetunion gelang, alle revolutionären Parteien der Welt an ein einziges Zentrum zu binden und sie dessen unumschränktem Machtanspruch zu unterwerfen, verfügte sie in den Verhandlungen mit den kapitalistischen Staaten über einen Joker, der gar nicht hoch genug einzuschätzen ist. Die Weltrevolution hat nicht stattgefunden? Na und? Ihr Auf und Ab hat den Russen Zeit gelassen, die radikalen Bewegungen ihrer Kontrolle zu unterwerfen. Fortan lag nicht mehr im Triumph dieser Bewegung das Heil der bolschewistischen Revolution, sondern darin, sie sich gefügig zu machen und ihr Scheitern geschickt zu vermarkten.

Die Veränderungen, die sich während dieser Zeit innerhalb der internationalen revolutionären Bewegung vollzogen, sind dem Bewußtseinswandel vergleichbar, der aus den prähistorischen Sammlern Bauern werden ließ: Von Stund an verstand man die

Revolution nicht mehr als Naturerscheinung, von der sich Nutzen nur erwarten ließ, soweit es die Wechselfälle des historischen Erfolgs gestatteten, sondern machte aus ihr eine organisierte, gezielte, regelmäßige Arbeit, die es erlaubte, in gleichbleibenden Zeitabständen ansehnliche Erträge einzubringen und zu verkaufen.

Zweifellos wäre die Behauptung übertrieben, Lenin habe bewußten Verrat an dem internationalistischen Ideal begangen, auf das er sich berief. Es besteht kein Anlaß, an seiner Aufrichtigkeit zu zweifeln. Doch wie ein Mensch, der, von Kälte bedroht, alles in den Ofen wirft, was brennt, hat er in einer kritischen Situation von der Dritten Internationale Gebrauch gemacht, indem er ihre Mitglieder geopfert und aus diesem Holocaust einen Teil der Energie gewonnen hat, den der große, fast schon erfrorene Leib der Sowjetunion brauchte. Dieses Mittel, ursprünglich eine Notmaßnahme, ein Strohhalm, erwies sich als Basis einer Beziehung, die so fruchtbar war, so lohnend erschien und den Wünschen der westlichen Staaten so sehr entgegenkam, daß sie bereit waren, großzügig dafür zu zahlen. Um zu überleben, würde die UdSSR nur immer wieder den Pakt erneuern müssen, den Lenin mit den Kapitalisten geschlossen hatte und der ihnen die Weltrevolution auslieferte – ein symbolischer Pakt, der stets verheimlicht, nie offen ausgesprochen wurde und doch untrennbar verbunden war mit der Existenz und dem Überleben der UdSSR. Auf diese fast zufällige Weise sollte sich der Verrat im Herzen der russischen Revolution einnisten, um fortan zugleich ihre Seele, ihr Antrieb und ihr Geheimnis zu sein.

In der Folge erwies sich die sowjetische Diplomatie stets als gespalten und widersprüchlich: Auf der einen Seite unterstützte sie die revolutionären Bewegungen und ließ sich auf der anderen den Verzicht auf revolutionäre Aktionen von den zuständigen Regierungen bezahlen.

Sicherlich profitierte Deutschland als erstes Land von der sowjetischen Doppeldiplomatie – und es profitierte am längsten. Seit der Beseitigung der Spartakistenführer hielt Moskau die Kommunistische Partei Deutschlands mittels der Internationale fest in der Hand. Doch nach den unvorsichtigen «Märzkämpfen 21» hielt es seine Aktivitäten in bescheideneren Grenzen. Offiziell unterstützte die Sowjetunion auch weiterhin die revolutionären Vorbereitungen, doch betonte sie dabei immer stärker die Organisation der Massen, das heißt, die Stärkung des Apparates.

Gleichzeitig unterhielt die UdSSR enge Beziehungen zu erbitterten Antikommunisten. General von Seeckt, der seit Juli 1919 für die Vorbereitung der «Friedensarmee» zuständig war, konnte beim Wiederaufbau der Reichswehr und der deutschen Militärmacht auf die Hilfe der Sowjets zählen. Ab 1921 verlegten die deutschen Rüstungsunternehmen ihre Aktivitäten in die UdSSR, was ihnen erlaubte, sich der Aufsicht der interalliierten Militärkontrollkommission zu entziehen.[11]

Die sozialdemokratische Regierung in Weimar, offiziell als der schlimmste Feind der kommunistischen Revolution gebrandmarkt, weil sie sie ihrer Führer beraubt hatte, anerkannte dessenungeachtet die bolschewistische Regierung in Rußland als erste. Rathenau, der Erbe des AEG-Konzerns, den man (in einer Welt, die darauf nicht im entferntesten vorbereitet war) als liberalen Internationalisten bezeichnen könnte, schloß 1922 mit den Sowjets den Rapallovertrag. Das bezahlte er mit seinem Leben: Zwei Monate später wurde er von der extremen Rechten ermordet. Doch der Weg, den der Vertrag eröffnete, wurde nicht wieder in Frage gestellt. Ganz im Gegenteil, er erlaubte den beiden Ländern, die industrielle, vor allem die militärische Zusammenarbeit zu verstärken. Die daraus erwachsenden Vorteile waren für die UdSSR weit wertvoller, als es die weitere Förderung des Chaos in Deutschland gewesen wäre, mit dem ungewissen Ziel, dort einer bolschewistischen Revolution zum Sieg zu verhelfen. Ohne den «unerschütterlichen brüderlichen Beistand» für die Kommunistische Partei Deutschlands offiziell in Frage zu stellen, sorgte die Komintern im folgenden Jahr dafür, daß ein Putschversuch scheiterte. Zwar konnte sie die deutschen Kommunisten nicht daran hindern, den Umsturz vorzubereiten: Alle Bedingungen schienen

11 Vgl. Benoist-Méchin, *Histoire de l'armée allemande,* Bd. 1, S. 375.

für den Erfolg einer Revolution zu sprechen (die Wirtschaftskrise war auf dem Höhepunkt, und die Franzosen hatten soeben das Ruhrgebiet besetzt). Doch im allerletzten Augenblick wurde der Putschbefehl von der Komintern zurückgenommen. Die Boten mit der Gegenorder trafen rechtzeitig ein, um die wichtigsten Führer zu informieren. Nur in zwei Städten kamen sie zu spät: Hier hatte die Reichswehr, zu deren Wiederbewaffnung die UdSSR selbst beigetragen hatte, leichtes Spiel, die Kommunisten niederzumachen.

Zur gleichen Zeit machte auch die Kommunistische Partei der Türkei Erfahrungen mit dieser Doppeldiplomatie der UdSSR: Die Sowjetunion nutzte ihre Kontrolle über die revolutionären Bewegungen dazu, sich Zugeständnisse der Regierungen zu sichern, die Ziel der kommunistischen Destabilisierungsversuche waren. Der türkische Sozialist Mustafa Sufi flüchtete 1914 nach Rußland und nahm am ersten Kongreß der Kommunistischen Internationale als Vertreter der Sektion des «Zentralbüros der Orientalischen Länder» teil. Zum Führer der Kommunistischen Partei in der Türkei ernannt, begab er sich Anfang 1921 in Trapezunt heimlich an Land. Von der Polizei Mustafa Kemals, des späteren Atatürk, verhaftet, wurde er mit sechzehn Genossen hingerichtet. Das hinderte Moskau nicht daran, sechs Wochen später einen «Freundschafts- und Brüderschaftsvertrag» mit der türkischen Regierung zu schließen (der zum Ziel hatte, Atatürk in seinem Kampf gegen den Sultan zu bestärken, Armenien zurückzuerobern, dessen Unabhängigkeit die Alliierten gerade erklärt hatten, und die «Imperialisten» dem Kaukasus fernzuhalten).[12]

Die gleiche Doppelpolitik – Verkauf der revolutionären Bestrebungen, um Zugeständnisse von den jeweiligen Regierungen zu bekommen – wurde in China betrieben. Die Internationale hatte sich dort die absolute Kontrolle über die kommunistische Bewegung gesichert. Bei seinen Verhandlungen mit der Regierung in Peking benutzte Adolf Joffé die Unterstützung, die die Kommu-

---

12 André Fontaine, *Histoire de la guerre froide,* Bd. 1, Fayard, Paris, S. 69.

nisten der Kuomintang von Sun Yat-sen zuteil werden ließen, als Druckmittel. 1924 wurde ein für die UdSSR sehr vorteilhafter Vertrag zur gegenseitigen Anerkennung geschlossen. Wenig geneigt, die mit der chinesischen Regierung getroffenen Vereinbarungen aufs Spiel zu setzen, blockte Moskau unablässig alle Initiativen der chinesischen Kommunisten ab. Trotzki selbst mahnte 1926 in einem Bericht zur Vorsicht und empfahl, die Aktivitäten der Revolutionäre einzuschränken. Diese zögerliche Politik, die stets darauf bedacht war, die nationalen Interessen der UdSSR auf Kosten der chinesischen Kommunisten zu wahren, führte 1927 zu deren Niederwerfung – im April in Schanghai und im Dezember beim Aufstand in Kanton.[13]

Verrat wurde sehr bald zu einem festen Bestandteil der sowjetischen Außenpolitik. Lenin selbst hatte damit begonnen. In der Katastrophenstimmung nach dem Bürgerkrieg hatte er keine Wahl, und von jedem möglichen Verrat war dieser der verzeihlichste. Noch konnte man ihn als Atempause der Revolution verstehen, als eine Zeit der Neuordnung und Erholung, in der die Bewegung ihre Kräfte sammelte, bevor sie erneut losschlug. (Das gleiche Argument läßt sich auf die NÖP anwenden.) Doch 1927 war diese Fiktion nicht mehr aufrechtzuerhalten: Es wurde klar, daß der Verrat an der Weltrevolution fortdauerte und System hatte. Daraufhin nahm die Polemik öffentlichen und persönlichen Charakter an: Trotzki ergriff die Fackel der permanenten Revolution; er beschuldigte Stalin, die Chancen der chinesischen Kommunisten verspielt zu haben. Doch indem er den Verrat offenbarte, rettete er den Verräter, denn damit war die Weltrevolution keine internationale Priorität mehr, sondern die abwegige Parole einer «Clique». So schlug Stalin zwei Fliegen mit einer Klappe: Er entledigte sich eines Konkurrenten und nahm der eigenen Politik ihre Zweideutigkeit. Mochte Trotzki noch so sehr gegen den Sozialismus in einem einzigen Land wettern, dem Land, aus dem man ihn verjagt hatte – er hatte verloren. Auf dem

13 C. Brandt, *Stalin's Failure in China 1924–1927*, Cambridge, University Press, Cambridge (Mass.) 1983.

sechsten Kongreß der Komintern wurde die Herrschaft der UdSSR über die internationalistische Bewegung besiegelt. Die Arbeit, die 1921, während der ersten Erfolge der europäischen Revolution, begonnen hatte, wurde 1928 mit der Säuberung der Internationale von unzuverlässigen und widerspenstigen Elementen abgeschlossen, die sogleich mit der ehrenrührigen Bezeichnung «Trotzkist» wie mit einer Granitplatte erdrückt wurden. Stärker als je zuvor war die Komintern das gefügige, streng kontrollierte Werkzeug der sowjetischen Politik. Der Verrat wurde darüber hinaus dialektisch abgesegnet: «Wirklich revolutionär ist», so Stalin vor den Delegierten des Kongresses, «wer bereit ist, die Sowjetunion rückhaltlos, offen und bedingungslos zu schützen und zu verteidigen. Wer glaubt, die weltrevolutionäre Bewegung ohne oder gegen die Sowjetunion zu verteidigen, handelt in Wirklichkeit gegen die Revolution. Da ist der Zeitpunkt nicht mehr fern, wo ein solcher Pseudorevolutionär ins Lager der Feinde der Revolution überwechseln wird.»

Die Komintern, der Kontrolle und den Interessen der UdSSR unterworfen (was durch strenge Maßregelung der aufsässigsten Parteien, vor allem der deutschen, bewerkstelligt wurde), mußte auf eine harte Linie eingeschworen werden. Im Gegensatz zu Bucharin lehnte Stalin jegliches Taktieren, jeden Kompromiß mit den Sozialdemokraten ab und empfahl, die kommunistische Partei von allen unentschlossenen Elementen zu befreien. Da es nicht darum ging, die Weltrevolution zu beschleunigen, sondern der russischen Regierung ein wirksames Verhandlungsinstrument zur Verfügung zu stellen, war diese harte Linie völlig logisch.

Wer seinen Klassenhaß so laut hinausschrie, wer so leidenschaftlich das Ende der bürgerlichen Welt herbeisehnte, wer jede gemäßigte Allianz ablehnte und vor allem die sowjetische Revolution in den höchsten Tönen pries, dem konnte man kaum Zugeständnisse gegenüber den kapitalistischen Demokratien vorwerfen. Und der «Revolutionär» in Paris, London, Prag oder Berlin, der sich blind den Anweisungen der UdSSR unterwarf, die stets dafür Sorge trug, daß er keinen Erfolg hatte, war die sicher-

ste Schutzwehr gegen eine Ausbreitung der Revolution und eine
zuverlässige Stütze der bürgerlichen Regierungen.

Ab 1928 war der Mechanismus des Verrats perfekt. In den sechs
Jahren zuvor hatte man ihn vervollkommnen können. Der letzte
Schritt zu seiner Vollendung war das Scheitern von Bucharin und
Trotzki. Es ist viel die Rede gewesen vom *Homo sovjeticus*, der
sich, gehärtet von Feuer und Schwert, in der Sowjetunion entwickelt habe. Doch wie soll man den neuen Menschen nennen,
der außerhalb ihrer Grenzen überdauerte? *Homo internationalis?*
Oder besser Opfer? Denn die Mechanik der Komintern brachte
einen vollkommen neuen und in vielerlei Hinsicht bewunde-
rungswürdigen Menschen hervor, den André Malraux mit der
Figur des Kyo in dem Roman *So ist der Mensch* am treffendsten
beschrieb. Seine Loyalität ist grenzenlos, sein revolutionäres Bewußtsein vorbildlich und sein Einsatz bedingungslos – auch wenn
er sein Leben kostet. Doch mit Haut und Haaren einer Internationale ergeben, die kein anderes Ziel kennt, als sein Scheitern zu
verkaufen, seine Aktionen zu hintertreiben, kurzum, ihn zu opfern, ist er in Wirklichkeit der ständige Agent des Fehlschlags, der
beste Rückhalt einer Welt, deren Vernichtung er sich zum Ziel
gesetzt hat.

## Demokratische Reife

Die Schaffung der Komintern und ihre Vereinnahmung für nationale Zwecke bedeutete einen Wendepunkt in der Geschichte
der europäischen Demokratien. Ohne Übertreibung darf man sagen, daß sie diesem Ereignis ihre Rettung verdanken.

Die Entstehung der Demokratie in den europäischen Gesellschaften hat nicht die Reinheit und Einfachheit, die sie auf der
*Tabula rasa* Amerikas besaß: In Europa bahnte sie sich mühsam
ihren Weg durch eine Welt der Ungleichheit. Anfang des 20. Jahrhunderts sahen sich die europäischen Gesellschaften, gezeichnet
vom Doppelschock der politischen und industriellen Revolution,
einem gefährlichen Problem gegenüber: «der Existenz eines Pro-

letariats außerhalb des bürgerlichen Lebens»[14]. Die Gleichheit
der Menschenrechte, die die politische Demokratie wollte, stand
im Gegensatz zur wachsenden Ungleichheit der materiellen Lebensbedingungen, die sich unter dem Aufschwung des industriellen Kapitalismus weiter verschlechterten.

Alle Arbeiterbewegungen dieser Zeit waren ambivalente politische Gebilde: Einerseits fügten sie sich den Spielregeln der
bürgerlichen Demokratie und bemühten sich um politische Verantwortung im Rahmen der Legalität. Andererseits blieben sie die
Erben eines revolutionären Sozialismus, der von sich behauptete,
er lehne den bürgerlichen Staat grundsätzlich ab. Diese beiden
Tendenzen hatten sich anläßlich des Krieges getrennt. Mit der
Schaffung der Dritten Internationale wurde der Bruch endgültig.
Für Frankreich symbolisierte der Kongreß von Tours im Dezember 1920 die historische Trennung: Auf der einen Seite bildete sich
die SFIO (Französische Sektion der Arbeiterinternationale), die
den Prinzipien der Zweiten Internationale verpflichtet blieb, und
auf der anderen die kommunistische Partei, deren Bolschewisie-
rung rasch voranschritt. Die harte Linie, die Stalin gegen Bucharin durchsetzte, benannte die Sozialdemokratie noch deutlicher
als den Hauptfeind der bolschewistischen Revolution.

So klärt sich die anfängliche Verwirrung der Arbeiterbewegungen: Die sozialdemokratische Richtung hatte fortan freie Hand,
die Macht in einem bürgerlichen Rahmen auszuüben, während
die radikalen Richtungen ihre revolutionären Absichten hem-
mungslos verkünden durften: Das machte sie auch nicht bedrohlicher. Sie trugen nicht mehr das schreckenerregende Gesicht der
Meutereien von 1915, ihren ungezügelten und wilden Charakter.
Der Aufmarsch der kommunistischen Truppen blieb beeindruk-
kend, doch obwohl sie die Faust erhoben, gingen sie im Gleich-
schritt – von Moskau straff organisiert, gesteuert und damit im
Zaume gehalten.

Von ihrer revolutionären Hypothek befreit, wurden die sozia-

14 M. Gauchet, *Tocqueville, L'Amerique et nous*, in: *Libre* Nr. 7, Payot,
Paris 1980.

listischen und sozialdemokratischen Parteien schon bald und dauerhaft an der Macht beteiligt. In Frankreich erklärte Léon Blum ohne Umschweife, er wolle «die Geschäfte der bürgerlichen Gesellschaft so betreiben, daß sie den Interessen der Arbeiterklasse dienen»[15]. In der Weimarer Republik führten die Sozialisten Ebert und Noske gegen die Rechte, aber vor allem gegen die äußerste, spartakistische und später kommunistische Linke, einen regelrechten Bürgerkrieg. In England kam die Labour Party 1924 an die Macht und erwies sich als verfassungstreu.

Zum erstenmal durften die europäischen Demokratien behaupten, sie hielten «die Menschen trotz aller Gegensätze zusammen»[16]. Endlich war die radikale Revolte, die die bürgerliche Demokratie grundsätzlich in Frage stellte, isoliert, konzentriert, vor allem aber durch den äußeren Einfluß der Komintern unter Kontrolle gebracht und dank dieser Intervention wieder in den politischen Rahmen integriert. Als disziplinierte Agenten eines äußeren Feindes, mit dem man verhandeln konnte, wurden die revolutionären Bewegungen in gewissem Sinne außerhalb des demokratischen Raumes neu organisiert und von außen wieder in ihn hineingetragen, sozusagen als eine Kategorie der Außenpolitik.[17]

Üblicherweise wird die Politik, die die europäischen Großmächte zwischen den Weltkriegen gegenüber der Sowjetunion betrieben, sehr streng beurteilt. Man beschwört ihre Gegensätze, die angeblich erklären, warum sie sich nicht eines Regimes entledigten, das, wie Lenin einmal selbst sagte, von einigen hunderttausend Mann hätte besiegt werden können. Aber wollten die

15 Zitiert bei: P. Bernard, *La Fin d'un monde,* Seuil, Paris.

16 M. Gauchet, a. a. O.

17 In den Vereinigten Staaten waren die Arbeiterbewegungen zunächst einflußreich – während des Krieges vor allem die Wobblies, die Mitglieder der *Industrial Workers of the World* –, aber wenig organisiert. Anfang der zwanziger Jahre kam es dann zu einer heftigen antikommunistischen Reaktion, die die revolutionäre Bewegung ihrer Führer beraubte (Sacco-Vanzetti-Fall), was dazu führte, daß die Sowjets bis zum Zweiten Weltkrieg über keine offizielle politische Niederlassung in den Vereinigten Staaten verfügten.

westlichen Staaten das denn überhaupt? War es für sie nicht viel günstiger, die UdSSR hinter einem *Cordon sanitaire* einzuzwängen und mit ihr die Kontrolle der revolutionären Bewegungen auszuhandeln? Seit diesen Anfängen wies die westliche Politik eine teuflische Ambivalenz auf, die den Regierungen sicherlich weitgehend unbewußt blieb, die deshalb aber nicht weniger wirksam war. So unterhielt man zur UdSSR eine Doppelbeziehung, die nicht ganz freundlich und nicht ganz feindlich war – einerseits räumte man ihr Vorteile ein, andererseits kündigte man sie sogleich wieder auf –, und hat damit erheblich zur Entstehung der schizophrenen Haltung Moskaus gegenüber der internationalen kommunistischen Bewegung beigetragen.

Lenin selbst hatte unterstrichen, daß sich die vielerlei Spielarten ausländischer Politiker in zwei Kategorien einordnen ließen, die die Engländer Lloyd George und Churchill besonders deutlich verkörperten.[18]

Lloyd George stand für den Kompromiß und vertrat die Ansicht, die sicherste Methode zur Ausbreitung des Bolschewismus sei der Versuch, ihn zu unterdrücken. «Wenn wir unsere Soldaten losschicken und sie auf Bolschewiken schießen lassen, so schaffen wir einen Bolschewismus hier bei uns.» Im März 1921 unterzeichnete er ein Handelsabkommen mit der UdSSR, wobei er sich auf seine Art dafür entschuldigte. («Wir treiben halt Schleichhandel

---

18 «Die Differenzen zwischen Churchill und Lloyd George – diese politischen Typen gibt es mit geringen nationalen Unterschieden in *allen* Ländern – einerseits und sodann die Differenzen zwischen Henderson und Lloyd George andererseits sind vom Standpunkt des reinen, d. h. abstrakten, d. h. noch nicht zur praktischen politischen Massenaktion herangereiften Kommunismus ganz belanglos und geringfügig. Aber vom Standpunkt dieser praktischen Aktion der Massen aus gesehen sind diese Unterschiede äußerst, äußerst wichtig. Sie in Rechnung zu stellen, den Zeitpunkt zu bestimmen, in dem die unter diesen ‹Freunden› unvermeidlichen Konflikte völlig herangereift sind, die *alle die ‹Freunde› zusammengenommen* schwächen und entkräften [– darin besteht die ganze Aufgabe, die ganze Tätigkeit des Kommunisten . . .].» Lenin, *Der «linke Radikalismus», die Kinderkrankheit des Kommunismus,* a. a. O., Bd. 31, S. 82.

mit Kannibalen.») Doch innenpolitisch sorgte er für eine strikte
Ausgrenzung der englischen Kommunisten und unterstützte die
Sozialdemokratie. Die Richtung Lloyd George (repräsentiert
durch ihn selbst und ähnlich denkende Politiker in anderen Ländern) bildete im Hinblick auf die UdSSR den positiven Pol. Dieser
Richtung verdankte das kommunistische Regime, daß es überhaupt wieder Tritt fassen konnte: 1922 räumte man auf der
Konferenz von Genua der UdSSR lebenswichtige Handelsvorteile
ein – einem Land am Rande des Ruins, in dem sogar die Matrosen
von Kronstadt, diese treuen und hochgeehrten Stützen der Revolution, gerade einen Aufstand angezettelt hatten.

Churchill stand für die harte Linie. «Man könnte ebensogut die
Homosexualität legalisieren», erklärte er, «wie die Bolschewiken
anerkennen.»[19] Fünfzig Jahre später hätte er wohl höchst erstaunt
zur Kenntnis genommen, daß sich die Gesellschaft, die er verteidigen wollte, mit beidem abgefunden hatte, ohne Schaden zu
nehmen. Die konservative Regierung, der er 1925 angehörte, an-
nullierte das Handelsabkommen, das die Labourregierung im
Vorjahr unterzeichnet hatte, und brach die gerade aufgenomme-
nen diplomatischen Beziehungen wieder ab.

Dieses Hin und Her war dem Westen nur dienlich: Es sorgte für
eine ständige Abwehrhaltung der Sowjetunion. Einerseits konnte
die UdSSR nicht annehmen, daß ihr die bürgerlichen Staaten völlig feindselig gegenüberstanden, da es ihr immer wieder gelang,
Vergünstigungen von ihnen zu erhalten, andererseits war es aber
auch nicht möglich, normale Beziehungen aufzunehmen, da es in
den kapitalistischen Ländern jederzeit zu einer Verschärfung der
politschen Haltung gegenüber der UdSSR kommen konnte. Die
unberechenbare Haltung des Auslands glichen die Sowjets sehr
wirksam durch eine Politik gemäßigter und verhandlungsbereiter
Aggressivität aus, die ihnen erlaubte, das gefügige Werkzeug der
Internationale zu nutzen.

Doch die Richtung Churchill hatte noch einen weiteren Vorteil:
In regelmäßigen Abständen erneuerte sie das aggressive Image

---

19 Zitiert bei: P. Johnson, *La Fin de la vieille Europe*, Laffont, Paris, S. 86.

des Kapitalismus und deklarierte die UdSSR zum Hauptfeind. Wenn Churchill erklärte, daß «die Bolschewiken Rußland in einen Zustand tierischer Barbarei zurückwerfen und sich durch massenhafte und blutige Metzeleien, die in großem Umfange durch raffinierte Foltermethoden und Panzer verübt werden, an der Macht halten», und wenn er dann noch hinzufügte, daß «die Kultur dort in riesigen Gebieten völlig ausgelöscht ist, während die Bolschewiken wie Horden wilder Paviane zwischen den Ruinen von Dörfern und den Leichen der Opfer umherhüpfen und -tollen», überzog er seine Kritik damit so sehr, daß sie den Feind stärkte. Stalin hatte leichtes Spiel, anhand solcher Äußerungen glaubhaft zu machen, daß eine Konfrontation unmittelbar bevorstehe, und seine Politik «Klasse gegen Klasse» zu rechtfertigen, die in Wirklichkeit die kommunistischen Parteien isolierte und in ein Protestgetto einschloß. Je häufiger es zu Abweichung, Verrat und Widerspruch im internationalen Kommunismus kommen sollte, um so dringender brauchte Stalin diese Angriffe aus dem Churchill-Lager: Sie bewiesen die Legitimität der Revolution, sie zeigten, daß die Heimat des Sozialismus bedroht war und daß es sie folglich durch blinden Gehorsam gegenüber den Befehlen aus Moskau zu verteidigen galt, sie halfen, ein Muster für vorbildliches revolutionäres Verhalten zu schaffen. Dazu schrieb Jean Cocteau: «Denn hätte man Jeanne d'Arc nicht verbrannt, wäre sie keine Heldin geworden und nie imstande, einen Filmstoff zu liefern.»[20] Hätte man die UdSSR nicht verteufelt, wäre sie kein wirksames Feindbild gewesen, und man hätte sich ihrer nicht einerseits zur Abschreckung und andererseits als Hoffnungsträger bedienen können. So paradox es klingt, dank Churchill und seiner Bannflüche fand der verratene Kommunist, der hingemordet wurde, einen Sinn in seinem Opfer und starb glücklich.

Die rhetorische Auseinandersetzung zwischen Churchill und Stalin war wie die dunkle Wolke, die der Tintenfisch seinen Feinden ins Gesicht bläst: Sie sollte der Welt den trügerischen Eindruck zweier unversöhnlicher Kräfte vermitteln, die in eine

20 J. Cocteau, *Brief an die Amerikaner*, Klett-Cotta, Stuttgart 1986.

erbarmungslose Auseinandersetzung verstrickt waren. Für dieses apokalyptische Bild gab es eine doppelte Notwendigkeit: Die UdSSR konnte ihre Herrschaft über die revolutionären Bewegungen der Welt behaupten, und der liberalen Kultur gestattete sie, befreit vom Schreckgespenst der sozialen Revolution, der Welt das friedliche Bild eines demokratischen Gemeinwesens vorzuführen, das niemanden ausschließt.

## Metternich ade

Der Leninpakt, der den Demokratien erlaubte, sich den sozialen Frieden bei einem «Zentrum» zu erkaufen, das die Revolution in der ganzen Welt kontrollierte, ist eine der großen politischen Errungenschaften dieses Jahrhunderts. Doch wie manche Erfindung, die erst mit einer gewissen Verzögerung, wenn technische Fortschritte ihre Nutzung ermöglichen, voll zum Tragen kommt, konnte in der unsicheren Zeit zwischen den beiden großen Kriegen noch nicht die ganze Fülle seiner Möglichkeiten ausgeschöpft werden.

Für die soziale Entwicklung der westlichen Demokratien war er außerordentlich vorteilhaft. Doch sie mußten, um von dem Pakt zu profitieren, vorerst ein Problem regeln, das ihre Entwicklung in Europa stark einschränkte: die nationale Frage.

Zwischen den Kriegen war die liberale Kultur noch vorwiegend europäisch und bestand aus dem Nebeneinander von Staaten, für die Probleme nationaler Art Vorrang hatten. Die westliche Welt wurde von unzähligen Krisen dieser Art erschüttert – Gebietsansprüche, die Verletzung nationaler Interessen in neu geschaffenen Staaten und die daraus resultierende Unzufriedenheit von Minderheiten, die Ungerechtigkeiten und Härten des Versailler Vertrags. Doch nirgends war die nationale Einheit brüchiger, die Unzufriedenheit mit der territorialen Neuordnung größer und die Erbitterung über die Ungerechtigkeit des Versailler Vertrags heftiger als in Deutschland, das an der Nahtstelle zwischen Ost und West liegt und deshalb ein erheblicher Störfaktor

für den Leninpakt war. Deutschland machte sich die Gegensätze
der beiden Welten zunutze. Die westlichen Staaten und die Sowjets mußten schmerzlich erfahren, daß das Gleichgewicht, das
sie zwischen ihren politischen Welten hergestellt hatten, nur stabil
war, wenn wirklich ein sauberer Trennungsstrich gezogen und
ihre Gegensätze nicht verwischt wurden. Bildete sich zwischen
ihnen eine Grauzone heraus, dann würde sie unkontrolliert wie
eine Zyste anwachsen.

An der Nahtstelle der beiden Welten sollte Deutschland schon
sehr bald von den Sowjets bei der Wiederbewaffnung unterstützt
werden. In den zwanziger und dreißiger Jahren stellte es in der
UdSSR, der alliierten Kontrolle entzogen, seine Flugzeuge (Fok-
ker und Dornier), seine U-Boote (in Kronstadt und Sewastopol)
und seine chemischen Waffen (in Trost an der Wolga und in Ka-
linin) her.[21]

Auch für die Sowjets war diese Zusammenarbeit von Vorteil,
durchbrach sie doch die Isolierung. Mochte das Spiel auch gefährlich sein, die Aussicht, eine neue europäische Konfrontation
(zwischen Frankreich und Deutschland) zu fördern, mißfiel Stalin
keineswegs. Zwar hatten sich die Sowjets aus taktischen Gründen
gezwungen gesehen, die Weltrevolution aufzugeben und sie statt
dessen zu vermarkten, doch mußte das nicht heißen, daß sie nicht
doch langfristig auf die endgültige Krise des Kapitalismus – beispielsweise in Gestalt von Kriegen zwischen den imperialistischen
Mächten – hofften und sogar bereit waren, sie zu fördern. Im
Nationalsozialismus sahen die Sowjets anfänglich nur eine
Schwächung der Sozialdemokratie. Auf die harte Linie der Komintern festgelegt, unterstützten die deutschen Kommunisten die
Nazis lange Zeit.[22] Um die Zusammenarbeit mit Deutschland auf
dem Rüstungssektor nicht zu gefährden, bremste Moskau die
Tätigkeit der kommunistischen Partei sogar dann noch, als die
Kommunistenverfolgung unter Hitler schon begonnen hatte.

---

21 Benoist-Méchin, a. a, O., S. 577.
22 Sie beteiligten sich sogar an einem Streik der öffentlichen Verkehrs-
mittel, den die Nazis drei Monate vor Hitlers Machtergreifung ausriefen.

Diese Verhandlungen mit einer amtierenden Regierung, mochte
sie auch noch so militaristisch und antikommunistisch sein, diese
Opferung einer revolutionären Bewegung (Arthur Koestler bezeichnete die Kommunistische Partei Deutschlands als riesigen
Kastraten) für nationale Vorteile war lediglich die Fortsetzung
jenes faustischen Paktes, den bereits Lenin auf Kosten der Internationale mit dem Westen geschlossen hatte.

Leider konnte sich das nationalsozialistische Regime dank der
geopolitischen Lage Deutschlands, seiner antikommunistischen
Einstellung und seiner expansionistischen Pläne Richtung Osten
die Unterstützung des Westens sichern. Angesichts seiner Vorstellungen von der bolschewistischen Apokalypse waren Churchill
die Bewegungen auf der äußersten Rechten, insbesondere der
italienische Faschismus, gar nicht so unlieb. Seine Feindseligkeit
gegenüber Deutschland erklärte sich aus seiner Sorge um das
nationale Gleichgewicht, doch die Verwüstung der kommunistischen Parteilokale in Berlin durch die Braunhemden fand durchaus seinen Beifall. München war nicht nur die Kapitulation von
Feiglingen, sondern auch ein Signal, das Hitler deutlich zeigen
sollte, welche Richtung seine Expansionspolitik einzuschlagen
hatte.

Damals war die UdSSR noch ein Staat unter anderen, von
unterschiedlichem Charakter zwar, den es anders zu behandeln
galt, was aber die hartgesottensten Vertreter des westlichen Lagers nicht daran hinderte, von der *Reconquista* des Ostens zu
träumen. Der *Cordon sanitaire* war für viele nur ein geringes
Übel, und daß Deutschland sich in slawische Gebiete ausdehnen
und sich vom Kommunismus befreien wollte, war keineswegs so
schockierend, wie man heute glauben könnte.

Doch um richtig zu funktionieren, verlangte der Leninpakt auf
beiden Seiten absolute Treue im Verrat. Solange die liberalen Nationen dem Metternichschen Schema verhaftet blieben und auf
Gebietseroberungen im Osten hofften, konnte sich kein Gleichgewicht einstellen.

Der Zweite Weltkrieg sollte das gefährliche Spiel der europäischen Nationalisten beenden, indem er die deutsche Hypothek

beseitigte und die westlichen Demokratien zu einem festgefügten wirtschaftlich-militärischen Block unter amerikanischer Vorherrschaft zusammenschloß. Die Nachkriegszeit sah die UdSSR unter den Siegermächten, die eine klare und stabile Trennungslinie zwischen sich und dem Rest der Welt zog und auf diese Weise günstige Voraussetzung schuf, um die ungeheuren Möglichkeiten des Leninpaktes zu nutzen.

## II
## 1947, Beginn des Goldenen Zeitalters

Die Leidenschaften erfinden Ungeheuer. Jene
Art von Wut, die am wenigsten verzeiht, hat
reine Phantasieobjekte zum Gegenstand. Wie
soll man den Wesen verzeihen, die man selbst
geschaffen hat, wobei man alles aufgeboten
hat, was einem an Selbstgefälligkeit, Dumm-
heit und Unmenschlichkeit einfällt, und sonst
nichts?

Alain
*Minerve ou la sagesse*

Das Gleichgewicht des «kalten Krieges», unter Lenin erfunden, in
den folgenden Jahren nur unvollständig genutzt und durch den
Zweiten Weltkrieg aufgehoben, stellte sich 1947 rasch wieder ein.
Und wieder bestimmte die westliche Welt Form und Regeln der
Konfrontation mit der Sowjetunion – wenn auch widersprüch-
lich, naiv und inkonsequent.

Die UdSSR ging aus dem Krieg siegreich und ruiniert hervor.
Sie war ehrgeizig, wußte aber nicht recht, wohin mit der gewaltigen Energie, die ihr die Wiedererweckung des russischen Nationalgefühls verliehen hatte. Zunächst wandelte sie auf den
Spuren des einstigen Zarenreichs und erwies sich in ihren Ge-
bietsansprüchen als ebenso unersättlich. Es war das klassische
Repertoire der Nationalstaaten auf der europäischen Bühne: jeder der Feind des anderen und im Auf und Ab des politischen
Spiels immer neue Verschiebungen der nie endgültigen Grenzen
dieses seltsamen Kontinents. Doch Rußland fehlte es an Partnern
für dieses Spiel: die einzige Macht, die noch darauf einging, war

England. So stritten die beiden Länder am Ende des Krieges und zu Beginn der Nachkriegszeit um Einflußsphären, tauschten geheime Noten aus, schoben, ganz im Geiste des Wiener Kongresses, Gebiete und Völker hin und her, kurzum, sie ließen die Zeit der europäischen Nationalstaaten noch einmal aufleben. Doch der Zeitgeist hatte sich gewandelt.

Der Zweite Weltkrieg hatte einen neuen Pol hervorgebracht, der die liberale Kultur beherrschte und ihren raschen Zusammenschluß bewirkte. Die Vereinigten Staaten waren nach der Abdankung Englands im Jahre 1946 die wichtigste westliche Macht und fortan der neue und entscheidende Verhandlungspartner für die Russen. Doch die Amerikaner konnten ihre Politik nicht am klassischen Kanon der europäischen Realpolitik ausrichten. Sie brauchten ein Ideal, eine umfassende Vision, eine Mission. Der Gegensatz zu Rußland konnte nicht die Gestalt einer imperialistischen Rivalität annehmen: Er mußte sich in ein metaphysisches Gewand kleiden. Deshalb erweckten die Amerikaner Anfang 1947 das Gleichgewicht des kalten Krieges zu neuem Leben und stilisierten es zur Konfrontation zweier unvereinbarer Weltanschauungen, zweier entgegengesetzter Heilsbotschaften empor. Nicht Rußland, sondern die Sowjetunion machten sie zum luziferischen Wesen, zum gefallenen Engel, zum irregeleiteten Ideal und erklärten seine Bekämpfung zu ihrem Ziel. 1922 hatte Europa in Genua den Sowjets wieder in den Sattel geholfen; 1947 brachten die Amerikaner sie wieder in die Position des bevorzugten Gegners. Sie boten Moskau die Rolle eines Zentrums für die Expansion der Weltrevolution an, worunter in Wirklichkeit die eines Zentrums zur Steuerung der radikalen Revolte zu verstehen war. Daraus erwuchs ein Gleichgewicht, das der liberalen Kultur dreißig Jahre lang gestatten sollte, sich zu stabilisieren, auf ihren Zusammenschluß hinzuarbeiten, ihre gesellschaftliche und wirtschaftliche Umgestaltung vorzunehmen sowie ihre Entwicklung voranzutreiben. In der Verwirrung, Blindheit und den Irrtümern von 1947 wiedererstanden, sollte sich das Gleichgewicht des kalten Krieges unter den günstigen historischen Bedingungen, die es vorfand, als wichtigster Faktor für Stabilität und Fortschritt erweisen.

# Ein internationalistischer Käfig für die Russen

Nach der Entwicklung Rußlands im Zweiten Weltkrieg zu urteilen, ging diese Wiedereinsetzung in alte Positionen jedoch nicht von allein vonstatten. Man kann sogar sagen, daß die Amerikaner vor der schwierigen Aufgabe standen, gegen den Strom der Geschichte zu schwimmen, um die widerstrebenden Russen an eine internationalistische Aufgabe zu erinnern, die diese immer bereitwilliger vernachlässigten. Hören wir beispielsweise Wassilij Grossman:

«Stalingrad, die Stalingrader Offensive förderten das neue Selbstbewußtsein der Armee und der Bevölkerung. Die russischen Menschen begannen, sich selbst neu zu verstehen, fingen an, sich auf neue Art Menschen anderer Nationalitäten gegenüber zu verhalten. Die Geschichte Rußlands wurde nun als Geschichte des russischen Ruhms und nicht als die der Leiden und der Unterdrückung russischer Bauern und Arbeiter empfunden. Das Nationale wurde aus einem Element der Form zu einem Element des Inhalts, zur Basis eines neuen Weltverständnisses.

In den Tagen des Moskauer Erfolges galten noch die Denk- und Vorstellungsnormen aus der Vorkriegszeit.

Die neue Einschätzung der Kriegsereignisse, das Begreifen der Stärke russischer Waffen, des russischen Staates war Teil eines riesigen, langen und umfassenden Prozesses . .

Der Krieg beschleunigte den Prozeß der neuen Einschätzung der Realität, der unterschwellig schon vor dem Krieg eingesetzt hatte, beschleunigte den Ausbruch des Nationalbewußtseins – das Wort ‹russisch› bekam wieder einen lebendigen Inhalt . .

Das Resultat der Entwicklung war, daß der Volkskrieg, der jetzt seinen Höhepunkt erreicht hatte, während dieser Stalingrader Periode Stalin die Möglichkeit gab, die Ideologie des Staatsnationalismus offen zu deklarieren.»[1]

Während der ersten Periode des kalten Kriegs – in der Vor-

---

1 W. Grossman, *Leben und Schicksal*, Ullstein, Frankfurt/M. und Berlin 1987, S. 693–695.

kriegszeit – lag dem Konzept des «Sozialismus in einem Land» in Wirklichkeit eine klassische nationalistische Politik zugrunde. Trotzdem blieb sie der Phraseologie der Oktoberrevolution verhaftet. Der Krieg eröffnete neue Wege und bot Gelegenheit, ganz unverblümt die russische Reinheit und den russischen Sieg zu beschwören, kurz, gegen die «kosmopolitische» Ansteckung zu kämpfen. Fortan brauchte sich Stalins Machtpolitik nicht mehr unter internationalistischen Lumpen zu verstecken. Die Abschaffung der Komintern im Jahre 1943 ist nicht nur eine Konzession gegenüber den Alliierten, sondern auch die Rückkehr zu einer rein nationalen Außenpolitik.

Auch weiterhin bot Moskau Kommunisten aus aller Herren Länder Schutz, in der Hoffnung, sie eines Tages, falls sie an die Macht kamen, als Vasallen für die eigenen Interessen einsetzen zu können. Das lief auf die uralte Methode hinaus, die bei europäischen Fürsten seit dem Mittelalter gang und gäbe war: Im Hinblick auf die Zukunft gewährten sie den Thronprätendenten der Staaten, mit denen sie im Streit lagen, bereitwillig Gastfreundschaft. Deshalb hatten die Moskauer Vasallen aber noch lange nicht freie Hand, die Weltrevolution zu verbreiten.

Mit Mißbilligung verfolgte Stalin jede unkontrollierte Expansion des Kommunismus und war ständig bemüht, den Ehrgeiz der jugoslawischen und albanischen Partisanen zu zügeln, die er als Störenfriede empfand. In diesem Zusammenhang meinte Stalin zu Tito und Djilas im vertraulichen Gespräch: «Eine Revolution ist nicht mehr überall nötig. Erst vor kurzem war eine Delegation von britischen Labourleuten hier, und wir haben gerade darüber gesprochen. Ja, es gibt vieles, das neu ist. Ja, der Sozialismus ist sogar unter einem englischen König möglich.»[2]

Es ging also nicht mehr darum, die kapitalistischen Zentren in Brand zu stecken, um die Weltrevolution voranzutreiben[3], son-

---

2 M. Djilas, *Gespräche mit Stalin*, Fischer, Frankfurt 1962, S. 145.

3 1944 verhielten sich Thorez und Togliatti nach ihrer Rückkehr aus Moskau gegenüber den bürgerlichen Regierungen sehr entgegenkommend und lehnten nicht mehr ab, sich an ihnen zu beteiligen. Togliatti rief bei der

dern ganz offen darum, die territorialen Positionen des russischen Reichs zu festigen und auszudehnen, wie es schon uralte geopolitische Pläne der Zaren vorsahen: Zugang zum Mittelmeer, Anspruch auf Aserbeidschan und sein Erdölgebiet (eine Forderung, die seit 1810 bestand), Schaffung einer Pufferzone im mittleren Osteuropa, Rückgewinnung der in den zwanziger Jahren Polen zugefallenen Gebiete, Expansion in Fernost bis zur Mandschurei.

Alle politischen und militärischen Maßnahmen Rußlands unmittelbar nach dem Krieg waren diesen Prioritäten untergeordnet: so drängte es z. B. die Westmächte, die Annexion der baltischen Staaten anzuerkennen, fiel in Aserbeidschan ein, um sich mit den Engländern im Iran zu vereinigen (1941), dirigierte die Rote Armee nach Süden, um zunächst Rumänien und Bulgarien zu befreien, sah zu, wie der Warschauer Aufstand niedergeschlagen wurde, um die patriotischen Kräfte des Landes zu vernichten (ein skrupelloses Vorhaben, das es schon 1940 mit den Massenhinrichtungen von Katyn in die Wege geleitet hatte), trieb den Vorstoß seiner Truppen nach Berlin mit aller Gewalt voran, um direkten Einfluß auf das künftige Geschick Deutschlands nehmen zu können, und trat – in letzter Minute – dem Krieg gegen Japan bei, um dafür die Anerkennung seines Anspruchs auf Port Arthur, Dairen und andere Gebiete einzutauschen.

Angesichts dieser nationalistischen Politik waren die Westmächte in zwei Machtzentren zerfallen, die die russischen Ambitionen zwar höchst unterschiedlich beurteilten, sich aber beide als

Gründung des *Comitato di liberazione nazionale* (Nationales Befreiungskomitee) sogar aus: «Ich bin bereit, mich an der Macht zu beteiligen, sogar mit dem König.» Dazu schreibt André Fontaine: «Deshalb läßt nichts den Schluß zu, die kommunistische Partei habe damals ernsthaft vorgehabt, direkt die Macht zu ergreifen, obwohl sie in verschiedenen Regionen durchaus in ihrer Reichweite gelegen hätte. Wenn sich die UdSSR in die französischen Angelegenheiten eingemischt hat, dann nur, um die Kommunisten zur Beteiligung an einer Regierung zu drängen, in der sie nicht die Mehrheit besaßen, die sie aber, wie die Sowjetunion glaubte, zu einer freundlichen Politik ihr gegenüber veranlassen könnten.» André Fontaine, *Histoire de la guerre froide*, a. a. O., Bd. 1, S. 227.

sehr günstig für die sowjetischen Pläne erwiesen, wenn auch auf verschiedene Weise. Das eine, vertreten durch England unter der Regierung Winston Churchills, blieb der Tradition der europäischen Realpolitik treu. Es wandte sich gegen Art und Ausmaß der russischen Expansion, nicht aber gegen ihr Prinzip. Churchill war noch ganz durchdrungen von den alten Vorstellungen der Einflußsphären und des kontinentalen Gleichgewichts. Diese Überzeugung machte ihn zum wachsamen Gegner Stalins und zugleich zu seinem Komplizen. Bestrebt, dem Vordringen der Russen Einhalt zu gebieten, wo er konnte, schlug Churchill den Amerikanern vor, in Mitteleuropa möglichst rasch vorzurücken, schickte seine Truppen in Griechenland gegen die Partisanen und verteidigte die polnische Exilregierung in London mit allen Mitteln. Doch gleichzeitig war er, ganz in der imperialen Tradition der europäischen Geschichte, bereit, diese Machtbeziehungen in territoriale Vereinbarungen umzuwandeln. Das bezeugt jene berühmte Anekdote, nach der die beiden Männer 1944 Prozentzahlen auf ein Stück Papier notierten, um so ihren Einfluß auf die Völker Osteuropas und des Balkans untereinander aufzuteilen.

Dagegen war Roosevelt, der das siegreiche Amerika regierte, höchst ungehalten über die Vorstellung, Tauschhandel mit Ländern zu treiben. In «der erstaunlichen Überzeugung, daß die Menschen in der ganzen Welt die Bestrebungen und Grundwerte der Amerikaner teilen würden»[4], glaubte er an die Demokratie und die Selbstbestimmung der Völker.

Den Gegensatz zwischen dem englischen und dem amerikanischen Machtzentrum wußte Stalin sehr geschickt zu nutzen. Für seine Teilnahme am System der Vereinten Nationen bezog er fortlaufend finanzielle und materielle Hilfe aus den Vereinigten Staaten. Er konnte sich darauf verlassen, daß Amerika Churchills kriegerischen Eifer dämpfte und seine imperialistischen Manöver verurteilte (etwa die Landung in Griechenland oder die Unterstützung der polnischen Demokraten). Doch immer, wenn es darum ging, über Einflußsphären zu verhandeln und über die

---

4 W. Pfaff, *Le Reveil du vieux monde,* Hachette-Pluriel, Paris, S. 28.

Köpfe der Völker das Schicksal dieses oder jenes Landes zu bestimmen, konnte Stalin bei den Engländern mit größtem Verständnis rechnen.

Bis zur Konferenz von Potsdam (17. Juli 1945) genossen die Sowjets die Euphorie ihrer wiedergefundenen Macht. Ihre Stellung im friedlichen und weltumspannenden Schutzraum der Vereinten Nationen, der den Amerikanern so am Herzen lag, war ebenso stark wie auf dem europäischen Schachbrett, wo sie ihre Positionen geschickt gegen den imponierenden Zynismus der Engländer verteidigten.

Roosevelts Tod sollte dieses Gleichgewicht durcheinanderbringen. Die Schnelligkeit, mit der die westlichen Positionen sich veränderten, erinnerte Stalin an die Verunsicherung der Vorkriegszeit, als die europäischen Nationen ständig zwischen den beiden extremen Haltungen Lloyd Georges und Churchills hin- und herschwankten. Truman, der neue Präsident der Vereinigten Staaten, schlug einen ganz anderen Ton an. Solange der Krieg noch nicht beendet war, das heißt bis zur Kapitulation Japans, blieb die amerikanische Haltung in der Praxis entgegenkommend, doch die Ausdrucksweise hatte sich gewandelt, und die Russen wurden unmißverständlich an ihre Verpflichtungen erinnert.

Durch unangenehme Maßnahmen wie die sofortige und abrupte Einstellung der amerikanischen Hilfe nach der Kapitulation Japans führte Truman den Sowjets vor Augen, in welch gefährlicher Abhängigkeit von äußerer Hilfe sie sich befanden. Verschaffte die nationalistische Expansionspolitik den Russen tatsächlich eine Position der Stärke? Ab 1946 hatten sie ernsthaften Anlaß, daran zu zweifeln. Ihr Gegner und Partner Churchill hatte sein Amt durch die Augustwahlen des Jahres 1945 verloren. An seine Stelle trat eine Labourregierung, deren Rolle außenpolitisch immer blasser wurde. England war ruiniert, und der einzige Machtpol, der im Westen übrigblieb, war Amerika.

Bei Kriegsende hatten die Vereinigten Staaten – als einziges Land im Besitz der Atombombe – ein erdrückendes militärisches Übergewicht gewonnen, ihr Pro-Kopf-Einkommen verdoppelt, ihre Industriekapazität erweitert und ihren technischen Vorsprung ausgebaut. Wie sollte man angesichts eines solchen Staates, auf dessen Hilfe man überdies beim Wiederaufbau des eigenen Landes dringend angewiesen war, Expansionspolitik betreiben? Trotz ihrer Selbstbeherrschung konnten die sowjetischen Führer 1946 ihre Nervosität nicht verbergen. Sie fragten sich, welche Trümpfe sie in den Verhandlungen mit den Vereinigten Staaten noch in der Hand hatten. Mit Truman konnte Stalin nicht reden wie «mit Europäern» und ihm Tauschgeschäfte vorschlagen, um seine Gebietsansprüche zu verwirklichen. Er konnte auch nicht, wie er es bei Roosevelt getan hatte, an eine Art Brüderschaft appellieren, optimistischen Idealismus an den Tag legen und von den Amerikanern im Geiste allseitigen Einverständnisses einseitige Zugeständnisse erwarten.

In dieser neuen Situation – der deutsch-japanische Feind war vernichtet und der englische Verbündete erschöpft – standen aber auch die Vereinigten Staaten vor nicht geringeren Schwierigkeiten. Plötzlich sahen sie sich allein den Geschäften der Welt gegenüber. Und es blieb eine Vielzahl von Reibungspunkten – in Europa, wo noch unklar war, was aus den sowjetischen Besatzungszonen werden sollte, ebenso wie in Aserbeidschan, in der Türkei und in der Mandschurei. Wie sollte man gegen diese vielfältigen Gebietsansprüche vorgehen? Eine europäische Macht wie England hätte Gegenfeuer entzündet, regionale Streitkräfte aufgestellt und Abkommen geschlossen, notfalls auch geheime. Für die Vereinigten Staaten war ein derartiges Verhalten undenkbar. Sie hatten eine heilige Scheu vor den europäischen Komplikationen und eine noch größere Abneigung gegen «imperialistische» Methoden. Sie brauchten unbedingt eine moralische Rechtfertigung für ihr Vorgehen, ohne die die öffentliche Meinung im eigenen Lande nicht hätte akzeptieren können, daß ihre Regierung Englands Nachfolge antrat und sich auf die gleichen Expeditionen einließ.

Während der ganzen Dauer des Jahres 1946 blieb man bei der Rooseveltschen Fiktion einer Welt von friedlichen Verbündeten,

die in einer großen Staatengemeinschaft zusammengeschlossen
sind. Die Demonstrationen amerikanischer Stärke, die die Russen
in Aserbeidschan und in der Türkei zum Rückzug zwingen sollten, ließen sich noch mit dem angeblich friedlichen Charakter der
internationalen Beziehungen vereinbaren. Truppen waren nicht
direkt beteiligt. Man blieb bei Drohgebärden, und die Russen
waren klug genug, sich rasch zu fügen.

Doch als die Engländer etwas später den Rückzug ihrer Truppen aus Griechenland ankündigten, mußten sich die Amerikaner
dazu entschließen, ihre Nachfolge anzutreten, wenn nicht der
ganze Balkan kommunistisch werden sollte. Wie sollten sie aber
diese Entscheidung vor der amerikanischen Öffentlichkeit rechtfertigen, wo doch Roosevelt noch zwei Jahre zuvor, als die
Engländer den Aufstand der Elas[5] niedergeschlagen hatten, diese
Anwendung von militärischer Gewalt verurteilt hatte, weil sie
sich nicht gegen die Deutschen richtete, sondern gegen die griechischen Partisanen, die den gemeinsamen Feind bekämpften?
Seit der Rückkehr der Sowjets in das Lager der Alliierten war man
den Russen in den Vereinigten Staaten freundlich gesonnen. Der
glorreiche Kampf des heiligen Rußland gegen den nationalsozia-
listischen Eindringling hatte bei den Amerikanern brüderliche
Gefühle geweckt. Auch der Rooseveltsche Idealismus trug zur
positiven Einstellung den Russen gegenüber bei. So war es völlig
unmöglich, eine Intervention in Griechenland mit der Absicht zu
rechtfertigen, den expansionistischen Ambitionen des russischen
Reiches in Richtung Mittelmeer und Balkan Einhalt zu gebieten.
All das klang nicht überzeugend, und die Mehrheit der Amerikaner hätte sich gefragt, was für einen Sinn es haben sollte, sich
auf einen anderen Kontinent zu begeben und die eigenen Kinder
töten zu lassen, nur um sich in die Streitigkeiten der Alten Welt
einzumischen.

Amerikanisches Handeln, heute in Griechenland und morgen
woanders, ließ sich nur ideologisch und generell – um nicht zu

---

5 Kommunistische griechische Partisanen, die gegen die Nazis gekämpft
hatten.

sagen: religiös – rechtfertigen. Um gegen die UdSSR intervenieren
zu können, ohne sich dem Vorwurf auszusetzen, englische Realpolitik zu betreiben, mußte man den Rahmen der angeblich
begrenzten europäischen Sicht sprengen und die Auseinandersetzung nicht mehr unter einer lokalen, sondern unter einer universellen Perspektive sehen. Im Gegensatz zur amerikanischen
Haltung während des Krieges war dazu erforderlich, hinter der
Maske Rußlands die Sowjetunion sichtbar zu machen, statt wie
bisher hinter der der UdSSR das heilige Rußland. Die Vieldeutigkeit des Begriffs «Reich» erlaubte es, die Vorstellung einer nationalen Expansion (um die es dem russischen Reich jahrhundertelang gegangen war) durch die Idee der weltweiten Expansion
eines politischen Systems zu ersetzen, ein Ziel, das sich der junge
Bolschewismus gesetzt hatte, von dem sich Rußland aber gerade
distanzierte.

## Truman, der letzte Leninist

Für diese Frage ist der Bericht von G. F. Kennan aus dem Jahr
1946 richtungweisend. Er sorgte für den entscheidenden Wandel,
bewirkte gegen alle Zeichen der Zeit die Rückkehr vom Nationalismus zum Internationalismus und vermochte das Bild des
russischen Verbündeten so zu verändern, daß er am Ende wieder
als der kommunistische Feind dastand.[6]

6 G. F. Kennan, heute an der Princeton University, hatte 1946 als Ange-
höriger der amerikanischen Botschaft in Moskau eine lange Depesche nach
Washington geschickt, in der er unter anderem versicherte: «Wir haben es hier
mit einer politischen Macht zu tun, die fanatisch davon überzeugt ist, daß es
keinen dauerhaften Modus vivendi mit den Vereinigten Staaten geben
kann . . Das Hauptelement aller Politik der Vereinigten Staaten gegenüber
der UdSSR muß eine langfristige, geduldige, aber auch feste und wachsame
Eindämmung der expansionistischen Tendenzen Rußlands sein.» Darüber
hinaus hatte Kennan auf erste Verfallserscheinungen hingewiesen, die die
Sowjetmacht erkennen ließ. Dieser Aspekt wurde allerdings bei der Verkündung der Truman-Doktrin unterschlagen, um die Vorstellung eines ewigen,

Kennans Geschicklichkeit lag darin, für diese Wandlung die widersprüchlichen Möglichkeiten des Rooseveltschen Denkens zu nutzen, das die öffentliche Meinung in den Vereinigten Staaten noch beherrschte. Danach war Amerika der Freund aller demokratischen Nationen und der Verbündete all derer, die bereit waren, sich seiner Auffassung von einer friedlichen Weltordnung anzuschließen. Diese brüderliche und optimistische Sichtweise hatte während des Krieges das fortwährende Wohlwollen Amerikas für die Russen gerechtfertigt. Ohne die Grundsätze zu verändern, war es nun möglich, gegensätzliche Schlußfolgerungen aus ihnen abzuleiten. Denn so friedlich und mild sich Roosevelt einerseits zeigte, so entschlossen und feindselig verfolgte er andererseits die Gegner der Demokratie. Wollte Amerika seinen Prinzipien treu bleiben und trotzdem seine Politik ändern, durfte nur die UdSSR, nur sie allein sich gewandelt und von ihren Verpflichtungen Abstand genommen haben. Wenn man die Amerikaner davon überzeugen konnte, daß die Sowjets zu den Feinden der Demokratie übergelaufen waren, konnte man dieselben Prinzipien anwenden, die Roosevelt einst den Grund geliefert hatten, sie mit der gleichen heiligen Überzeugung zu unterstützen.

Mit Hilfe all der Leute in Roosevelts Umgebung, die dessen Nachsicht gegenüber den «Bolschewiken» nie gebilligt hatten, faßte Kennan die vielen verstreuten Indizien, vereinzelten Fakten und Entscheidungen der Russen so zusammen, daß sie das Bild eines geschlossenen Systems ergaben, das unzweifelhaft gegen die Demokratien gerichtet war. Obwohl die UdSSR in Wahrheit mehr als je zuvor wieder zu Rußland geworden war, das heißt zu einem Staat, der sich seinen alten geopolitischen Problemen zugewandt hatte, einem Staat wie alle anderen, der sich immer weiter von den internationalistischen Schimären der Revolution entfernte, bestanden die Vereinigten Staaten darauf, dieses Land an seine globale Verpflichtung zu erinnern und in seinen vereinzelten und vielfältigen Ansprüchen eine einzige große Absicht auszumachen.

tausendjährigen Feindes zu suggerieren, von dem nichts zu erhoffen war, noch nicht einmal Verfall.

Offiziell wechselte die UdSSR das Lager am 11. März 1947, als Truman vor dem amerikanischen Kongreß die Doktrin verkündete, die seinen Namen trägt. Nach dieser Doktrin stehen sich zwei Systeme gegenüber: Das eine beruht auf dem Mehrheitswillen und freien Institutionen, das andere verläßt sich auf Terror, Aggression und die Unterdrückung der Menschenrechte. Der Kampf kann nur erbarmungslos sein. Fortan gibt es keine lokalen Konflikte mehr: Alles hängt mit der globalen Konfrontation der beiden Systeme zusammen. Die Expansion des russischen Reichs in seinen europäischen, kaukasischen oder asiatischen Grenzbereichen dient nicht mehr dem konkreten Bemühen um Zugang zu bestimmten Meeren, um natürliche Grenzen oder um eine militärische Pufferzone, sondern ist überall nur Ausdruck des immer gleichen Bestrebens mit universeller Zielsetzung; sie markiert in jeder Form lediglich den Frontverlauf zwischen zwei unvereinbaren Welten.

So war das erste Gleichgewicht des kalten Krieges, das der zwanziger Jahre, rasch wiederhergestellt, und Rußland präsentierte sich erneut in seiner totalitären Schändlichkeit, zugleich aber auch als machtvolles Zentrum der Weltrevolution.

Ironischerweise hat ausgerechnet der griechische Bürgerkrieg den unmittelbaren Vorwand für diese Wende geliefert. Inzwischen wissen wir nämlich, daß die Sowjets diesen Konflikt keineswegs schürten, sondern vielmehr versuchten, mäßigend auf ihn einzuwirken.[7] Wichtigster Helfer des kommunistischen Aufstands in Griechenland war Tito, der den Rebellen Rückzugs- und Aufmarschgebiete in Jugoslawien zur Verfügung stellte (vor allem dank der zahlreichen Verbindungen, die es zwischen den mazedonischen Gebieten auf jugoslawischer und griechischer Seite gab). Für die Sowjets war der griechische Bürgerkrieg min-

_____

7 «Da man im Westen damals wenig von dem latenten Konflikt zwischen den jugoslawischen und sowjetischen Diktatoren wußte, neigte man dazu, dem Kreml die Verantwortung für die Aggression der Titoisten anzulasten, obwohl heute bewiesen ist, daß die Sowjets den Eifer der Rebellen bremsten.» A. Fontaine, *Histoire de la guerre froide*, a. a. O., Bd. 1, S. 343.

destens ebenso beunruhigend wie für die Vereinigten Staaten, aber aus völlig anderen Gründen. Während die Amerikaner darin den Beweis sahen, daß die Sowjets die internationale kommunistische Bewegung steuerten, befürchtete Stalin, die Kontrolle über die revolutionären Bewegungen zu verlieren und zusehen zu müssen, wie sich, etwa in Jugoslawien oder Albanien, unabhängige kommunistische Bewegungen bildeten.

Man kann sagen, daß die Truman-Doktrin den Russen das Heilmittel für die Krankheiten zeigte, an denen zu leiden ihnen mehr und mehr bewußt wurde. Sie führte ihnen vor Augen, daß die Tricks, die Ausflüchte in Mitteleuropa und die Versuche, sich einige strategische Gebietsgewinne zu verschaffen, zwecklos waren, ohne jede Aussicht auf amerikanische Hilfe. Sicherlich war es unklug von der UdSSR gewesen, ihren internationalistischen Apparat zu vernachlässigen, um eine europäische Macht wie die anderen zu werden. Es ist durchaus denkbar, daß die Verkündung der Truman-Doktrin eine regelrechte Offenbarung und vielleicht sogar eine Erleichterung für die sowjetische Führung bedeutete. Sie überzeugte sie mit einem Schlage davon, daß nicht die europäische Perspektive (der die Engländer noch verhaftet waren), sondern die globale Perspektive (die das Privileg der Amerikaner war) siegreich aus dem Krieg hervorgegangen war. Folglich galt es, sich mit letzterer zu arrangieren. Die enorme Energie, die der UdSSR die Renaissance des russischen Nationalgefühls bescherte, mußte in eine neue Richtung gelenkt werden. Es hatte keinen Zweck mehr, diese Empfindungen weiterhin in die militärischen, romantischen und imperialen Bahnen zu lenken, die sie seit Kriegsende einschlugen. Die Welt, die jetzt anbrach, würde nicht mehr wie zu Zeiten Napoleons und Kutusows von den Waffengängen heroischer Armeen auf europäischem Boden und in den Grenzmarken des russischen Reichs geprägt sein. Das Europa Metternichs und Churchills war endgültig vorbei.

Fortan mußte der Kampf globale Maßstäbe annehmen, ein Rahmen, für den sich die siegreiche Macht entschlossen hatte. In der Auseinandersetzung mit Churchill war Rußland mächtig, aber banal gewesen, ein Gulliver, gefesselt vom Gleichgewicht der Realpolitik, wie sie die kleinen europäischen Mächte verstanden. Mit der Truman-Doktrin bekam das Reich die universelle Geltung zurück, die es unklugerweise aufgegeben hatte.

Der neue Pakt des kalten Krieges besaß wie der erste, den Lenin eingegangen war, einen Vor- und einen Nachteil. Der Nachteil war die Isolierung. Denn nun war Rußland auf sich selbst angewiesen, und die Völker, die von der russischen Armee unterworfen worden waren, mußten sich auf neue Opfer gefaßt machen. Der Vorteil war die Macht, ein unerwarteter Ruhm, der Rußland von allen anderen Nationen unterscheiden, es über sie erheben und zu einem der Weltreiche machen würde, deren Duell die Welt beherrschen sollte. Da spielte es kaum eine Rolle, daß Rußland in diesem manichäischen Universum mit den schwarzen Steinen spielen, das heißt, das Böse verkörpern sollte.

Seit es Roosevelt nicht mehr gab, war die russische Politik voller Ungereimtheiten und halbherziger Kompromisse. Sie tanzte auf drei Hochzeiten zugleich: In Osteuropa und Asien bemühte sie sich um strategische Gebietsgewinne, von den Vereinigten Staaten erhoffte sie sich Hilfe für den Wiederaufbau, und schließlich versuchte sie, den Einfluß auf die kommunistischen Bewegungen im Ausland, soweit er ihr geblieben war, zu deren Mäßigung zu nutzen. Dabei lief Rußland Gefahr, alles zu verlieren. Je weiter es sich in Osteuropa vorwagte, desto weniger waren die Vereinigten Staaten geneigt, ihm zu helfen. Und je entgegenkommender es sich zeigte, desto mehr waren die kommunistischen Bewegungen versucht, eigene Wege zu gehen oder sich radikaleren Einflüssen wie etwa dem jugoslawischen zu öffnen.

Nach der Verkündung der Truman-Doktrin warfen die Sowjets einen ihrer Ballastsäcke ab, woraufhin ihr Ballon sofort an Höhe gewinnen sollte: Sie verzichteten auf den Marshallplan und bezogen in ihre Ablehnung alle Regierungen innerhalb ihrer militärischen Besatzungszone ein (einschließlich derjenigen, die noch nicht sowjetisiert waren). Von da an ging alles sehr rasch. Die Einflußzonen in Osteuropa wurden vollständig und eindeutig abgesteckt, vor allem aber aktivierte die UdSSR wieder das internationalistische Werkzeug, das entscheidende Machtinstrument im neuen Pakt des kalten Krieges, so daß sie die internationale kommunistische Bewegung fortan wieder ihrer strikten Kontrolle unterwerfen konnte. Zwischen Stalingrad und Potsdam hatte sich das russische Nationalgefühl nur kurze Zeit offen gezeigt. Durch die Haltung des Westens wieder auf die alten bolschewistischen Mythen verwiesen, von denen sie sich angeblich befreit hatten, sahen sich die Russen veranlaßt, ihre nationalen Interessen aufs neue internationalistisch zu verbrämen, um sie besser verfolgen zu können.

Es ist erstaunlich, wie rasch sie diese Rückverwandlung vollzogen und sich dem Schema der Truman-Doktrin einfügten. Sobald die Sowjets den Marshallplan abgelehnt hatten, waren sie eifrig bemüht, das von ihnen lange vernachlässigte internationalistische Instrument wieder einsatzfähig zu machen.[8]

Beim heimlichen Treffen in Szklarska Poreba (Polen) im September 1947 wurde ein Verbindungsglied zwischen den kommunistischen Parteien wiederhergestellt: das Kominform. Seine Beschränkung auf die kommunistischen Parteien Europas, offiziell als Maßnahme hingestellt, die größere Flexibilität und Effizienz garantieren sollte, zeigte vor allem, daß das von der UdSSR wirksam kontrollierte Netz immer stärker schrumpfte.

Auf diesem Treffen hielt Schdanow das berühmte Referat, in dem er die sowjetische Antwort auf die Truman-Doktrin be-

---

8 Zu dieser Chronologie vgl. L. Marcou, *Histoire de L'internationale communiste*: «Ist das sozialistische ‹Lager›, so wie es sich in den fünfziger Jahren herausbildet, das Ergebnis einer von Anfang an festgelegten politischen Linie, oder ist es nicht vielmehr durch eine Reihe pragmatischer Abwehrreaktionen entstanden? Und hatte Stalin nicht vielleicht wirklich daran gedacht, an seinen Grenzen Volksdemokratien entstehen zu lassen, die zunächst demokratisch und pluralistisch sein sollten, und hat er sich nicht erst später, angesichts der Verhärtung durch die Strategie des *Containment* und der Gefahr, die der Marshallplan für seine Politik darstellte, dazu entschlossen, diesen Staaten Regierungen mit Einheitsparteien zu verordnen?» ... «Wenn man die Chronologie der Ereignisse wiederherstellt, ergibt sich nach meiner Meinung eine Antwort. Tatsächlich wird das Kominform erst gebildet, nachdem die Amerikaner die Truman-Doktrin verkündet und den Marshallplan angeboten haben, und erst nach der Gründung des Kominform kann man im Osten einen radikalen Richtungswechsel beobachten.»

kanntgab. Darin machte sich auch die UdSSR die Vorstellung zu eigen, daß die Welt in zwei Lager geteilt sei. Es sei nicht mehr die Zeit der Metternichschen Nuancen, sondern der klaren Verhältnisse. Und die kommunistische Phraseologie sorgte für kräftige Schwarzweißzeichnung: Auf der einen Seite haben wir fortan das imperialistische und antidemokratische Lager, auf der anderen das antiimperialistische und demokratische.

Die Berührungspunkte zwischen den beiden Lagern heißen von nun an nicht mehr Bulgarien oder Korea, sind nicht mehr von Männern und Frauen bevölkert, die bestimmte Sprachen sprechen, alte Götter verehren und miteinander durch eine lange und komplizierte Geschichte verbunden sind. Vielmehr wird eine Bruchlinie, über die schuldlosen Köpfe der Betroffenen hinweg, für die saubere Trennung zweier ideologischer Lager, zweier Weltanschauungen und also zweier Welten sorgen. «Containment» auf der einen Seite und «antiimperialistischer Widerstand» auf der anderen werden sich gegenüberstehen und im Gleichgewicht halten.

## Zweiteilung der Welt entlang der ideologischen Perforation

Auf der Gründungsversammlung des Kominform wurde der Verlauf dieser Linie mit großer Genauigkeit angegeben, zumindest so, wie die sowjetische Führung sie sah. Die Pufferzone in Osteuropa, deren Neutralität die UdSSR verlangte, war ganz in ihr enthalten, während Deutschland nicht erwähnt wurde. Griechenland und China wurden dem imperialistischen Lager zugeschlagen, das heißt, der sowjetischen Einflußzone nicht mehr zugerechnet. Dazu schreibt Lilly Marcou: «Daß Griechenland und China, Länder, in denen bei der Gründung des Kominform der Bürgerkrieg tobt, auf der (westlichen) Seite dieser Aufteilung erscheinen, beweist, wie reserviert der Kreml den Revolutionen in der Welt gegenüberstand.»[9]

9 Lilly Marcou, a. a. O., S. 10.

Indien, Ägypten, Syrien und Indonesien wurden lediglich als Sympathisanten des antiimperialistischen Lagers genannt; gleiches galt für die demokratischen Arbeiterbewegungen und die antikolonialistischen Befreiungsbewegungen (allerdings ohne daß sie vertreten waren).

In den folgenden Jahren wurde das Programm von Szklarska Poreba buchstabengetreu umgesetzt. In einem ersten Schritt unterwarf man die Einflußsphären beider Lager einer effektiven Kontrolle. Durch kommunistische Mittelsmänner betrieben die Russen die rasche Sowjetisierung ihrer Besatzungszone. Dank der Ablehnung des Marshallplans brauchten sie keine Rücksichten mehr zu nehmen. In den Ländern, in denen die Kommunisten bereits größeren Einfluß besaßen, wurde die Macht direkt ergriffen und die Führung gesäubert. Dort, wo sich die UdSSR auf demokratische Spielregeln eingelassen hatte, kam es zur brutalen Machtergreifung durch die Kommunisten. Besonders kraß geschah das in der Tschechoslowakei, in der der demokratische Prozeß am weitesten gediehen war («Coup de Prague»).

Die amerikanische Reaktion auf diese Frostperiode in Europa war außerordentlich gemäßigt. Ist das verwunderlich? Die Truman-Doktrin konnte den Weg zu einem neuen Gleichgewicht nur eröffnen, wenn das Gleichgewicht auf einer klaren Aufteilung beruhte. Wahrscheinlich überließen die Amerikaner die osteuropäischen Komplikationen gar nicht so ungern den Sowjets und ihrer Einflußsphäre und gaben sich mit Westeuropa zufrieden, wo sich die Dinge zu ihrer vollsten Zufriedenheit entwickelten.

Es zeigte sich sogleich ein erster Vorteil der von Truman vorgeschlagenen neuen Ordnung: Die Sowjets brauchten keine Rücksicht mehr auf das delikate europäische Gleichgewicht mit all seinen Risiken zu nehmen und konnten statt dessen ihre Hälfte der Welt zu einem Block einfrieren.

Welche Beruhigung die klare Ost-West-Teilung brachte, zeigt unter anderem, daß die Sowjets ein rasches Ende des griechischen Aufstands durchsetzten, wobei sie auch den direkten Konflikt mit Tito nicht scheuten. Der erste Nutzen des Kominform bestand für die Russen darin, daß es ihnen ermöglichte, das jugoslawische

«Problem» direkt anzugehen. Bis dahin bildeten Titos Partisanen die Vorhut der kommunistischen Bewegung; fortan würden sie sich mit ihr im Krieg befinden. Als Tribunal der Orthodoxie erlaubte das Kominform die rasche Ausgrenzung der Jugoslawen, und da es nicht gelang, sie zu bekehren, wurde ihre Exkommunikation beschlossen. Für die sowjetischen Führer war das eine große Erleichterung, fürchteten sie doch, es könnte sich auf dem Balkan ein titoistisches Zentrum des Kommunismus entwickeln und ihnen die Führung der revolutionären Bewegung entreißen.

Damit bestätigte sich ein Gesetz, das schon während der ersten Phase des kalten Krieges zu beobachten war: Je mehr man geneigt war, sein Lager zu verraten, desto besser mußte man es beherrschen.

In Westeuropa, das heißt, in der imperialistischen Einflußzone, wurden die großen kommunistischen Parteien, die sehr enge Verbindungen zu Moskau unterhielten (die französische und die italienische), aufgefordert, sich unter möglichst spektakulären Umständen aus der Regierungsbeteiligung zurückzuziehen. Wie nach der Polemik gegen Bucharin im Jahr 1928 erhielten sie den Auftrag, sich möglichst aggressiv und lautstark aufzuführen. Durch die Heftigkeit und Unverschämtheit ihres Auftretens sollten sie vergessen machen, daß diese Strategie in die Isolierung führte und daß sie einer Macht hörig waren, die akzeptiert hatte, daß Westeuropa zum imperialistischen Lager gehörte.

In zahlreichen asiatischen Ländern wurden mehr oder weniger spontane Aufstände blutig niedergeschlagen.[10] Sie führten den örtlichen kommunistischen Parteien vor Augen, wie notwendig es war, in den Schoß der Internationale zurückzukehren, während die nationalistischen Regierungen, gegen die sich die Aufstände richteten, zur Einsicht gelangten, daß günstige Abkommen mit der UdSSR, dem Steuerzentrum der Revolution und dem einzigen Garanten für Frieden in ihrem Land, in ihrem ureigensten Interesse lagen. Diese Rückgewinnung der Kontrolle in Asien ging nicht ohne Schwierigkeiten vonstatten, und bekanntlich haben

10 In Birma, Malaysia, auf den Philippinen und vor allem in Indonesien.

die Russen trotz all des Verrats, den die chinesischen Kommunisten von der Komintern und Moskau hinnehmen mußten, den Triumph der chinesischen Revolution letztlich nicht verhindern können.[11] Nicht ohne Besorgnis mußten sie sich damit abfinden, daß in Asien, das ursprünglich ja in der von Schdanow als antiimperialistisch definierten Zone lag, ein neues kommunistisches Machtzentrum entstand.

So wurde die UdSSR 1947 wieder in die Lage versetzt, jene Apokalypse zu beschwören, die sich die liberale Gesellschaft so gern als ihr eigenes Schicksal ausmalt. Wieder war die Sowjetunion ausgeblutet und isoliert, wieder mußte sie, um zu überleben, ihre Fähigkeit verkaufen, die Weltrevolution zu kontrollieren und zu neutralisieren. Ihre Situation war paradoxer denn je: Bisher hatte sie den Kommunismus nur in die Staaten Osteuropas exportiert, und dort hatte sie ihn den Völkern gegen deren Willen mit Waffengewalt aufgezwungen. Doch wenn eine Revolution den Sieg davontrug, wie in Jugoslawien oder China, dann geschah das gegen den Willen der Sowjetunion, die nichts so fürchtete wie diese Ansteckung. Die Anstrengungen, die sie unternahm, um die revolutionäre Bewegung ihrer Kontrolle zu unterwerfen, dienten nicht dazu, dieser Bewegung zum Triumph zu verhelfen, sondern sollten verhindern, daß sie ihr nicht entglitt und ihren Befehlen zur Mäßigung, das heißt zum Opfer folgte. Dieser zunächst verstohlen befolgte Pakt, der das Überleben von Ost und West garantierte, trat um so klarer zutage, je deutlicher sich das sogenannte Tauwetter entwickelte.[12]

---

11 Maos Truppen marschierten am 31. Januar 1949 in Peking ein.

12 Seit der Gründung des Kominform ist dieses Ideal der friedlichen Mitbestimmung auf der weltpolitischen Bühne klar zu beobachten; die aggressive Phraseologie diente lediglich dazu, es zu vertuschen. Das Kominform hatte keine Ähnlichkeit mehr mit dem, was die Komintern 1919 sein wollte, sondern nur noch mit dem, was sie seit 1928 war: ein Kontrollinstrument der revolutionären Bewegungen, ein Werkzeug zur Verteidigung des Status quo, das nur den Interessen seines Kernlandes, also des russischen Reichs, diente. Das bolschewistische Ziel des Kampfes für die Weltrevolution ersetzte das Kominform durch den Kampf für den Frieden. Fortan galt es, den Grenz-

1947 war diese geheime Allianz noch nicht zu erkennen. Als Sieger des Krieges, Schutzmacht der «füsilierten» und in alle Welt verstreuten Parteien, Heimat des Weltproletariats wurde die UdSSR mehr als je zuvor zum Feind der einen und zur Hoffnung der anderen. Millionen Menschen auf allen Kontinenten, die sich von ihr abgewendet hätten, wenn sie bei der Politik des klassischen Nationalismus und des offenen Imperialismus geblieben wäre, und die in ihrer Verzweiflung nicht gezögert hätten, ihr Heil in einem sofortigen und unkontrollierten Aufstand zu suchen, waren jetzt wieder bereit, sich an der Sowjetunion zu orientieren, ihren Kampf den Anweisungen Moskaus zu unterwerfen und mit den von dort verordneten Ketten die Bewegung zu fesseln, mit der sie die liberale Kultur vernichten wollten.

Die Apokalypse entfaltete ihren ganzen Schrecken – zum höchsten Glück aller Beteiligten. Die Weltöffentlichkeit wurde in Atem gehalten durch die Schauergeschichten des *Containment*, dieses gegen den Kommunismus errichteten Dammes. Harry Truman, ehemaliger Kolonialwarenhändler aus Missouri, war nicht mehr der Präsident der Vereinigten Staaten, sondern führte die Heerscharen des Guten an, war der Torero der Freiheit, der, keine Handbreit von den Hörnern des sowjetischen Auerochsen entfernt, seine kühnen Kunststücke am Rande des Abgrunds vollführte. Die Hysterie von McCarthy im Inneren, die von Foster Dulles in der Außenpolitik veranlaßten die Bewohner der freien Welt, überall die Gefahr der Subversion zu wittern. Tatsächlich hatten diese theatralischen Gesten nur eine einzige Aufgabe: der Welt zu verheimlichen, daß sie in Frieden lebte. Wie ein geschickter Händler kein Geschäft abschließt, ohne so zu tun, als hätte es ihn ruiniert, wollte die amerikanische Regierung ständig verbergen, was für ein gutes Geschäft der kalte Krieg war. Die Wiederherstellung einer Ordnung, die sich auf die feindselige Dichoto-

verlauf zwischen den Lagern zu respektieren, dem «Imperialismus» Widerstand zu leisten, nicht ihn zu zerstören, ein Gegengewicht zu ihm und kein Übergewicht zu bilden, sich anders zu präsentieren, um ihm ähnlicher zu werden.

mie zweier Systeme von universeller Geltung gründete, erwies sich als höchst förderlich für die Entwicklung und den Zusammenschluß der liberalen Kultur.

Der neue Pakt des kalten Krieges hatte zunächst einmal das Verdienst, stabil zu sein. Das frühere Gleichgewicht in den zwanziger Jahren war höchst unvollkommen gewesen. Die nationale Aufsplitterung Europas, seine regionalen Gegensätze, das Vorhandensein eines Deutschland, das im Spagat zwischen beiden Systemen hockte und auf Revanche sann – das alles hatte dazu beigetragen, die Vorteile des Ost-West-Gegensatzes zunichte zu machen. Nach 1948 zogen die Beteiligten eine saubere Trennungslinie.[13] Von Churchill stammt der Begriff des Eisernen Vorhangs, der die beiden Welten trennt, und jede wacht über die Stabilität im eigenen Einflußbereich. Nichts vermochte die Amerikaner mehr zu beruhigen als die chirurgische Präzision der Naht zwischen Ost und West. Ab 1949 verlieh das nukleare Patt diesem Gleichgewicht einen fast sakrosankten Charakter, der praktisch jede direkte Konfrontation verbot. Mit dem Besitz der Atombombe nahm der schreckenerregende Charakter der UdSSR entsprechend zu. Doch 1946, als die Vereinigten Staaten über diesen ungeheuren militärischen Vorteil noch allein verfügten, fehlte der Truman-Doktrin jegliche Überzeugungskraft. Damals brauchte man ein gerüttelt Maß an Wohlwollen oder Blindheit, um den Vereinigten Staaten abzukaufen, daß die ausgeblutete und rückständige UdSSR tatsächlich ein Konkurrent von so universellen Ausmaßen war. Sobald letztere im Besitz der Atombombe war, schien das manichäische Bild von der Konfrontation zweier universeller Reiche zumindest eine gewisse Wahrscheinlichkeit zu haben. Nahm man noch hinzu, daß die UdSSR an die Spitze der internationalen kommunistischen Bewegung zurückgekehrt war,

13 Zwischen den Kriegen bildete ganz Deutschland die Nahtstelle zwischen Ost und West; ab 1948 war Berlin der einzige Streitpunkt, und da sich die Großmächte nicht über seinen Status einig werden konnten, begnügten sie sich damit, die von diesem «Krebsgeschwür» ausgehenden Krisen zu entschärfen.

so wurde sie zu einem fürchterlichen – und damit satisfaktions-
fähigen – Feind und rechtfertigte die Hoffnungen, die man in sie
gesetzt hatte.

## Die Dividenden der neuen Apokalypse

Seit langem waren die Marxisten in ihren Analysen zu dem Ergebnis gekommen, daß der Gegensatz zwischen den kapitalistischen Mächten einer der Hauptwidersprüche sei, die zu ihrer
Vernichtung führen müsse. In seiner Schrift *Der Imperialismus als
höchstes Stadium des Kapitalismus* hatte sich Lenin genüßlich
über die tödlichen Aussichten des unvermeidlichen Krieges zwischen den imperialistischen Mächten ausgelassen. Damals wußte
er noch nicht, daß er selbst, durch den Erfolg seiner Revolution
auf nationaler Ebene, den liberalen Demokratien die Möglichkeit
eröffnen würde, diesen Widerspruch zu überwinden. In der neuen
Konstellation des kalten Krieges – vor allem in der Version von
1947 – richteten sich Vereinigung und Zusammenschluß der kapitalistischen Nationen gegen den sowjetischen Feind. Sobald der
Gegensatz zwischen Kapitalismus und Sozialismus stärker wurde
als der zwischen den kapitalistischen Ländern, büßten die militärischen Aktivitäten ihren zerstörerischen Charakter ein und
wurden statt dessen produktiv und fruchtbar. Dieser Zeitraum
eröffnete der Rüstungsindustrie fast unbegrenzte Möglichkeiten.
Unablässig regte das nukleare Gleichgewicht die Entwicklung
und Produktion neuer Waffen auf diesem Sektor an. Das war ein
neuer Tatbestand in der Weltgeschichte: Der Krieg war nicht
mehr erforderlich, um die Rüstungsgüter zu «verbrauchen». Der
kalte Krieg zerstörte nicht mehr, sondern machte den Krieg ob-
solet. Beim nuklearen Wettrüsten ging es nicht um die tatsächlich
geführte, sondern um die mögliche Schlacht. Da diese Schlacht
theoretisch so denkbar wie menschlich absurd war – denn die
Kapazität der Waffen ist rasch über das Entwicklungsstadium der
totalen Vernichtung hinaus –, ging das Bedürfnis nach technischer
Neuerung, nach technologischem Wettbewerb gegen unendlich,

während das tatsächliche Zerstörungswerk gleich null war. Das nukleare Gleichgewicht war der virtuelle Krieg. Maßstab war nicht mehr die absolute Vernichtungskapazität (die begrenzt war durch die Zahl der zu tötenden Menschen), sondern der Vergleich mit der Kapazität des Feindes. Da war es möglich und sogar unumgänglich, die theoretische Grenze zu überschreiten, die durch die Vernichtung der als Ziel anvisierten Bevölkerung gezogen wird. Unter der Herrschaft des *Overkill* hielt nichts die Entwicklung der Vernichtungswerkzeuge auf.

Der kalte Krieg sicherte das Gleichgewicht und den Frieden und richtete gleichzeitig die Wirtschaft völlig ungezügelt auf den Krieg aus. Militärisch ging Europa aus dem Zweiten Weltkrieg geschwächt und zweitrangig im Vergleich zur amerikanischen Großmacht hervor. Im Weltmaßstab vom sechzehnten Platz im Jahr 1914 auf den ersten im Jahr 1945 geklettert, wurde die Armee der Vereinigten Staaten zum Organisationszentrum der westlichen Verteidigung im kalten Krieg. Jetzt gab es keine Widersprüche mehr zwischen den imperialistischen Mächten Europas. Die Rüstungsproduktion und -forschung wurde vielmehr zum wichtigsten Antrieb für den Zusammenschluß der liberalen Gesellschaft.

Drei Jahrzehnte lang war das Wirtschaftswachstum der Vereinigten Staaten eng an die Zugkraft der Rüstungsindustrie gekoppelt. Schon der Zweite Weltkrieg war äußerst einträglich für die amerikanische Wirtschaft. «In vier Kriegsjahren hatten sich ihre Industrieproduktion und ihre Staatseinkünfte mehr als verdoppelt, so daß die Zahl der Familien, deren Jahreseinkommen unter 2000 Dollar lag, von 75 auf 25 Prozent gefallen war.» Trumans nach langem Zögern gefällte Entscheidung, die Nukleargeheimnisse nicht an die Sowjets weiterzugeben, machte die Atomtechnologie zum Mittelpunkt eines ständigen Wettrüstens. Dank ideologischer Spione wie der Physiker Pontecorvo und Fuchs, die noch unter dem Einfluß des Rooseveltschen Idealismus handelten, holten die Sowjets rasch auf und zündeten 1949 ihre erste Atombombe. Von da an waren auf dem atomaren wie auf dem konventionellen Rüstungssektor die Weichen unwiderruflich gestellt: Am 31. Januar 1950 verkündete Truman seine Absicht, eine H-Bombe herzustellen, die über die zweihundertfache Sprengkraft der Hiroshima-Bombe verfügte. Im April des gleichen Jahres beschloß der Nationale Sicherheitsrat, zwanzig Prozent des amerikanischen Bruttoinlandsprodukts für Rüstungsausgaben bereitzustellen und den Militärhaushalt von dreizehn auf fünfzig Millionen Dollar anzuheben.

Von diesen Ausgaben sollten in den fünfziger und sechziger Jahren entscheidende Impulse ausgehen, was das amerikanische Wirtschaftswachstum anbelangte. Der Verteidigungssektor verschlang in diesen Jahrzehnten mehr als die Hälfte der Staatskredite für Forschung und Entwicklung. Die Industriebereiche Raum- und Luftfahrt sowie Elektronik, in denen sich die Rüstungsausgaben konzentrierten, belebten das gesamte amerikanische Wirtschaftssystem – einerseits durch die Beziehung zu anderen Industriezweigen, andererseits durch Nebenentwicklungen, die sich aus den technischen Neuerungen ergaben.[14]

Der Einfluß dieses Wachstums machte sich in allen Ländern des westlich-demokratischen Lagers bemerkbar. Rasch vollzog sich der Zusammenschluß der liberalen Kultur. Die alten Gräben des nationalstaatlichen Europa wurden durch die Verteidigungserfordernisse zugeschüttet, die den Beteiligten durch die globale Konfrontation zwischen Ost und West aufgezwungen wurden. Durch den Atlantikpakt war dieser Zusammenschluß zunächst unmittelbar militärischer Natur. Doch das zwanghafte Verteidigungsbedürfnis steckte auch hinter allen anderen Integrationsbestrebungen – egal, ob finanzieller, wirtschaftlicher oder politischer Art. Roosevelts Hilfsplan für die Alliierten wandte sich an alle, auch die Russen. Der Marshallplan ließ diese Herkunft kaum noch erkennen. Ihm ging es nur noch um die Rettung Westeuropas, damit es nicht dem Kommunismus in die Hände fiel. Die in Bretton Woods beschlossenen Institutionen waren von Roosevelt noch universell gedacht, kamen jetzt aber ausschließ-

14 F. Chesnais (Hg.), *Compétitivité internationale et dépenses militaires,* CPE Economica, Paris 1990, S. 17.

lich dem westlichen Lager zugute und wurden zum Instrument seines wirtschafts- und finanzpolitischen Zusammenschlusses. Bevor die westliche Welt zum Schauplatz für die Konfrontation verschiedener wirtschaftlicher Pole werden konnte – der Konkurrenten, die wir heute kennen –, mußte durch Integration unter amerikanischer Hegemonie der einheitliche Raum geschaffen werden, in dem sich diese Konkurrenz entfalten würde.

Schließlich erwies das neue Gleichgewicht des kalten Krieges seine Segnungen im Funktionieren der demokratischen Institutionen des Westens. Dank seiner war es in den Vereinigten Staaten wie am Vorabend des Ersten Weltkrieges möglich, alle kommunistischen Organisationen vollständig und gewaltsam zu zerschlagen und unter Leitung des Senators McCarthy eine Hexenjagd zu inszenieren. In Europa beendeten die Demokratien einen Reifungsprozeß, der unter dem Schutz des ersten Leninpaktes begonnen hatte und den der Krieg unterbrach. Die erste Entscheidung des Kominform verlangte von den kommunistischen Parteien Osteuropas, die Regierungskoalitionen zu verlassen, an denen sie sich bis dahin recht gutwillig beteiligt hatten. Wieder gelang es ihnen, das aufrührerische Begehren in ihren Ländern mit ihrer heftigen revolutionären Rhetorik an sich zu binden und zu neutralisieren. Im Gegensatz dazu fügte sich die reformistische Linke mehr denn je in die offiziellen Spielregeln der Demokratie. Jedes Mittel war recht, um die kommunistischen Parteien zu isolieren und ihren Vormarsch zu verhindern. Angesichts der Gefahr, die die Kommunisten damals angeblich bedeuteten – einer Gefahr, die man mehr nach ihren Worten als nach ihren Taten bemaß –, baten die legalistischen «demokratischen» Parteien die Vereinigten Staaten um geheime Hilfe. Im Namen des antikommunistischen Kreuzzugs wurden Verbindungen geknüpft, die häufig ziemlich undurchsichtig waren.[15]

---

15 In einer Untersuchung über die Rolle der korsischen Mafia bei der Unterdrückung der Nachkriegsstreiks in Marseille hat Alfred McCoy diese Mechanismen sehr genau analysiert. Siehe A. McCoy, *Politique de l'héroïne*, Flammarion, Paris 1980.

Durch die Feindseligkeit der anderen politischen Gruppierungen isoliert, spielten die kommunistischen Parteien, vor allem in Frankreich und Italien, während dieser drei Jahrzehnte des Wirtschaftswachstums, der sozialen Umwälzungen und der (ländlichen und internationalen) Wanderbewegungen eine sehr integrative Rolle. Wirtschaftliche Opfer der Nachkriegszeit, ins Proletariat abgeglittene Bauern, deklassierte Einwanderer – sie alle fanden in der kommunistischen Partei die Stimme, die ihre Hoffnungen artikulierte, und in der UdSSR das Heiligtum ihres revolutionären Glaubens. Am Vorabend des großen Umbruchs waren Gewaltakte nicht gefragt. Die Partei lenkte den Blick in die Ferne und hinderte die Betroffenen daran, wahrzunehmen, wie langweilig, mittelmäßig und lächerlich die Aufgaben waren, die sie ihnen zuwies.

Als das ehemalige Résistancemitglied Marat, Held in Roger Vaillands Roman *Drôle de jeu*, seinen Freund Rodrigue im Jahr 1948 einen Tag lang auf seinen Wegen als kommunistischer Aktivist begleitet, ist er verblüfft:

*«Wir gehen jetzt zu einem Lebensmittelhändler,* sagt Rodrigue. *Er wird von mir die* L'Humanité Dimanche *und* France Nouvelle *kaufen, weil seine Frau um diese Zeit in der Messe ist. Aber ich habe ihm versprechen müssen, nie einzutreten, wenn ich sie im Laden sehe. Du wirst sehen, wie er mir zuzwinkert.*

*Für einen alten Terroristen machst du jetzt ja merkwürdige Sachen.*

*Das ist eben die Gestalt, die unser Kampf heute angenommen hat.*

*Du redest wie eine Zeitung,* meinte Marat, *und riechst nach Langeweile.»* [16]

Entscheidend war nicht, daß die Kommunisten für ihre Sache Krämer gewonnen hatten, die unter dem Pantoffel ihrer bigotten Frauen standen, sondern daß es ihnen gelungen war, einen ehe-

16 Roger Vailland, *Bon pied Bon oeil*, Grasset, Paris, S. 121. Dieser Roman beschreibt das Schicksal der Personen aus *Drôle de jeu* im Nachkriegsfrankreich.

maligen Terroristen zum Komplizen solcher Erbärmlichkeit zu machen. Männer, die zu anderen Zeiten in der bürgerlichen Demokratie nichts als ein repressives System gesehen und es mit Bomben bekämpft hätten, ließen sich jetzt mit Haut und Haaren für die belanglosen und stumpfsinnigen Aktivitäten kommunistischer Zellen einspannen. Was sie der Republik um keinen Preis gewährt hätten, erlegten sie sich jetzt freiwillig im Namen eines von außen diktierten revolutionären Ideals auf.

## Eine von beiden Seiten gestützte Mauer

Das ganze Gleichgewicht des kalten Krieges, seine reichen Erträge für den Frieden und die Stabilität des Westens, beruhte auf der Fähigkeit, das Gespenst einer Bedrohung durch revolutionäre sowjetische Umtriebe am Leben zu erhalten. Nur so konnte man die Fortführung der gigantischen Verteidigungsanstrengungen rechtfertigen. Nur so ließen sich die ungeheuren sozialen und kulturellen Umwälzungen vornehmen, die einen tiefgreifenden Wandel in den europäischen Gesellschaften bewirken sollten. Nur so vor allem konnte man die revolutionären Hoffnungen am Leben erhalten, die aus den schlimmsten Feinden des liberalen Systems seine besten Stützen machten.

Gemeinsam schürten Kommunisten und Antikommunisten die Schrecken des kalten Krieges und entfachten die Glut immer wieder aufs neue. Montesquieu schreibt: «Der Fromme und der Atheist reden ständig von der Religion. Der eine spricht von dem, was er liebt, der andere von dem, was er verabscheut.»[17] Der Fromme, der Sowjetrußland vergötterte, stellte sich das Land seiner Wünsche siegreich, bedrohlich und rein vor. Doch um die Skeptiker zu überzeugen, standen ihm nur seine Stimme und seine erhobenen Fäuste zur Verfügung. Deshalb verdoppelten die kommunistischen Parteien Westeuropas nach dem Rückzug aus den

17 Montesquieu, *Vom Geist der Gesetze*, Reclam, Stuttgart 1965, Buch XXV, Erstes Kapitel, S. 376.

Regierungen ihrer Länder die Heftigkeit ihrer Drohgebärden in dem Bemühen, den Ernst ihrer revolutionären Absichten durch bloße Lautstärke zum Ausdruck zu bringen. Diese Show konnte die Illusion kurze Zeit aufrechterhalten, doch in dem Maße, wie sich die Verzichts- und Rückzugserklärungen häuften, stand zu befürchten, daß die Taktik nicht ausreichte. Wären die westlichen Kommunisten nur auf sich selbst angewiesen gewesen, um die falsche Identität einer gefährlichen politischen Kraft aufrechtzu-erhalten, so wären sie durch die öffentliche Meinung in den westlichen Demokratien sicherlich rasch enttarnt worden. Glücklicherweise halfen ihnen die «Atheisten», wie Montesquieu gesagt hätte, das heißt diejenigen, die ihre Angst vor dem sowje-tischen Totalitarismus hinausschrien und eben dadurch zu seinen überzeugendsten Propagandisten wurden.

Seit 1948 war alles bekannt: die stalinistische Diktatur, der Schrecken der Lager, die unerhörten Entbehrungen, die metho-dische Ausplünderung der mitteleuropäischen Länder. Doch da-mals begann bereits jene erstaunliche Schaukelpartie zwischen Pro- und Antikommunisten. Je heftiger das sowjetische System angegriffen wurde, desto leichter war es vor den Unterdrückten der westlichen Welt zu rechtfertigen – denn ein solcher Haß konn-te der Sowjetunion nur entgegengebracht werden, weil sie die Heimat des Sozialismus war. Man lese die Prozesse gegen die sowjetischen Konzentrationslager von David Rousset.[18] Da fin-det man alles: eingehende Zeugenaussagen und die sowjetische Verteidigung; Zweifel an der Zwangsarbeit und die dialektische Antwort, die dem Westen die Greuel von Arbeitslosigkeit und Ausbeutung vorwirft.

Fünfzig Jahre später, kurz vor dem Zusammenbruch des Kom-munismus im Osten, verlor die Kritik an Schärfe, und in einer Art Teufelskreis war jeder Versuch, den Marxismus gegen sie in Schutz zu nehmen, zum Scheitern verurteilt. Doch in der uns so fern erscheinenden Nachkriegszeit lagen die Dinge ganz anders:

18 *Les procès des camps de concentration soviétique*, Beilage zu BEIPI, Nr. 16, 31. Januar 1951.

die Kritik trug zur Stärkung des Kommunismus bei, und in einem
positiven Zirkel gewann der Kommunismus, den man kritisierte,
nur an Größe.

Die Dialektik verrichtete noch Wunder: Je schärfer die bürgerlichen Angriffe, desto authentischer die revolutionäre Geltung
des Bolschewismus. Je hoffnungsloser er scheiterte, desto näher
kam er dem Erfolg; je hemmungsloser er tötete und je mehr Unheil er stiftete, desto besser brachte er den Haß und die Hoffnung
der Verdammten der Erde zum Ausdruck.

Entscheidend war, daß in dieser Zeit der Kommunismus durch
die gemeinsamen Anstrengungen seiner Anhänger und Gegner
zum einzigen Thema, zum einzigen Feind, zur einzigen Apokalypse und zum unüberschreitbaren Horizont der globalen Konfrontation wurde.

Bereits 1947 hatte Truman also – nicht vorsätzlich, sondern der
unerbittlichen Logik der Politk und der momentanen Kräftever-
hältnisse folgend – der liberalen Kultur den Gegner gegeben,
dessen sie bedurfte. Dreißig glorreiche Jahre hindurch war auf ihn
Verlaß, und Wohlstand erwuchs aus der regelmäßigen Konfrontation mit diesem feindlichen Bruder, der so bedrohlich und so
bequem war, so bequem, weil er bedrohlich war.

Von da an hätte jeder im Westen, der das antisowjetische Glaubensbekenntnis beiseite gelassen hätte, um die Situation unvor-
eingenommen zu betrachten, nur Grund zu einer einzigen Sorge
gesehen: Würde dieser ideale Feind, auf den man so viele Hoffnungen gesetzt hatte, seine Rolle längere Zeit durchhalten?

Zwei Gefahren konnten im Laufe der Zeit sein Überleben bedrohen. Die erste war die Wahrscheinlichkeit eines wirtschaftlichen Zusammenbruchs. Im Gleichgewicht des kalten Krieges
bezahlte das sowjetische System für seine Geltung einen sehr hohen Preis. Gewiß, es war in den höchsten Rang erhoben worden,
und seine Führer konnten ihr Reich einer schrankenlosen Diktatur unterwerfen. Doch mußte das System nicht binnen kurzem an
all seinen Schwierigkeiten scheitern – der Schwerfälligkeit seines
Wirtschaftssystems, dem Vorrang der Verteidigungsausgaben, der
vollständigen Isolierung, der Notwendigkeit, den Wiederaufbau

ohne die geringste Unterstützung aus dem Ausland zu leisten? Um
dieser ersten Gefahr zu begegnen, hatte der Westen die Möglichkeit, der UdSSR rechtzeitig zu Hilfe zu kommen. Das tat er denn
auch regelmäßig, und die Vermarktung des internationalistischen
Instrumentes, die Grundlage des Leninpaktes, lieferte der UdSSR
ein ständiges Zahlungsmittel.

Doch noch ein zweites Risiko, schwieriger zu beurteilen und
vor allem zu vermeiden, weniger offenkundig und doch gefährlicher, bedrohte das Gleichgewicht zwischen Ost und West. Diese
Gefahr erwuchs aus den Schwierigkeiten, die die UdSSR zwangs-
läufig im eigenen Lager bekommen mußte, da sie den Verrat zur
ständigen Einrichtung machte. Die Bedrohung, der sie sich ge-
genübersah, war politischer und theoretischer Art. Und sie ließ
sich in einer einzigen Frage zusammenfassen: Wie konnte sie ihren Machtanspruch gegenüber der internationalen kommunistischen Bewegung behaupten und gleichzeitig deren systematische
Niederlage betreiben? Wie konnte sie über längere Zeit Verrat
üben, ohne das Vertrauen der Betrogenen zu verlieren? Wie konnte sie das Verderben einer Bewegung sein und gleichzeitig als ihre
Hoffnung erscheinen?

# III
# 1965, Komplizen auf südlichen Meeren

> Heute abend im Zirkus führte ein Dompteur
> gleichzeitig Hühner, Füchse und Hunde vor.
> Die Füchse gingen freundschaftlich auf die
> Hühner zu: Das bedeutete Fortschritt. Die
> Hühner fühlten sich nicht allzu sicher: Macht
> der Gewohnheit. Dank der friedlichen Hunde
> ging alles glatt: Das sollte dann die Zivilisa-
> tion sein.
>
> Jules Renard, *Tagebuch*[1]

Die westlichen Demokratien legen Wert darauf, sich als deutlich
unterschiedene und unabhängige Nationen darzustellen. Doch
vor allem seit dem Ende des Zweiten Weltkrieges sind sie durch
unzählige wirtschaftliche, kulturelle und politische Bande verknüpft. Sie bilden ein hochintegriertes Netzwerk, eine regelrechte
Internationale. Dagegen waren die kommunistischen Staaten,
trotz ihrer fortwährenden internationalistischen Beteuerungen,
nie etwas anderes als ein instabiles Konglomerat von rivalisierenden und unterschiedlichen Nationen, verknüpft durch Bande, die
eher gewaltsam als zahlreich waren.

Man darf den kalten Krieg nicht darstellen als die Geschichte
einer Einheit, die sich auflöste, als allmähliche Veränderung eines
geeinten kommunistischen Systems und als Aufspaltung eines
Blocks. Vielmehr war die Epoche, die 1947 für die Sowjets begann, von dem verzweifelten und ständig mißlingenden Versuch

---

1 Jules Renard, *Ideen in Tinte getaucht, Aus dem Tagebuch,* Winkler,
München 1986, S. 96.

gekennzeichnet, eine Einheit herzustellen, vorzugeben, einen Block zu bilden, die gewaltigen Risse zu übertünchen, die zwischen den kommunistischen Nationen klafften und sich im Laufe der Zeit noch erweiterten. Zwischen der UdSSR und den Volksdemokratien, die sie unterworfen hatte, bestand eine ständige Feindschaft, die gewaltsame Formen annahm, sobald der Terror der Besatzer ein wenig erlahmte. Das Verhältnis zu den autonomen kommunistischen Zentren in Europa – Jugoslawien und Albanien – war geprägt von Konkurrenz, Rivalität, Exkommunikation, Wiederannäherung und Verrat. Doch die ambivalenteste und trotz ihrer scheinbaren Friedlichkeit bedrohlichste Beziehung unterhielt die UdSSR zu den chinesischen Kommunisten, die seit 1949 in ihrem Lande herrschen. Die Meinungsverschiedenheiten mit China zeigten sich erst nach und nach, waren aber unterschwellig schon bei Maos Machtübernahme in Peking vorhanden. In den Auseinandersetzungen mit China ging es nicht nur um die nationale Frage, um den Wunsch nach Eigenständigkeit und größerer Bewegungsfreiheit – wie in Osteuropa –, sondern um unterschiedliche Auffassungen vom Sinn und Zweck der Revolution. Die Chinesen wußten von dem 1921 zunächst von Lenin und 1947 von Stalin bedingungslos akzeptierten Status quo, dem Gleichgewicht mit der kapitalistischen Welt, dem Grundvertrag, in dem die UdSSR die internationale Entwicklung der Revolution für die imperialistischen Vorteile der eigenen Nation geopfert hatte, und sie lehnten ihn ab. Ohne (bis zum offiziellen Bruch im Jahre 1962) die Vorherrschaft der Sowjets über die kommunistische Bewegung je in Frage zu stellen, waren sie bemüht, die Grundlagen des Gleichgewichtes zwischen Ost und West zu untergraben. Wann immer sie konnten, überschritten sie (zunächst einmal durch ihre eigene Revolution) die saubere Grenzlinie, die nach dem heimlichen Einverständnis zwischen Schdanow und Truman die beiden Welten trennte – Welten, die nach dem Willen des einen wie des anderen homogen sein sollen.

Der UdSSR fällt es um so schwerer, die Chinesen zurückzuhalten, da der Pakt des kalten Krieges unausgesprochen bleiben muß: Die Spielregeln verlangen, daß die Sowjets sich gegen allen politischen Augenschein auch weiterhin einer aggressiven und revolutionären Phraseologie bedienen.

Im Westen begriff man rasch, daß es innerhalb der kommunistischen Familie Krach gab. Zwar hielt sie die Türen verschlossen, aber man hörte die Teller fliegen und die Stimmen laut und schrill werden. Doch um das Gleichgewicht des kalten Krieges auch in Zukunft zu sichern, mußte man den Sowjets helfen, die Einheit zu bewahren, zumindest nach außen. Wenn sich die Familie in der Öffentlichkeit zeigte, grüßten die Westmächte auch weiterhin nur das Oberhaupt, und die Amerikaner bemühten sich so lange wie möglich, vom Kommunismus nur im Singular zu sprechen, hartnäckig leugnend, daß es sich um einen bunt zusammengewürfelten und zerstrittenen Haufen handelte. Als sich schließlich die Unstimmigkeiten nicht mehr vertuschen ließen, als die Gegensätze offen zutage traten, halfen die Amerikaner der UdSSR ein drittes Mal in den Sattel und ermöglichten ihr, die Kontrolle über die internationale kommunistische Bewegung zurückzugewinnen.

## Die chinesische Sphinx

Zwischen den beiden Kriegen war der Leninpakt durch die nationalen Probleme in Europa, vor allem die deutsche Frage, beeinträchtigt worden. Nach dem Zweiten Weltkrieg hatte der westliche Zusammenschluß dieses Hindernis beseitigt. Fortan waren es die Unstimmigkeiten zwischen den kommunistischen Nationen – insbesondere die chinesische Frage –, die das Ost-West-Gleichgewicht gefährdeten.

Keine kommunistische Partei ist häufiger von der Komintern und den Sowjets verraten worden als die der Chinesen. Seit ihrer Gründung im Jahre 1921 wurde sie von den Russen als Unterpfand für die Verhandlungen mit der Zentralmacht oder den nationalistischen Kräften benutzt. Maos Beitrag zur revolutionären Praxis war die Entdeckung lokaler Kampfformen, die sich auf die Bevölkerung, vor allem die Bauern stützten. Das veranlaßte die chinesischen Kommunisten, die Städte zu verlassen und sich nicht mehr allein auf die leninistische Technik zu verlassen, was ihnen erlaubte, der Zerschlagung zu entgehen und zu überleben. Mit dem Mißerfolg von 1927 hatten sie ihre Lektion gelernt: Da hatte die UdSSR sie zum erstenmal offen verraten. Es sollten noch weitere Male folgen. So stieß Rußland sie 1941 durch einen Nichtangriffspakt mit Japan vor den Kopf. Jeglicher Unterstützung beraubt, mußten sich die chinesischen Kommunisten regelmäßig der mörderischen Angriffe der nationalistischen Truppen Tschiang Kai-scheks erwehren, mit dem sie sich auf Geheiß der Russen verständigen sollten. 1945 haben die UdSSR und die Kuomintang sogar ein neues Abkommen geschlossen, das den Russen wichtige territoriale Zugeständnisse einräumte (Port Arthur, Dairen und in der Mandschurei).

Doch dank der neuen Kampfmethoden, die Mao erfunden hatte und seit 1935 anwandte, konnten die chinesischen Kommunisten diesen Verrat ohne allzu große Nachteile überstehen. Unverwüstlich, zäh, gelehrig und treu waren sie für die Sowjetunion nur von Vorteil: Nach Belieben konnte man sich ihrer bedienen oder sie verraten.

Niemand wußte besser als Mao, was es bedeutete, wenn eine kommunistische Partei den Anweisungen der Internationale folgte – die Unterwerfung unter die Interessen der UdSSR und damit unter die klassischen Gebietsansprüche, die das Russische Reich im Laufe seiner Geschichte immer wieder geltend gemacht hatte. Niemand hatte eindringlicher erfahren, was es mit dem Leninpakt auf sich hatte, und genauer erkannt, auf welche Weise die Russen die Mißerfolge der kommunistischen Bewegungen im Ausland für nationale Vorteile einzutauschen gedachten.

Nie hat Mao sich aufgelehnt: Er begnügte sich 1945 damit, sich über die russischen Anweisungen hinwegzusetzen und ganz China zu gewinnen: «Als der Krieg [Chinas] gegen Japan zu Ende war, haben wir die chinesischen Genossen aufgefordert, sich darüber zu einigen, wie ein Modus vivendi mit Tschiang Kai-schek gefunden werden könnte. Sie haben uns mit Worten beigepflichtet, aber die Sache auf ihre eigene Weise in die Tat umgesetzt, als sie nach Hause kamen: Sie haben ihre Kräfte gesammelt und zugeschlagen. Es hat sich gezeigt, daß sie recht hatten und wir unrecht.»[2] Das nennt man wohl: gute Miene zum bösen Spiel machen. Es konnte kaum den Wünschen der UdSSR entsprechen, daß China zu einem neuen bolschewistischen Zentrum wurde, ohne Hilfe der Roten Armee an die Macht kam und nicht von ihr abhing.

Nach außen hin wurde Maos Sieg als großer Triumph des Kommunismus dargestellt. In der für den Westen bestimmten revolutionären Rhetorik schrieb man das Verdienst dafür der UdSSR zu. Doch während er in *L'Humanité* die Titelseite schmückte, fand Maos Einmarsch in Peking in der *Prawda* kaum Erwähnung, viel zu sehr war man dort beschäftigt, gegen die trotzkistischen und titoistischen Verschwörungen vom Leder zu ziehen. Wahrscheinlich hat die sowjetische Führung sofort erkannt, welch ungeheure Gefahr die chinesische Revolution für den Pakt des kalten Krieges bedeutete. Dabei spielte für die Amerikaner die Eroberung des chinesischen Gebietes, das außerhalb der von Schdanow bezeichneten Einflußzone lag, keine große Rolle. Schließlich hatten sie während des Krieges nicht mit ihrer Hilfe für Mao gegeizt. Vizepräsident Henry Wallace hatte nach einem Besuch der verschiedenen chinesischen Parteien erklärt, nur Maos Partisanen seien straff organisiert und entschlossen. Problematisch war diese Revolution vielmehr, da sie die Sowjets dazu zwang, einen direkten Zeugen ihres früheren Verrats in ihrer Nähe zu dulden, was die Zukunft sicherlich nicht einfacher machen würde.

Mao war so geschickt, nicht nur die sowjetische Vorherrschaft nicht in Frage zu stellen, sondern auch vorzugeben, er halte die UdSSR nicht für das, was sie, wie er sehr wohl wußte, geworden war, sondern für das, was sie immer noch vorgab zu sein: das aktive Zentrum der Weltrevolution. So mußten sich die Sowjets daran gewöhnen, bei jeder ihrer Handlungen den vorwurfsvollen Blick der chinesischen Sphinx auf sich zu spüren.

2 M. Djilas, *Gespräche mit Stalin*, a. a. O., S. 230/31.

Zunächst bemühte Stalin sich, diesen unbequemen Partner an seinem Spiel zu beteiligen: Die chinesischen Kommunisten sollten, nachdem sie an die Macht gekommen waren, den gleichen «realistischen» Standpunkt beziehen, den die Sowjets eingenommen hatten. Schließlich hatten sich die Chinesen, wie man meinte, nur so lange als die edlen Ritter der Revolution aufgeführt, wie sie um die Macht gekämpft hatten. Sobald sie in ihrem Besitz waren, würden sie sicherlich auch wieder zur Vernunft kommen, das heißt, sich vorrangig um ihre nationalen Interessen kümmern. Das durch den russisch-chinesischen Festlandsteil gebildete «Heartland» war durch viele Gemeinsamkeiten verbunden. Deshalb war die Annahme nicht unrealistisch, die beiden Staaten würden eine gemeinsame Haltung gegenüber dem Rest der Welt einnehmen, sobald ihre territorialen Probleme beigelegt wären. Man nahm an, China würde ebenso rasch ein Gleichgewicht im Osten anstreben, wie Rußland es in Europa gesucht hatte.

Von dieser Überzeugung ausgehend, zeigte Stalin, welchen Weg er sich vorstellte, als er mit China einen gegenseitigen Beistandspakt schloß (14. Februar 1950), in dem er die Rückgabe der Mandschurei, Dairens und Port Arthurs versprach und ein (bescheidenes) Darlehen für die Entwicklung Chinas bewilligte. Einerseits waren diese Konzessionen gewichtig genug, um den Chinesen zu zeigen, daß gute Beziehungen zu den Russen in ihrem ureigensten Interesse lagen; andererseits war der Zeitpunkt ihres Inkrafttretens so weit hinausgeschoben, daß dem östlichen Nachbarn die Notwendigkeit, sich im Augenblick ruhig zu halten, deutlich vor Augen geführt wurde. Doch der tat genau das Gegenteil.

Sogleich mit Ausbruch des Koreakrieges ergriffen die Chinesen Partei für Pjöngjang und scheuten sich nicht, mit ihren Truppen direkt in den Konflikt einzugreifen, auch wenn sie dadurch mit den Amerikanern unmittelbar in Berührung kamen. Gleichzeitig fielen sie in Tibet ein, erkannten die Regierung von Vietnam an und ließen Ho Chi Minh massive Unterstützung zukommen. Deutlicher konnten sie den Russen nicht klarmachen, daß jeder Versuch, von ihnen Wohlverhalten zu erkaufen und sie dazu zu

bringen, fügsam am Schdanowschen Gleichgewicht mitzuwir-
ken, vergeblich war. Wie soll man die Einheit der kommunistischen Bewegung aufrechterhalten, wenn zwischen ihren beiden
Hauptvertretern ein solcher Gegensatz besteht?
Die Analyse des Koreakrieges zeigt, wie tief diese Meinungsverschiedenheiten gingen. Der Ausbruch des Konfliktes ist noch
immer rätselhaft. Hatte es sich um eine Eigeninitiative der Nord-
koreaner gehandelt, die von Moskau schlecht kontrolliert waren?
Oder wollten die Russen, was wahrscheinlicher ist, die gleiche
Trennung der Einflußsphären erreichen, die sie schon in Europa
bewerkstelligt hatten? Berlin im Westen, Korea im Osten – die
letzten abnormen Zysten, die letzten ektopischen Regionen, die
die Reinheit (und damit die Sicherheit) der Nahtstelle zwischen
freier und kommunistischer Welt trübten – wurden fast gleichzeitig zum Gegenstand eines gewaltsamen Lösungsversuches. Im
Falle Koreas kam eine amerikanische Unvorsichtigkeit hinzu, da
mehrere Erklärungen bei den Sowjets den Eindruck hervorgerufen hatten, die Amerikaner würden das Land nicht zu ihrer
Sphäre rechnen. In dieser Phase, in der das Gleichgewicht noch
hergestellt wurde, konnte man die Eroberung Koreas als einen
Akt betrachten, der nicht eine Aggression darstellte, sondern vielmehr zur Stabilisierung der Einflußsphären diente. Diese Stabilisierung vollzog sich durch Versuch und Irrtum, und möglicherweise wollte Stalin hier, so wie er es drei Jahre zuvor ohne
nachteilige Folgen in Europa getan hatte, die Reaktionen der
Amerikaner auf die Probe stellen. Doch er erkannte rasch, daß
sich die Einstellungen im Westen gewandelt hatten: Der nordko-
reanische Angriff rief eine sehr heftige Reaktion hervor. Das
mahnte die Sowjets sogleich zur Vorsicht. Genauso wie im griechischen Bürgerkrieg waren sie bemüht, die direkte Konfrontation mit den Vereinigten Staaten zu vermeiden, und ließen den
Nordkoreanern nur materielle Unterstützung zukommen, die sie
auf ein Minimum beschränkten und geheimhielten. Doch, wiederum genauso, wie sie es im griechischen Bürgerkrieg erlebt
hatten, konnten sie auch hier nicht mehr für diese Zurückhaltung
garantieren, sobald ein nicht unter ihrem Einfluß stehender kom-

munistischer Partner (der die Rolle übernahm, die Jugoslawien in Griechenland gespielt hatte) an ihre Stelle trat und dem an einer Ausweitung des Konfliktes soviel gelegen war wie den Sowjets an seiner Eingrenzung. Das direkte Eingreifen der chinesischen Soldaten in Korea stellte unter Beweis, daß China zu einer offenen Provokation des Westens bereit war, auch um den Preis einer nuklearen Reaktion (wie Truman sie am 30. November 1950 angedroht hatte). Schließlich siegte die russische Mäßigung, nicht ohne Schwierigkeiten, und führte zu einem Waffenstillstand, dann zu den endlosen Friedensverhandlungen von Panmunjom, bei denen die Chinesen bei ihrer unzugänglichen und halsstarrigen Haltung blieben. Von diesem Augenblick an war klar, daß sich ihre Auffassung von der Weltrevolution nicht im geringsten mit der der Sowjets vertrug. Für sie war der Krieg mit dem Imperialismus keine bloße Floskel. Weit davon entfernt, ihn als Stellungskrieg, als Status quo und bewaffneten Frieden zu verstehen – wie die Sowjets –, sahen sie in ihm einen Bewegungs-, Eroberungs-, ja Aggressionskrieg.

In den folgenden Jahren wurde der Eifer der Chinesen wohlweislich auf Vietnam gelenkt, eine Region, in der der Feind Frankreich und nicht Amerika war.[3]

Doch die Lehre des Koreakriegs blieb den Sowjets im Gedächtnis: Die Warnung war unüberhörbar gewesen.


## Eisiger Ostwind

Dank seines Prestiges und mit eiserner Faust vermochte Stalin zu Lebzeiten die Illusion der kommunistischen Einheit aufrechtzuerhalten. Er organisierte den «Block» durch eine Reihe militärischer und wirtschaftlicher Instrumente und konnte die westli-

---

3 Die beiden Komplizen des Ost-West-Paktes waren sich damals weitgehend über ihre antikolonialistische Zielsetzung einig, wobei sie nicht nur die Befreiung der Völker im Sinn hatten, sondern vor allem die Schwächung Europas.

chen Staaten auf diese Weise davon überzeugen, daß die sowjetische Welt ein Monolith, ein Fels war (was jene im übrigen nur zu gerne glaubten). Von dem verlorenen Sohn Tito abgesehen, hörte die ganze Welt auf den Vater.

Kaum war der Vater tot, zeigten sich die ersten Risse. Nachfolgekrise, hieß es im Westen, der bestrebt war, die Einheit und Solidarität des selbstgewählten Gegners nicht in Frage zu stellen. Tatsächlich gelang es Chruschtschow nur durch außerordentlich kühne Manöver, als Sieger aus den Auseinandersetzungen hervorzugehen, den Machtapparat im Kreml unter seine Kontrolle zu bringen und vor allem den angeblich festgefügten kommunistischen Block, an dem in Wirklichkeit gewaltige Fliehkräfte zerrten, wieder seinem Einfluß zu unterwerfen. Diese Machtkonsolidierung war nicht ohne gewaltsame Aktionen, vor allem in Mitteleuropa, möglich: Unterdrückung der ersten polnischen Dissidenten und vor allem eine direkte Militärintervention in Ungarn. Die Mißbilligung, die diese Gewaltakte im Westen hervorriefen, waren für die UdSSR an sich nicht abträglich. Daß sie diktatorisch und totalitär auftrat, gereichte ihr letztlich nicht zum Nachteil, ganz im Gegenteil. Es paßte genau in das Bild, das die Truman-Doktrin von der Sowjetunion gezeichnet hatte. Seit Lenins Aprilthesen verfügten die Sowjets über alle dialektischen Mittel, die erforderlich waren, um aus der Diktatur, die sie im Namen des Proletariats ausübten, Ansehen zu gewinnen oder sogar Profit zu schlagen. Wenn das die Empfindsamkeit einiger weniger Intellektueller verletzte, so störte das die Sowjetunion wenig. Die Austritte, die die kommunistischen Parteien im Westen zu verzeichnen hatten, hätten diesen nur dann geschadet, wenn sie die Aufgabe gehabt hätten, an die Macht zu kommen. Doch was spielte es für eine Rolle angesichts der Tatsache, daß aus der Partei der Füsilierten schon seit langem eine Partei der Hinterbänkler geworden war?

Als in der kommunistischen Welt die stalinistischen Verbrechen bekannt wurden und der höchst unwillkommene Eindruck hätte entstehen können, daß die sowjetische Führung einen Reformprozeß erlebe oder – schlimmer noch – weich werde, machte das

Blutbad von Budapest klar, daß sie sich im Grunde nicht geändert hatte.

Die Niederschlagung des ungarischen Aufstands würde nur dann keine Nachteile für die UdSSR bringen, wenn sie nicht als Symptom für die Teilung des kommunistischen Blocks erschien, sondern, ganz im Gegenteil, als Beweis für seine Geschlossenheit, für die absolute Unmöglichkeit, daß irgendein Land ihn jemals verlassen konnte. Bevor Chruschtschow zuschlug, mußte er sich also vergewissern, daß sein Vorgehen allgemeine Zustimmung finden würde, das heißt, daß er mit der Unterstützung der anderen kommunistischen «Zentren» rechnen konnte. So inszenierte er eine spektakuläre Versöhnung mit Tito, vor allem aber erbat und erhielt er die Zustimmung Maos, der letzten historischen Persönlichkeit in der kommunistischen Welt, die sich nach Format und Prestige mit dem verstorbenen Stalin vergleichen konnte.

Für die scheinbare Wiederherstellung der Einheit des kommunistischen Blockes im Jahre 1956 unter seiner Führung mußte Chruschtschow einen außerordentlich hohen Preis zahlen. Um die Situation für den Augenblick zu retten, sah er sich gezwungen, den Chinesen erhebliche Zugeständnisse zu machen, die die großen Zerreißproben der Zukunft vorbereiteten. So erlebten die sowjetischen Führer die ungeheure, aber leider nur kurzfristige Erleichterung von Schiffbrüchigen, die sich in der irrigen Annahme, ihren Fuß auf eine Insel zu setzen, auf den Rücken eines Wals geflüchtet haben.

Die chinesische Unterstützung bezahlte Chruschtschow mit zwei großen Zugeständnissen, die ihm anfangs gar nicht so schwerwiegend erschienen. Das erste war die Revision der Schdanow-Doktrin. Bis dahin ließ der bedingungslose Gegensatz von Gut und Böse, dem imperialistischen und dem demokratischen (das heißt kommunistischen) Lager keinerlei Halbherzigkeit zu. Wer nicht zur einen Seite gehörte, wurde der anderen zugeschlagen, und die Russen konnten mit den unentschiedenen Staaten, diesen Lakaien der Engländer, gar nicht hart genug ins Gericht gehen. Mitte der fünfziger Jahre räumte die sowjetische Doktrin

im Interesse der Versöhnung mit China einer dritten Kategorie –
den neutralen Staaten, den späteren Blockfreien – einen Platz
zwischen den beiden Welten ein. Wie erhofft, konnte sich China
1955 auf der afroasiatischen Konferenz in Bandung, wo die neuen
dekolonialisierten Staaten tagten, erheblichen Einfluß auf die
Gruppe verschaffen, die man damals noch nicht die dritte Welt
nannte.

Die zweite Konzession war militärischer Art. Sie bestand in
einem Abkommen über die wissenschaftliche Zusammenarbeit
auf dem Gebiet der Kerntechnik. Sowjetische Techniker wurden
nach China geschickt, um das Know-how zum Bau der Atombombe zu exportieren.

Harmlos wirken diese beiden Zugeständnisse nur auf den ersten Blick; tatsächlich erwiesen sie sich als brisante Sprengladun-
gen für die sowjetischen Positionen. Auf beiden Gebieten waren
die Absichten der jeweiligen Seiten vollkommen entgegengesetzt,
und die oberflächliche Einigkeit beruhte auf einem krassen Mißverständnis.

Sowjets und Chinesen interpretierten die Schdanow-Doktrin
und die Anerkennung der Neutralitätspolitik völlig verschieden.
Die Sowjets stuften die nationalistischen Regierungen der Ent-
wicklungsländer weltweit als «positiv» ein und glaubten über ein
zusätzliches Mittel zu verfügen, um den Leninpakt zu erfüllen
und den ständigen Verrat an den kommunistischen Bewegungen
zu rechtfertigen – den Verrat im Interesse von Abkommen mit
bürgerlichen Nationalisten. Diesen Regierungen erkannten sie
eine potentiell revolutionäre Rolle zu, weil sie angeblich den sozialen Wandel und die Entstehung eines Proletariats beschleunig-
ten. Auf diese Weise legten sich die Russen ein bequemes
dialektisches Paradoxon zu: Die «reaktionären» Kräfte seien in
diesem Entwicklungsstadium ihrer jungen Staaten in gewisser
Weise revolutionärer als die revolutionären Kräfte. Im Namen
dieser paradoxen These fand die UdSSR dann neue Gründe, um
den Verrat an den irakischen Kommunisten zu rechtfertigen, die
von den Sowjets im Stich gelassen wurden, wie das 1953 auch der
Tudeh-Partei im Iran geschah. Ausgerechnet in dem Augenblick,

in dem Nasser die Kommunisten der VAR[4] vernichtete, brachte
die UdSSR es fertig, ihn zu unterstützen und dafür Erleichterun-
gen bei der Benutzung ägyptischer Häfen auszuhandeln. Kurzum,
aus dem Neutralismuskonzept fertigten sich die Sowjets neue
Instrumente, um ihre Politik des Verrats an revolutionären Bewegungen zu vervollkommnen.

Für die Chinesen boten sich mit der Abänderung der Schdanow-Doktrin und der Öffnung für die dritte Welt, das heißt die
proletarischen und dekolonialisierten Nationen, völlig entgegengesetzte Möglichkeiten. Anders als im erstickenden Universum
des *Containment*, in dem der russisch-chinesische Festlandsteil
von einem undurchdringlichen Ring stranguliert wurde, von einer militärischen und ideologischen Mauer, über die die Amerikaner ebenso eifersüchtig wachten wie die Sowjets, brachte die
Anerkennung der dritten Welt das Spiel ins Offene. Ein riesiges
jungfräuliches Gebiet, weder weiß noch schwarz, bot sich der
revolutionären Einflußnahme. Die chinesischen Kommunisten,
die nicht aufgehört hatten, in ihrem Land die bürgerlichen Nationalisten der Kuomintang zu bekämpfen, waren keineswegs
bereit, ihnen eine positive Rolle in der dritten Welt zuzugestehen.
Ganz im Gegenteil: Die von Mao entdeckten neuen revolutionären Techniken, die seit 1935 das Überleben und später den Sieg in
dem rückständigen und halbkolonialen Agrarland China ermöglicht hatten, würden ein ungeheures Echo in der dritten Welt
auslösen. Die Chinesen hatten durchaus die Absicht, dort den
Beweis zu führen, den sie bereits ein erstes Mal gegen die Sowjets
geführt hatten – daß sich die Revolution auch im Stadium der
Unterentwicklung bewerkstelligen ließ.

Im Grunde hatten Russen und Chinesen jeweils nur einen Teil
der ambivalenten Praxis Lenins übernommen. Die Chinesen waren Leninisten, da sie – nach dem Vorbild des Vaters der russischen Revolution und im Gegensatz zur Auffassung der orthodoxen Marxisten – der Meinung waren, daß man den Gang der

---

4 Vereinigte Arabische Republik, Staatenbund zwischen Ägypten und Syrien.

Ereignisse beschleunigen konnte. Ihr Leninismus war der vom Sommer 1917, als Lenin denen, die ihm entgegenhielten, Rußland brauche eine bürgerliche Übergangszeit, um revolutionäre Bedingungen zu entwickeln, mit der Willenserklärung antwortete: Von nun an alle Macht den Sowjets! Im Gegensatz dazu blieben die Russen dem Leninismus von 1921 treu, den ein Mann praktizierte, der alles versucht und alles gewonnen hatte und der, um im Besitz dessen zu bleiben, was er wie durch ein Wunder erreichte, lieber die anderen Revolutionen der seinen opferte.

Das Mißverständnis mußte sich rasch aufklären, und die Beziehung litt darunter. Immer offener warfen die Chinesen den Sowjets die Halbherzigkeit ihrer Unterstützung für die nationalen Befreiungsbewegungen und ihre Haltung im Algerienkrieg vor. (Die provisorische Regierung der Algerischen Republik erkannten sie erst nach dem Abkommen von Évian-les-Bains an.)

Und als Ende der sechziger Jahre die große Dekolonisierungswelle in Afrika einsetzte, waren die Chinesen weniger denn je bereit, die reaktionäre Unbeweglichkeit der Russen auf dem neuen Gebiet hinzunehmen.

Auch im Bereich der atomaren Zusammenarbeit gab es erhebliche Meinungsverschiedenheiten. Mochten sich die Sowjets verbal auch noch so aggressiv gebärden, in der Praxis hatte die Atombombe eine rein defensive Funktion. Schon sehr bald (man könnte sagen, seit dem Koreakrieg) wurden sie die wachsamen Partner eines Status quo der Abschreckung und vermieden jede direkte Konfrontation, die zu einem Einsatz des extremsten Mittels hätte führen können. Anfangs ließ sich diese Vorsicht gegenüber der kommunistischen Bewegung durch die technische Unterlegenheit der UdSSR im Vergleich zu den Vereinigten Staaten rechtfertigen. Ab 1957 aber war das Argument nicht mehr stichhaltig. Der Start des ersten Sputnik markierte den Anfang einer ballistischen und strategischen Überlegenheit gegenüber den Vereinigten Staaten. Durch nichts war die Vorsicht der Sowjets noch gerechtfertigt. Wenn man die offizielle Logik des kalten Krieges zugrunde legte, das heißt die Vorstellung, daß jedes System über das andere triumphieren will, hatten sie keinen theoretischen Grund mehr, die Konfrontation zu vermeiden. Deshalb brauchte die Sowjetunion dringend eine andere Sprachregelung, wollte sie nicht in krassen Gegensatz zu den verkündeten Prinzipien geraten. In diesem Augenblick erfand Chruschtschow den Begriff der friedlichen Koexistenz, der zwar die Fortsetzung der gleichen Politik bedeutete, jedoch ohne die rhetorische Fiktion des totalen Krieges, den Truman und Schdanow beschworen hatten.

Dadurch wurde der Widerspruch zur chinesischen Auffassung noch deutlicher. Angesichts der technischen Erfolge der Sowjets war Mao öffentlich zu entgegengesetzten Schlußfolgerungen gelangt. Der Chef der chinesischen Kommunisten, der unbeirrt an der revolutionären Idee festhielt und den Leninpakt entschiedener denn je ablehnte, zählte unbeirrt alle Konsequenzen dieser kommunistischen Überlegenheit auf. In dem Augenblick, als Chruschtschow den Vorrang des Friedens verkündete, bekannte Mao gelassen seine Entschlossenheit zum Krieg. «Der Friede ist besser», erklärte er, «aber wenn die Imperialisten unbedingt Krieg führen wollen, müssen wir uns dazu entschließen, den Feind zu bekämpfen.» In dieser Rede kam auch das bekannte Bravourstück über die «Hälfte der Welt» vor: «Darüber habe ich mit einem Politiker gesprochen. Wenn ein Atomkrieg ausbräche, würden nach seiner Auffassung alle Menschen getötet. Ich dagegen sagte, wenn schlimmstenfalls die Hälfte der Welt vernichtet würde, bleibe immer noch die andere Hälfte. Doch dann wäre der Imperialismus beseitigt, und die ganze Welt würde sozialistisch.»[5]

Der Ostwind, der den Westwind ablöste, war eine ziemlich eisige Luftströmung, und es war festzustellen, daß die Sowjets als erste unter ihr erschauerten. 1959 entzog Chruschtschow China

---

5 Auf der Moskauer Konferenz der kommunistischen Parteien im November 1957 bekräftigte Mao seine Auffassung, daß die ballistische Überlegenheit der UdSSR eine strategische Überlegenheit bedeute, erklärte noch einmal öffentlich, daß es zwar «besser» sei, einen dritten Weltkrieg zu vermeiden, daß man deshalb aber keine Angst zu haben brauche, und wiederholte schließlich, daß dieser mit dem Imperialismus ein Ende machen würde.

die technische Hilfe auf dem Atomsektor. Dieser Akt des Miß-
trauens beschleunigte zwar das Zerwürfnis und die Trennung,
vermochte die Chinesen aber nicht daran zu hindern, ihre eigene
Atombombe zu bauen (die sie erstmals 1964, am Tag von
Chruschtschows Absetzung, zündeten).

Dieses doppelte Mißverständnis (über die Einstellung zur dritten Welt und zur Verwendung der Atombombe) ließ sich kaschie-
ren, herunterspielen und sogar leugnen. Dagegen mußte die
grundlegende Meinungsverschiedenheit zwischen China und der
UdSSR über kurz oder lang offen zutage treten.

## Der kubanische Zünder

Angesichts der chinesischen Radikalität war die (relative) Ruhe
der UdSSR nur gewährleistet, solange die Revolutionäre, die die
dritte Welt aufhetzten, im Dschungel oder im Gefängnis saßen.
Doch wenn einer durch die Maschen des Unterdrückungsappa-
rates schlüpfte und die Macht an sich riß, liefen die Sowjets
entweder Gefahr, sich zu desavouieren, indem sie ihm ihre Unterstützung verweigerten, oder sich, wenn sie sie gewährten, in
das gefährliche Räderwerk einer Konfrontation mit dem Westen
hineinziehen zu lassen.

Entgegen aller Erwartung schlug diese Stunde der Wahrheit
weder in Asien noch im Mittleren Osten noch in Afrika, sondern
mitten in der traditionellen amerikanischen Einflußzone – auf der
Insel Kuba, zweihundert Kilometer von der Küste Floridas entfernt.

Ursprünglich kam der Sieg der Gebrüder Castro und der *Fide-
listas* ohne Hilfe der Sowjetunion und sogar der kommunistischen Internationale zustande. Die bewaffnete Widerstandsbe-
wegung, die sie seit 1953 mit wechselndem Erfolg gegen den
Diktator Batista[6] führten, war einer dieser merkwürdigen süd-

6 Batista, der bei seiner ersten Machtübernahme während des Krieges von
der kommunistischen Partei Kubas unterstützt wurde.

amerikanischen Aufstände, die sich seit dem 19. Jahrhundert alle irgendwie ähneln, aber auch alle ihre Besonderheit haben. Stets waren sie eine Mischung aus der starken Persönlichkeit eines Anführers, einer guten Dosis Antiamerikanismus und vielfältigen Einflüssen, je nach den Moden, die Lateinamerika auf seine unnachahmliche Weise hervorbringt. Das politische Vakuum, das durch den fortgesetzten Machtverlust des (von den Amerikanern nicht sehr tatkräftig unterstützten) Diktators Batista entstand, und die Schwäche der legalen Opposition trugen weitgehend zu Castros Erfolg bei. Die kommunistische Partei Kubas erhielt vom Kreml die strikte Anweisung, sich abwartend zu verhalten.[7] Am 1. Januar 1959 kamen die olivgrünen Barbudos an die Macht.

Während man die Schdanow-Doktrin in der UdSSR unter dem Druck der Chinesen weiterentwickelt hatte, war die Truman-Doktrin in den Vereinigten Staaten unverändert geblieben. Ihr Manichäismus wurde sogar noch verstärkt durch die radikalen Interpretationen von Foster Dulles, McCarthy und Eisenhower. Die Agrarreform und Nationalisierung, die Castro durchführte, als er an die Macht kam, wurden von Washington nicht als nationalistische Manifestationen gewertet, sondern als Ausdruck eines maskiert fortschreitenden «Kommunismus».[8] Unter dem

---

7 Sie unterstützte Castro erst im letzten Moment und dann vor allem, um mäßigend auf ihn einzuwirken. Zum Verrat und späten Sinneswandel der PSP (Name der kommunistischen Partei Kubas seit 1943) vgl. K. S. Karol, *Les Guerilleros au pouvoir. Itinéraire politique de la révolution cubaine*, R. Laffont, Paris 1970.

8 Noch lange sollte darüber diskutiert werden, ob Castro vor seiner Machtübernahme Marxist war oder nicht. Man darf diese Frage allerdings nicht überbewerten. Für die Unterstützung durch die Sowjetunion spielte es keine Rolle, ob Castro Marxist war oder nicht. Wenn er es denn war, würde man daraus zu Unrecht eine «natürliche» Beistandsbereitschaft der UdSSR schließen. Die Anweisungen der Internationale an die kommunistische Partei Kubas zeigen, daß die Sowjets nie die Absicht hatten, sie an die Macht zu bringen. Legt man diese fügsame Orthodoxie zugrunde, ist klar, daß Castro ein Dissident war. Man kann ihn nur mit einem Mann wie dem romantischen Revolutionär Julio Antonio Mello vergleichen, der 1929 vom Diktator Machoda ermordet und von der kommunistischen Partei zum Märtyrer erklärt

Eindruck der bedrohlichen amerikanischen Reaktionen wandte
Fidel sich an die Sowjets und versuchte, von ihnen den Lohn für
eine Sünde zu erhalten, die er noch gar nicht begangen hatte, für
die man ihm aber Strafe androhte. All das ist leicht zu durch-
schauen und selbstverständlich. Aber warum entschieden sich die
Russen nicht auch dieses Mal für den Verrat und die Preisgabe?
Warum beschlossen sie, die sich nie gescheut hatten, unabhängige
Revolutionen zu opfern, hier einen Operettenrevoluzzer anzuer-
kennen und zu unterstützen, der sein Unwesen noch dazu im
Vorgarten ihres amerikanischen Feindes und Komplizen trieb?

Zwei Erklärungen sind möglich, die jeweils einem der beiden
Denkmuster verpflichtet sind, zwischen denen die Russen
schwankten. Nach der Ost-West-Logik des kalten Krieges und
des Bemühens um den Erhalt des Status quo war das Problem
jener Zeit Berlin. Diese internationaler Kontrolle unterstellte
Stadt wurde immer stärker als häßliches Geschwür auf der ansonsten glatten Haut des bolschewisierten Mitteleuropa empfunden. Die Russen waren überzeugt, es werde keine Stabilität in
Europa geben, solange diese Angelegenheit nicht geregelt war.
1959 unternahmen sie den Versuch, das Schicksal dieser vorge-
schobenen Basis der westlichen Welt mitten auf ihrem Gebiet in
ihrem Sinne und ohne Konfrontation zu entscheiden. Vielleicht
kam ihnen bei Kuba der Gedanke an ein Tauschgeschäft. Wenn
sich daraus die vorgeschobene Basis des Kommunismus im amerikanischen Einflußgebiet hätte machen lassen, hätten sie über ein
Gegen-Berlin verfügt. Nichts wäre dann einfacher gewesen, als
die Angelegenheit auf dem Verhandlungswege zu regeln, indem
sie wie üblich eine ferne Revolution für einen unmittelbaren Vorteil geopfert hätten.

---

wurde. Mit einer kleinen Einschränkung allerdings: Kurz vor seinem Tode
war Mello auf Geheiß der Internationale aus der Partei ausgeschlossen worden. Wie man sieht, genügte es nicht, Marxist zu sein, noch weniger, als
echter Revolutionär zu handeln – um die Gunst der Komintern zu genießen,
mußte man seinen Kampf auch ihrer Kontrolle unterwerfen und ihren Verrat
akzeptieren.

Die andere Logik ist die der Beziehungen zwischen der UdSSR und China. Der Abzug der russischen Atomwissenschaftler hatte das Verhältnis belastet. Die chinesische Kritik an der Halbherzigkeit, ja dem Verrat der Sowjets wurde immer gefährlicher. Die Weltkonferenz der kommunistischen Parteien sollte im November 1960 eröffnet werden. Mit der Hilfe für Kuba ließ sich die chinesische Kritik zum Schweigen bringen, und die Sowjetunion konnte sich in den Augen der Bruderparteien weiter als das aktive Zentrum der Weltrevolution präsentieren. Am 10. Juli 1960 verkündete Chruschtschow, daß er Kuba die siebzigtausend Tonnen Zucker abkaufen würde, die die Vereinigten Staaten nicht mehr haben wollten. In dem Bemühen, die Krise hinauszuschieben, hatte die UdSSR sie verschlimmert. Denn die Unterstützung Kubas setzte die Macht voraus, es zu verteidigen. Da es an einer Seemacht fehlte, die diesen Namen verdiente, lag die Insel völlig außerhalb der sowjetischen Reichweite. Damit drohte die Angelegenheit, über kurz oder lang, zu einer nuklearen Konfrontation mit den Vereinigten Staaten zu führen. Um sie zu vermeiden, war es immer noch besser, Raketen unmittelbar auf kubanischem Boden zu stationieren. Von ihrer abschreckenden Wirkung abgesehen, ließ sich mit ihnen, wie die Sowjets hofften, der Konflikt auf einen nuklearen Schlagabtausch zwischen Kuba und den Vereinigten Staaten einschränken, während die Sowjetunion außen vor blieb. Vielleicht war es auch nur ein Bluff, um die Verhandlungen möglichst rasch abschließen zu können.

Was dann folgte, ist bekannt: Kennedys Entschlossenheit, Chruschtschows Panik, als er sah, wie mit einem Schlage sein ganzes Kartenhaus zusammenbrach, und der Rückzieher der Sowjets unter der Bedingung, daß die Vereinigten Staaten auf den Einmarsch in Kuba verzichteten.

Stets hat man die Kubakrise des Jahres 1962 als einen entscheidenden Wendepunkt in den Ost-West-Beziehungen beschrieben. Doch viel eher müßte man sie als Schlüsselerlebnis in der inneren Geschichte der kommunistischen Bewegung sehen.

Der zwanzigste Kongreß und die Offenlegung von Chruschtschows Geheimbericht über Stalins Verbrechen hatten der

Welt nur bestätigt, was sie schon wußte: den diktatorischen, blutrünstigen und unbarmherzigen Charakter des Sowjetregimes. Einigen Intellektuellen in Westeuropa ging das zu Herzen. Na und? In keiner Gestalt wurde die UdSSR ihrer Rolle im Trumanschen Konfrontationsschema so gerecht wie in der des Menschenfressers.

Doch die Kubakrise brachte eine viel kompromittierendere Enthüllung. Sie war der Augenblick, in dem sich der Pakt des kalten Krieges in seiner ganzen tragischen Wahrheit offenbarte: An erster Stelle stand für die UdSSR das Überleben. Sie hatte nicht die geringste Lust, die Weltrevolution weiterzutreiben, wenn das ihre Existenz gefährden würde. In ihren Liedern war von der Menschheit die Rede, in ihren Zeitungen von der Wahrheit und der Menschlichkeit, in ihren politischen Verlautbarungen vom weltweiten Klassenkampf und vom Kampf gegen den Kapitalismus. Tatsächlich aber verschleierten diese Phrasen – mehr schlecht als recht – rein nationale Interessen, den Kampf um die Macht und den Wunsch nach Frieden. Seither quittiert man die pazifistischen Kampagnen, die zur Verurteilung des Westens aufrufen, und die ständigen Friedensdemonstrationen der Kommunisten mit einem Lächeln. Damit sollen beileibe nicht die ganze Scheinheiligkeit und all die Hintergedanken geleugnet werden, die diesen Parolen innewohnten, während die UdSSR ihre gewaltigen Waffenarsenale anlegte. Doch die Kubakrise hat einen bemerkenswerten Umstand unter Beweis gestellt: Selbst in einer Situation, in der wahrscheinlich ein strategisches Gleichgewicht herrschte, hatte die Sowjetunion nicht die Absicht, von ihren Kernwaffen Gebrauch zu machen und ihr Überleben im Namen der Weltrevolution aufs Spiel zu setzen.

Im Gegensatz zu China war sie nicht bereit, eine Hälfte der Welt für die marxistische Ideologie zu opfern – zumal sie nicht wußte, in welcher der beiden Hälften sie sich am Ende befinden würde.

Für die kommunistische Bewegung war die Kubakrise der Augenblick der Wahrheit. Sie offenbarte nicht nur die Einstellung Chruschtschows und der augenblicklichen Führung, sondern zeigte auch das Bild der sowjetischen Politik in ihrer ganzen Nacktheit – erstarrt in der Wiederholung der ersten Szene aus dem Jahr 1921. Es ist eines jener hellsichtigen Bilder, wie sie die Maler aus Caravaggios Schule liebten. Man sieht Lenins großen Schädel über die Hand der Revolution gebeugt, um ihr die Zukunft vorauszusagen, während in einem dunkleren Winkel des Hintergrunds deutlich Wladimir Iljitschs Hand zu erkennen ist, wie sie an der Taille der Dame herumnestelt und ihr die Geldbörse entwendet. Wer wie die chinesischen, jugoslawischen und polnischen Kommunisten tagtäglich mit der Revolution lebte und sich ihren Regeln verschrieben hatte, dem bestätigte die Kubakrise schmerzlich, wie recht Trotzki mit seiner boshaften Feststellung hatte: die UdSSR sei der «große Organisator der Niederlagen».

Die Länder in ihrem Herrschaftsgebiet waren nicht durch Revolutionen unter ihren Einfluß gelangt, die Sowjets hatten sie unter Duldung der Alliierten erobert oder sogar von diesen übernommen. Nicht zur Befreiung dieser Länder diente ihre Sowjetisierung, sondern dazu, sie noch enger an die UdSSR zu binden. Die Parteien, die allein an die Macht gekommen waren, hatten dies nicht nur ohne Hilfe der Sowjetunion bewerkstelligt, sondern trotz deren Vorbehalte oder sogar gegen ihren ausdrücklichen Wunsch. Lang ist die Liste der kommunistischen Parteien, die die UdSSR geopfert oder verraten hat (die kommunistischen Parteien Syriens, Ägyptens, des Iran, des Irak, Griechenlands, Kubas, Indonesiens, Chinas, Jugoslawiens..).

## Die vietnamesischen und karibischen Gegenfeuer

Der Bruch mit China war die sofortige Strafe für die Kubakrise; ihr Ergebnis war er allerdings nicht, denn die Chinesen wußten seit langem vom faustischen Pakt der Sowjets. Bis zu diesem Zeitpunkt hatten sie stillgehalten, wie ein Zeuge, der darauf verzichtet, ein Verbrechen anzuzeigen, weil er die Person in der Hand hat, die er der Polizei ausliefern könnte, und hofft, sie dorthin bringen zu können, wohin er sie haben möchte. Die Kubakrise zerriß den

Schleier und offenbarte die Trennung. Gleichzeitig brachen ungeheure Fliehkräfte den scheinbar so festgefügten Ostblock auf.
Die Jugoslawen waren sich sehr wohl bewußt, wie dringend die
UdSSR ihre Unterstützung brauchte, und setzten durch, daß ihr
«nationaler» Weg zum Sozialismus anerkannt wurde. Darin sahen die Volksdemokratien eine Ermutigung ihrer eigenen Auto-
nomiebestrebungen. Da Anweisungen zur Mäßigung ausblieben
und das chinesische Beispiel sie ermutigte, verstärkten die nationalen Befreiungsbewegungen ihre revolutionären Aktivitäten (in
Afrika, in Lateinamerika und in Asien).

Die drei Jahre, die der Kubakrise folgten, waren durch verzweifelte, pathetische Versuche gekennzeichnet, die zunächst
Chruschtschow und – nach seiner Kaltstellung – die Nachfolger
unternahmen, um die enormen Schäden der Explosion von 1962
zu beseitigen.

Es war eine bedrohliche Krise, die sich innerhalb der kommunistischen Welt abspielte. Und die Sowjets mußten die Hände frei
haben, um sich diesem Problem zuwenden zu können. Deshalb
sorgten sie sofort für Entspannung an der Ost-West-Front. Die
Berlinfrage war in wenigen Wochen erledigt. Nach dem Rückzug
von 1962 hatte es keinen Zweck mehr, so zu tun, als wolle man
mit Demonstrationen der Stärke gegenüber den Vereinigten Staaten ein Fundament legen, auf dem das kommunistische Haus
wiederaufzubauen wäre. Davon ließ sich inzwischen niemand
mehr beeindrucken; solche Maßnahmen hätten lediglich eine
neue Krise heraufbeschworen, zu einem neuen Rückzug geführt
und damit eine noch größere Katastrophe ausgelöst.

Da das Geheimnis enthüllt war und China die UdSSR nicht
mehr unter moralischen Druck setzen konnte, ließ man die Katze
aus dem Sack: Fortan wurde ganz unverblümt von Entspannung
gesprochen. Dank der guten Beziehungen zu den USA konnte sich
die UdSSR nun auf ihr Hauptziel konzentrieren: die erneute Kontrolle der kommunistischen Bewegung durch die Einberufung
einer neuen Weltkonferenz der kommunistischen Parteien.

Doch wenn der Bruch den Sowjets freie Hand ließ, so galt
gleiches auch für die Chinesen. Nichts hinderte sie mehr, sich

offen um die Führung der internationalistischen Bewegung, vor allem in der dritten Welt, zu bemühen. Durch nichts fühlten sie sich noch gehindert, direkt und *ad hominem* die kommunistischen Parteien Frankreichs, Italiens und Indiens anzugreifen, diese Fürsprecher eines friedlichen Weges, die nur auf der Stelle traten, kapitulierten und sich kompromittierten.

Für die Sowjets bestand die dringende Notwendigkeit, diesen Initiativen entgegenzuwirken und die Kommunistische Partei Chinas zu isolieren, das heißt vor allem, ihren Einfluß in der dritten Welt zu unterbinden. Die beiden revolutionären Zentren, denen die Chinesen nach Möglichkeit fernzuhalten waren, hießen Vietnam und Kuba. Beide Länder waren prädestiniert, dem chinesischen Einfluß zu erliegen; nach allen Regeln des dialektischen Denkens durfte man daraus schließen, daß sie auch am besten gerüstet waren, besagtem Einfluß zu widerstehen.

In Kuba zeigte Castros Technik der Machtergreifung – wenn man diese unglaubliche Mischung aus Zufall, Improvisation und Tollkühnheit überhaupt so nennen darf – große Ähnlichkeit mit Maos lange andauerndem Volkskrieg: die gleiche Rolle der ländlichen Massen, die gleichen Guerillamethoden, die gleiche marxistische Ketzerei, die unbekümmert in Abrede stellte, daß die proletarische Revolution auf eine vorhergehende bürgerliche Umgestaltung archaischer Gesellschaften angewiesen sei. Diese Verwandtschaft hätte die Kubaner veranlassen können, sich auf die Seite der Chinesen zu schlagen; genausogut konnte sie aber auch die gegenteilige Wirkung haben und die Kubaner zu der Überzeugung bringen, sie seien nicht schlechter als China gerüstet, die revolutionäre Bewegung in der dritten Welt anzuführen. Der Aktivismus des Argentiniers «Che» Guevara gab den Ausschlag in diese Richtung. Die Umstände erschienen den Kubanern günstig, die Revolution in der dritten Welt zu ihrem Anliegen zu machen. Angesichts des chinesisch-sowjetischen Zerwürfnisses erkannten die Kubaner, daß die Russen ihnen nichts abschlagen konnten, wenn sie Partei für sie ergriffen. Tatsächlich scheuten die Sowjets keine Mühe, sich das Wohlwollen der Kubaner zu sichern. Natürlich hätten sie ihre Zugeständnisse auf wirtschaftlichem Gebiet gerne eingeschränkt, aber sie konnten nicht verhindern, daß ihnen die Kubaner, die für sie im Augenblick lebenswichtig waren, weit mehr abrangen, als ihnen lieb war. Auf seiner Reise nach Moskau wurde Fidel ein sehr günstiges Wirtschaftsabkommen vorgeschlagen. Er willigte ein, tat aber so, als verstünde er Chruschtschow nicht, der ihm nahelegte, den bewaffneten Kampf auf dem lateinamerikanischen Kontinent einzustellen. Fidel dachte nicht daran. Im Dezember 1964 berief er in Havanna einen Kongreß der kommunistischen Parteien Lateinamerikas ein, dem sich die Sowjets eilig anschlossen (drei Monate zuvor war Chruschtschow kaltgestellt worden). In sechs lateinamerikanischen Ländern[9] erklärte dieser Kongreß den revolutionären Krieg für eröffnet. Entsetzt mußte die sowjetische Delegation diese Beschlüsse mittragen. Unter dem Blickwinkel des sowjetisch-chinesischen Zerwürfnisses war der Kongreß in Havanna ein Sieg für die Sowjets: Er brachte eine fast explizite Verurteilung der Kommunistischen Partei Chinas und besiegelte Kubas Eintritt in die sowjetische Einflußsphäre. Doch um diesen Waggon nicht zu verlieren, hatten sich die Russen an einen Zug angehängt, der mit Volldampf und ohne ihnen die geringste Einflußmöglichkeit zu lassen, auf eine Konfrontation mit den Vereinigten Staaten zuraste. Auf der Rednertribüne der Vollversammlung der Vereinten Nationen forderte Che Guevara ein, zwei, drei, zehn Vietnams. Die Sowjets konnten sich nur damit trösten, daß sie sich fraglos für das kleinere von zwei Übeln entschieden hatten: Der Aktivismus Kubas, dieser kleinen Insel mit ihrer Monokultur, abhängig und ohne Waffen, würde sicherlich leichter zu beeinflussen sein als der Chinas mit seiner Milliarde Menschen, seinem Staatschef von historischem Rang und seiner Atombombe.

Das andere Land, das es China zu entwinden galt, war Vietnam. Auch da schienen die Sowjets mit einem Handikap zu beginnen. Ho Chi Minh hatte bei dem Bruch zwischen Moskau und Peking seine Solidarität mit den chinesischen Kommunisten

9 Venezuela, Kolumbien, Guatemala, Paraguay, Haiti und Honduras.

erklärt. Im August 1964, als die Chinesen feierlich verkündeten, daß sie nicht an der in Moskau einberufenen Weltkonferenz der kommunistischen Parteien teilnehmen würden, schlug sich die kommunistische Partei Vietnams auf ihre Seite. Doch wie im Falle Kuba, wenn auch aus anderen Gründen, ließ sich Vietnams Solidarität mit China schwächen, ja rückgängig machen. Ho Chi Minh, dem die Chinesen bei seinem Krieg gegen die Franzosen massiv geholfen hatten, mißtraute seinen mächtigen Nachbarn im Norden. Der jahrhundertealte Gegensatz zwischen Chinesen und Vietnamesen war nicht vergessen. Unter dem Deckmantel der Volksrevolution verfolgte der ehemalige Chef der Vietminh ein nationales Ziel: die Wiedervereinigung eines unabhängigen Vietnam. Nun war China kaum daran interessiert, vor seinen Toren einen so mächtigen Nachbarn erstehen zu sehen, deshalb konnte Ho Chi Minh bei der Eroberung Südvietnams nicht noch einmal mit einer so umfangreichen Hilfe rechnen. In der sowjetisch-chinesischen Trennung sah er die Möglichkeit, seine Entscheidung für eines der Lager – teuer – zu verkaufen. Der Preis für diese Loyalität stand von vornherein fest: Er verlangte die Mittel für den Krieg gegen den Süden.

Die Genfer Abkommen von 1954 mit Frankreich wiesen zahlreiche Grauzonen auf. Nie hatte die Regierung Südvietnams die Idee einer offiziellen Teilung des Landes hingenommen (obwohl sie 1956 von den Russen vorgeschlagen worden war). Diems Politik, vor allem, daß er die versprochenen Wahlen nicht durchführen ließ, der inoffizielle Fortbestand eines «Leopardenfells» im Süden, das heißt zahlreicher Vietminh-Nester mit Kämpfern, die gar nicht daran dachten, aufzugeben – das alles ließ den Krieg erneut aufflammen. Diese innere Entwicklung Südvietnams wurde durch immer massivere Interventionen von außen beschleunigt: Infiltration (von Menschen und Material) aus dem Norden und, ab 1961, Entsendung amerikanischer Truppen zur Unterstützung des Diem-Regimes.

Mit ihrem Entschluß, Nordvietnam bei der Destabilisierung des Südens zu helfen, verbuchten die Sowjets ab 1965 einen Erfolg in ihrer Auseinandersetzung mit China: Die Vietnamesen nahmen eine Haltung strikter Neutralität ein (bevor sie dann auf eine radikal prosowjetische Position umschwenkten). Für die Sowjets war die Hilfe in Vietnam um so vorteilhafter, als sie China doppelt isolierte. Sie schnitt es von einem der prestigeträchtigsten Zentren der Weltrevolution ab und vollendete vor allem die Einkreisung des Landes. Mit der Unterstüzung Indiens, dem Druck auf das chinesische Turkestan (was 1960 zu heftigen Spannungen in Sinkiang führte), der Militarisierung der Grenze zu Rußland an Amur und Ussuri, Moskaus Hilfe für Nordkorea, Taiwans «revanchistischem» Militarismus und dem Eintritt Vietnams in die sowjetische Einflußsphäre wurde die hermetische Einkreisung Chinas besiegelt.

Allerdings mußte die UdSSR diesen Sieg mit einem beträchtlichen Risiko erkaufen: dem nämlich, daß sie wie auf Kuba in einen expansionistischen Prozeß hineingezogen wurde, der sehr rasch zu einer direkten Konfrontation mit den Vereinigten Staaten führen mußte.

Etwas vorschnell hat man daraus geschlossen, die neue russische Führung habe sich für eine neue Linie entschieden und sich diese Konfrontation zum Ziel gesetzt. Man nahm die Sowjets wieder einmal beim Wort, und tatsächlich gaben sie damals entsprechende Erklärungen ab. Doch in Wirklichkeit hatte ihr Verhalten nichts mit dem kalten Krieg und dem westlichen Lager zu tun. Absoluten Vorrang hatte damals für sie das Bemühen, die internationale kommunistische Bewegung nicht unter chinesische Kontrolle geraten zu lassen. Um das zu verhindern, verbündeten sie sich mit den wichtigsten Gegenspielern Kuba und Vietnam. Dabei sahen sie durchaus die Gefahr einer Konfrontation mit den Vereinigten Staaten. Aber war eine solche Konfrontation wirklich so ungünstig für die Sowjets? Es war zu vermuten, daß sie auf periphere (das heißt außerhalb Europas gelegene) Schauplätze beschränkt bliebe und sich eingrenzen ließ. Außerdem hatte man die neuen kubanischen und vietnamesischen Verbündeten natürlich von dem Augenblick an noch besser in der Hand, in dem sie Schwierigkeiten mit den USA bekamen. Die Kontrolle über die ungestümen Freunde war sehr leicht wieder-

zugewinnen, da sie die ungeminderte Wucht des Gegenangriffs –
in erster Linie den der Vereinigten Staaten – auszuhalten hatten.
Mit anderen Worten, die Konfrontation, die die UdSSR damals
angeblich suchte, diente lediglich dazu, die Gelegenheitsverbün-
deten, die sich Rußland gegen China zugelegt hatte, von außen,
das heißt, mit Hilfe der Vereinigten Staaten im Zaum zu halten,
da die UdSSR sie allein nicht zur Vernunft bringen konnte.

Und wie es der in neuer Form wiederauflebende Leninpakt
vorsah, spielten die Vereinigten Staaten mit, halfen der UdSSR
1965 ein drittes Mal in den Sattel und ermöglichten ihr so, sich
wieder die Kontrolle über die internationale kommunistische Bewegung zu sichern.

## Amerikanische Hilfe für den Kommunismus

Seit dem Koreakrieg Anfang der fünfziger Jahre waren die Europäer, diese zynischen Zeitzeugen der Reiche und ihres Zerfalls,
fest davon überzeugt, daß es die angebliche Geschlossenheit des
kommunistischen Ostblocks gar nicht gab. Es war ein symme-
trisches Bild, das dem Westen entgegenkommenderweise von der
UdSSR angeboten wurde, die bestrebt war, die ihr von Truman
angebotene schmeichelhafte Weltgeltung zu bewahren. Doch der
jugoslawische Alleingang von 1949 zeigte die Grenzen dieser
«Einheit». Zwei Jahre später erklärte Eden bereits, die Chinesen
seien «reif für den Titoismus», das heißt für eine aggressive Autonomie gegenüber dem sowjetischen Zentrum. Bereits 1955 gab
Chruschtschow anläßlich eines Besuchs bei Adenauer eine erstaunliche Erklärung ab: «Helfen Sie uns bei unseren Schwierigkeiten mit China.» Noch deutlicher sollten später die russisch-
chinesischen Meinungsverschiedenheiten in den ehemaligen Ko-
lonialgebieten zum Ausdruck kommen, dort, wo die jungen
Länder ihre Staaten gründeten und sich nach Hilfe umsahen. So
konnte Nasser die Einsätze in die Höhe treiben und sich die russisch-chinesischen Meinungsverschiedenheiten zunutze machen.

Wäre die Welt noch nach Churchills oder Metternichs Vorstel-

lung geordnet gewesen, das heißt, wäre sie europäisch geblieben,
dann hätte die westliche Diplomatie versucht, die Streitigkeiten
im kommunistischen Lager auszunutzen, die vielen Zentren gegeneinander auszuspielen, kurzum, mit jenem Gleichgewicht zu
jonglieren, das jahrhundertelang über Glück und Unglück des
europäischen Kontinents entschied. Nun wurde aber der Westen
in diesen Nachkriegsjahren von den Vereinigten Staaten beherrscht, die es hartnäckig ablehnten, sich an diesem Spiel zu
beteiligen.

Für sie würde es immer nur *einen* Kommunismus geben. Das
ideologische Universum, das die Truman-Doktrin abgesteckt hatte, sagte ihnen sehr zu. Sie legten Wert auf die Vorstellung, daß
sich zwei Mächte gegenüberstanden. Allenfalls konnten sie ihrem
Feind, *dem* Kommunismus, zugestehen, daß er jenen Zauberwe-
sen aus der keltischen Sage glich, die verschiedene Erscheinungsformen annehmen konnten, eine Gestalt oder viele, betörend
oder schrecklich, hilfreich oder mörderisch – an deren unheilvol-
lem Charakter aber, unabhängig von ihrem Erscheinungsbild,
kein Zweifel bestand.

Gegen die angebliche Differenziertheit Europas setzten die
Amerikaner eine robuste Vereinfachung, die sich in der Praxis als
höchst zuverlässig erweisen sollte. Hier würden die Sowjets in
Zukunft stets einhaken können. Überzeugt, daß der Kommunismus eine Einheit bildete, trugen die Amerikaner zu diesem Bild
bei. Doch in ihrer Naivität begreifen sie inzwischen nicht, was
sich tatsächlich zugetragen hat und warum das Wunder nicht
darin besteht, daß der Kommunismus zusammengebrochen ist,
sondern daß er so lange überlebt hat. Wie zu befürchten ist, werden die Amerikaner sich noch lange gegen die Einsicht sträuben,
daß sie aktiv an dieser Überlebenshilfe mitgewirkt haben.

Chruschtschows Amerikabesuch im Jahr 1960 war das beste
Beispiel für die teils positiven, teils katastrophalen Auswirkungen
der amerikanischen Unwissenheit im Hinblick auf die wahre Natur des Kommunismus. Dadurch, daß man Chruschtschow in
New York empfing, ihn im Fernsehen verkünden ließ, die Urenkel
der derzeitigen Amerikaner wären gewiß Kommunisten, ihm er-

möglichte, den Todfeind und zugleich den privilegierten Partner des kapitalitischen Systems zu spielen, verlieh man dem abstrakten Gegner der Truman-Doktrin Gestalt und Gesicht. Man verlängerte den Leninpakt, indem man fruchtbare Verhandlungen über Abrüstung und gegenseitige Zusammenarbeit führte, sie aber hinter einer kriegerischen Phraseologie verbarg. Doch man war erstaunt über Chruschtschows Zorn, als zur gleichen Zeit ein U2-Flugzeug über der Barentssee abgeschossen wurde. Warum zeigte sich dieser Teufelskerl einerseits so gutwillig und andererseits so ergrimmt über einen eher belanglosen Vorfall? Die Vereinigten Staaten begriffen einfach nicht, daß der Leninpakt vollkommen geheim bleiben mußte und daß es für einen sowjetischen Staatchef fatal war, wenn er in dem Augenblick, in dem er Zugeständnisse machte, auch noch schwach *erschien*. Die Amerikaner gingen von dem diktatorischen Erscheinungsbild Sowjetrußlands aus und setzten Diktatur mit Einheit und Einheit mit Stärke gleich. Aber trotz ihrer scheinbaren Unstimmigkeiten sind die Demokratien weit stärker und einheitlicher als Diktaturen, die die Heftigkeit des politischen Zwanges uneins macht, zerreißt und schwächt.

Auch nach der Kubakrise begriffen die Vereinigten Staaten noch immer nichts, und diese Blindheit veranlaßte sie zu einem Verhalten, das der Wiederherstellung des Gleichgewichtes äußerst dienlich war.

Kurz nach der sowjetischen Kapitulation in Kuba erwarteten die Amerikaner eine Verschärfung der Spannungen in Europa. Zu ihrem Erstaunen zeichnete sich statt dessen eine rasche Entspannung ab. Da die USA nicht an die Probleme im Inneren des Kommunismus glaubten, übersahen sie, daß Chruschtschow alle seine Kräfte mobilisierte, um ein Auseinanderbrechen der marxistischen Welt zu verhindern. Dann ließ Kennedys Ermordung diese Fragen in den Hintergrund treten. Der verzweifelte Versuch, den die Sowjets 1964 unternahmen, um die Zügel wieder in die Hand zu bekommen, wurde von den Vereinigten Staaten nicht richtig wahrgenommen, da sie die zentralen Ereignisse nicht zur Kenntnis nahmen und sich statt dessen auf periphere Dinge konzentrierten: die Verschärfung der fokalen[10] Kämpfe in Lateinamerika und die wachsende Destabilisierung des Diem-Regimes in Vietnam (ganz zu schweigen von der Instabilität im Kongo). Wenn jemand auf die Unstimmigkeiten innerhalb des kommunistischen Blocks hinwies, konnte man ihm leicht entgegenhalten, was für erwiesen galt: *der* Kommunismus, der angeblich geteilt sein sollte, war noch nie so aktiv und expansionistisch gewesen. Die vermeintliche Entspannung war aus Sicht der Amerikaner nur eine neue Strategie: Der kalte Krieg würde fortan in den Tropen stattfinden. Ohne zu begreifen, daß die Sowjets gegen ihren Willen auf dieses gefährliche Terrain gezogen wurden, schickten die Amerikaner sich an, ihnen entgegenzutreten. Indem sie der Expansion Kubas und Vietnams, der neuen Zwangsverbündeten der UdSSR, Einhalt geboten, lieferten sie sie auf Gedeih und Verderb den Sowjets aus und gestatteten diesen, sie wieder ihrem Einfluß zu unterwerfen. Als die Vereinigten Staaten also 1965 die revolutionären Prozesse überall eindämmten, übernahmen sie die Aufgabe, die dem Pakt zufolge Sache der Sowjets gewesen wäre – diese waren aber momentan nicht in der Lage, diese Aufgabe zu erfüllen. In dem Glauben, die Sowjets zu bestrafen, halfen sie ihnen; in der Absicht, sie zu schwächen, stärkten sie sie.

Diese Episode des kalten Krieges ist von entscheidender Bedeutung. Sie ermöglicht uns das Verständnis eines Prozesses, auf den wir noch ausführlich zurückkommen werden: Die Macht der demokratischen Gesellschaften ist weitgehend *unbewußt*. Nicht aus besonderem Weitblick, jenem Scharfsinn und Zynismus, den totalitäre Gesellschaften unter Beweis stellen müssen, resultiert die Anpassungsfähigkeit demokratischer Politik, vielmehr entspringt sie einer diffusen Intuition, die sie viel sicherer leitet als eine zutreffende Analyse.

1965 erfolgte die amerikanische Reaktion vor allem an zwei Fronten: in Lateinamerika und Südostasien. Die erste Operation

---

10 Fokusse sind revolutionäre Brandherde, die von Che Guevara nach dem Vorbild Kubas gelegt werden.

größeren Umfanges wurde in Santo Domingo durchgeführt, wo die Marines am 29. April 1965 landeten. Es kann nicht die Rede davon sein, daß die Insel das Ziel einer kommunistischen Subversion gewesen wäre. Der Schriftsteller Juan Bosch, der 1962 durch freie Wahlen an die Macht gekommen war, verfolgte Reformabsichten, und seine Auseinandersetzungen mit den Soldaten von Colonel Wessin hatten eher mit den Vorbehalten der konservativen, katholischen und proamerikanischen Kreise zu tun als mit einem Versuch, das Land zu sowjetisieren. Angesichts der offenen Kriegsstimmung, die Castro und Che Guevara mit ihren vollmundigen Erklärungen geschaffen hatten, sahen die Vereinigten Staaten in den Ereignissen von Santo Domingo dennoch eine Gelegenheit, an deren Nutzung sie die Kubaner hindern wollten. Die Entschlossenheit ihrer Reaktion signalisierte den Anfang der amerikanischen *Reconquista* auf dem südlichen Kontinent. Bei diesem Unternehmen war der erklärte Feind *der* Kommunismus, ein verschwommener Begriff, der sowohl die echten Revolutionäre unter Guevaras Führung meinte als auch die «Verdächtigen», die – nach der in den fünfziger Jahren erfundenen und an den guatemaltekischen Obersten Arbenez gerichteten Formel – «wie Kommunisten denken, wie Kommunisten reden und, wenn sie denn keine Kommunisten sind, sich wie solche aufführen, bis die echten Kommunisten kommen»[11]. Aufgrund dieses Prinzips richteten sich die entsprechenden Maßnahmen gegen Brasilien – wo ein Militärputsch Juan Goularts kühne Reformpläne beendet hatte (das heißt, den Versuch, den Sozialismus auf legalem Wege zu verwirklichen) – und gegen Kolumbien und Bolivien, wo Militärregierungen im Dschungel Jagd auf kümmerliche Häufchen von Guerilleros machen (das heißt, sich der Bildung guevaristischer Zentren nach kubanischem Vorbild widersetzten).

Die Heftigkeit dieser Reaktionen gestattete es Moskau, die Hilfe für Castro zu erneuern, allerdings unter der Bedingung, daß

---

11 Äußerung des amerikanischen Botschafters in Guatemala, zitiert bei: André Fontaine, a. a. O., Bd. II, S. 422.

er seine gefährliche Konfrontationspolitik auf dem Kontinent unterließ. Fidel machte Winkelzüge. 1965 verwandelte er seine Partei offiziell in eine kommunistische Partei und inszenierte einen spektakulären Abschied von «Che», den er anscheinend für die sowjetische Hilfe opferte. In den folgenden Jahren sollte er mit dem Zusammenschluß der nationalen Befreiungsorganisationen der dritten Welt in der Trikontinentale einen letzten Versuch unternehmen. Doch in dem Maße, wie sich die amerikanische Gegenreaktion verschärfte, wuchs seine Abhängigkeit von Moskau. Jeder Schlag, der gegen die fokistische Guerilla geführt wurde, schwächte ihn. Als Guevara am 8. Oktober 1967 ermordet wurde, «triumphierten die argentinischen Kommunisten, die Fidel stets kritisiert hatten, und die *Prawda* öffnete ihnen ihre Spalten. Nun hatten die kommunistischen Parteien des Kontinents, die einen Augenblick gezögert hatten, welche Linie sie befolgen sollten, keinen Zweifel mehr daran, daß es die der UdSSR sein müsse. Dieser Entschluß war um so bedeutsamer, als die UdSSR im Begriff stand, mit einer Reihe von Staaten aus dieser Hemisphäre, unter anderem Kolumbien, Venezuela und sogar Bolivien, die die Guerillabewegung unbarmherzig unterdrückten, wieder wirtschaftliche und sogar diplomatische Beziehungen aufzunehmen.»[12] Von dieser Seite her kamen die Dinge wieder in Ordnung. Der Leninpakt gewann die alte Geltung zurück. Erneut nahmen die fügsamen kommunistischen Parteien den Verrat ihrer Schutzmacht hin. Der richtig verstandene Internationalismus feierte fröhliche Urständ: Die Sowjets spielten die Kubaner gegen die Chinesen, dann die Amerikaner gegen die Kubaner aus, sicherten sich auf diese Weise wieder die Kontrolle über die Revolte und spannten sie vor ihren Karren.

Wie vorteilhaft sich die Beseitigung des Guevarismus auswirkte, spürte man bis nach Afrika, denn die Situation im Kongo wurde durch die kubanische Hilfe vergiftet. Che selbst war gekommen, um in dieser Region ein neues Vietnam zu entfachen. Ab 1965 war keine Rede mehr davon, und Leutnant Mobutu, ein

12 André Fontaine, a. a. O., Bd. III, S. 279.

Vertrauter der CIA, übernahm entschlossen die Kontrolle des Landes.

Das andere große Manövrierfeld der USA war im Jahre 1965 Asien. Die blutige Niederschlagung des kommunistischen Aufstands in Indonesien war ein harter Schlag für China. Die Kommunistische Partei Indonesiens war eine seiner wichtigsten – und letzten – Stützen in Asien. Für die Sowjets war das ein höchst erfreuliches Ereignis. Doch die direkte Intervention der Vereinigten Staaten fand natürlich in Vietnam statt. Seit Ende 1963 und seit Diems Ermordung – der im Verdacht stand, ein Arrangement mit dem Norden anzustreben – dokumentierten die Vereinigten Staaten ihre feste Absicht, dem Druck Nordvietnams entgegenzuwirken. Sie machten daraus einen exemplarischen Fall der Dominotheorie, das heißt der allmählichen Expansion des kommunistischen Blocks. Daß statt dessen die Implosion der kontinentalen Kommunisten das entscheidende Ereignis sein könnte, welches der lange Zeit eingedämmten nationalistischen Lava Nordvietnams Gelegenheit gab, sich unkontrolliert Bahn zu brechen, kam den Vereinigten Staaten gar nicht in den Sinn. Für die sowjetische Strategie war nichts günstiger als diese Blindheit und Entschlossenheit der USA. Es ist durchaus denkbar, daß die Russen ihre schwerwiegende Entscheidung, die Vietnamesen bei ihrer Aggression gegen den Süden zu unterstützen, nur getroffen haben, weil sie sicher waren, daß die Vereinigten Staaten dieser Expansion rigoros Einhalt gebieten würden. Der offizielle Kriegseintritt der Vereinigten Staaten im Jahre 1965 ermöglichte es den Sowjets, den vietnamesischen Verbündeten fest in den Griff zu bekommen. Sie dosierten ihre Hilfe so, daß sie auf keinen Fall in den Krieg gegen die Amerikaner hineingezogen werden konnten.

Mehr noch als Kubas Neutralisierung war der Vietnamkrieg ein ungeheurer Erfolg für die Sowjets, wobei es kaum eine Rolle spielte, ob er gewonnen oder verloren wurde.

In den Augen der Welt war der Vietnamkrieg ein Meilenstein innerhalb der revolutionären Expansion. Die UdSSR konnte geltend machen, daß sie wieder das Zentrum des antiimperialisti-

schen Kampfes war. All denen, die innerhalb der kommunistischen Parteien des Westens daran zweifeln mochten, die in
Mitteleuropa unter dem Joch der sowjetischen Herrschaft stöhn-
ten, denen China lieber gewesen wäre, führte der Vietnamkrieg
vor Augen, daß die Sowjetunion das einzige Zentrum, die einzige
Heimat des Sozialismus war und daß die Opfer, die sie verlangte,
den Gefahren entsprachen, denen sie sich ausgesetzt sah. Die
Wundmale des vietnamesischen Volkes, der Welt dargeboten,
brachte alle zum Schweigen, die irgendwo kämpften und sich im
Stich gelassen fühlten. Die Entschlossenheit, mit der die UdSSR
die Vietnamesen zum Krieg gegen die Vereinigten Staaten ermutigte, ließ ihre Unfähigkeit, ihn 1962 selbst zu führen, in Vergessenheit geraten.


## Lokaler Krieg, globaler Friede

Das Vietnam-Jahrzehnt (1965–1975) war eine Zeit des Gleichgewichts zwischen der liberalen Kultur und dem sowjetischen
Feind. Der Krieg in Indochina, den man im allgemeinen als Beweis für das kommunistische Expansionsbestreben, als eine De-
stabilisierungsbewegung wertete, bedeutete in Wirklichkeit die
endgültige Rückkehr zum leninistischen Pakt.

Mit dem internationalen Rückzug Chinas, das ab 1966 in die
Unruhen der Kulturrevolution hineingezogen wurde, verabschie-
dete sich der Hauptfeind der Sowjets. Unter der Tarnkappe
revolutionärer Tugend, die der Vietnamkrieg lieferte, konnte die
UdSSR die Rolle erfüllen, die der Westen von ihr erwartete und
für die sie endlich die Dividenden einzustreichen hoffte – und
zwar auf zwei Gebieten: einerseits über die Anerkennung des
Status quo in den jeweiligen Einflußzonen der beiden Großen,
insbesondere in Europa; andererseits über eine verstärkte und
institutionalisierte Zusammenarbeit und eine Verlangsamung
des Rüstungswettlaufs.

Fortan konnte die UdSSR ihre Politik auf neue Grundlagen
stellen: Aufgabe aller revolutionären Ansprüche, gegenseitige

Respektierung der Einflußzonen und vor allem Verständigung und direkte Zusammenarbeit mit dem Imperialismus. Es war die Zeit der militärischen Interventionen in der Tschechoslowakei und in Chile, in der jeder auf seinem Hinterhof dem Gesetz Geltung verschaffte. Es war die Zeit der Handelsabkommen zwischen der UdSSR und den Vereinigten Staaten (Getreidekäufe, lizenzierte Produktion von Pepsi Cola). Es war die Zeit, in der die UdSSR ihren Druck auf den Mittleren Osten lockerte, ein wenig im Sechs-Tage-Krieg zu intervenieren versuchte und die freundschaftlichen Bande zu Ägypten und Indien erneuerte. Vergessen war der antiimperialistische Eifer Kubas oder Chinas. Unter den ehemaligen Kolonialvölkern suchte man sich diejenigen aus, für die man Sympathien hatte – seit Szklarska Poreba waren es fast immer dieselben. Und es war die Zeit, in der all das Gestalt annehmen, festgeschrieben und eines Tages vielleicht sogar unterzeichnet werden konnte. Abrüstung, Anerkennung des Status quo, Handelsbeziehungen und, damit alles seine Ordnung hatte, auch die Menschenrechte standen auf dem Programm der außerordentlich umfangreichen Verhandlungen von Helsinki. Man hat sich darüber gewundert, daß das Abkommen über Sicherheit und Zusammenarbeit, das die Konferenz von Helsinki eröffnete, 1972 unterzeichnet wurde, zu einem Zeitpunkt, als die Amerikaner die Bombardierung Nordvietnams gerade wiederaufgenommen hatten. Dabei war dieser neuerliche sowjetische Verrat völlig logisch. Notwendig war die Unterstützung Vietnams in der kritischen Zeit, als China die UdSSR an der Spitze der kommunistischen Bewegung abzulösen drohte. Als diese Gefahr beseitigt war, hatten sich die Sowjets eines Feindes entledigt, aber sie standen vor der Aufgabe, ihr internationalistisches Netz gründlich zu reparieren. Die Zwistigkeiten hatten Spuren im ehemaligen Block hinterlassen. Mehr denn je war es erforderlich, sich das Erreichte in irgendeiner Weise von außen bestätigen zu lassen, und das hieß, den Leninpakt durch ein offizielles internationales Abkommen zu besiegeln. Anscheinend belastete der Vietnamkrieg die Ost-West-Beziehungen und scharte beide Lager eng um die jeweilige Großmacht. Doch da dieser Krieg beiden eine vollkommene ideologische Absolution erteilte, bot er die historische Gelegenheit, zu einem Abkommen zu gelangen.

Der Krieg und die Ost-West-Verhandlungen waren also nicht unvereinbar, sondern die zwei Seiten der gleichen Medaille.

Die amerikanische Hartnäckigkeit, im Kommunismus eine unteilbare, dämonische und geschlossene Macht zu sehen, hatte diesen schließlich zu dem werden lassen, was die USA in ihm sehen wollten. Endlich erfüllte sich die Truman-Doktrin, die sich pragmatisch gegeben hatte, aber in Wirklichkeit eine Prophezeiung war. 1975 standen sich zwei festgefügte Welten samt Einflußsphären gegenüber, die durch klare Grenzen und einige Mauern (in Berlin und Korea) voneinander geschieden waren. Ihre Feindseligkeit brauchten sie nicht mehr unter Beweis zu stellen, und wenn das doch in regelmäßigen Abständen notwendig wurde, besorgten es schriftstellernde Dissidenten aus dem Osten mit ergreifenden literarischen Schilderungen.

Die Unbeweglichkeit der Ost-West-Positionen resultierte lediglich daraus, daß sich zwei gewaltige Bewegungen, angeblich um die Welt zu erobern, zum Schein gegeneinander richteten. Doch in dem Bewußtsein, daß das Gleichgewicht der beiden Systeme fortan auf dem Widerstand beruhte, den jedes dem Gegner entgegenbrachte, trugen sie Sorge, die Kräfte des anderen nicht über Gebühr zu beanspruchen. Helsinki war die Hoffnung, dieses Gleichgewicht der Konfrontation festzuschreiben, bis hin zur exakten Menge des Getreides, das der Westen den Sowjets verkaufen mußte, damit diese eine hinreichende Bedrohung blieben.

Doch leider verpatzt die Geschichte so manches Rendezvous. So nützlich Vietnam für die Sowjets gewesen war, so fatal wurde es für die Vereinigten Staaten. Plötzlich verließ sie die antikommunistische Überzeugung. In welchem Maße die Kriegsbegeisterung und der manichäische Idealismus der Amerikaner seit dem Zweiten Weltkrieg das Erscheinungsbild der Welt prägten und wie geschickt sie den sowjetischen Zündstoff für die Interessen der liberalen Kultur zu nutzen wußten, zeigt sich am klarsten in den katastrophalen Folgen ihres Rückzugs und Ausstiegs in dem

Augenblick, als der Vietnamkrieg endete, als die UdSSR ihre Geschäfte wieder selbst in die Hände nahm und ihre Konkurrenten an die Wand spielte, kurzum, als der vollständigen Verwirklichung des Leninpaktes und seiner friedlichen Bemühungen nichts mehr im Weg zu stehen schien.

# IV
# 1975, Das zerbrochene Spielzeug

In dem mythischen Park Locus Solus offenbarte Professor Canterel, Held des Romans von Raymond Roussel, seinen verblüfften Gästen die Geheimnisse von Vitalium und Resurrectin. Durch geeignete Anwendung der beiden von ihm erfundenen Stoffe gelang es ihm, einen Leichnam wiederzubeleben und ihm ein künstliches Leben einzuflößen. «Infolge einer seltsamen Wiedererweckung des Gedächtnisses reproduzierte dieses bald mit absoluter Genauigkeit die kleinsten Bewegungen, die er in bestimmten entscheidenden Augenblicken seines Daseins ausgeführt hatte; dann wiederholte er pausenlos für unabsehbare Zeit die unveränderliche Reihe von Handlungen und Gebärden, die er ein für allemal gewählt hatte. Und die Illusion des Lebens war vollkommen.»[1]

Die Geschichte der letzten zwanzig Jahre sowjetischer Apokalypse ist voller Aufregung und Schrecken, reicher an Ereignissen, Vorstößen, heftigen Kontroversen als das vorangehende halbe Jahrhundert. Und trotzdem, kurz vor dem Zusammenbruch des Kommunismus klingen diese letzten Äußerungen des Ost-West-Gegensatzes falscher denn je: Sie sind die durch Vitalium und Resurrectin hervorgerufene Wiederholung der alten apokalyptischen Komödie. Die Illusion von Leben ist fast vollkommen, aber der Kommunismus ist bereits tot. Zwar bewegt er sich noch, aber es ist künstliches Leben.

Wir haben die Auseinandersetzungen der UdSSR mit ihren Konkurrenten verfolgt, in derselben Zeit erfuhren die Gesell-

[1] R. Roussel, *Locus Solus*, Suhrkamp, Frankfurt 1968, S. 149.

schaften des Westens einen tiefgreifenden Wandel. In ihnen veränderte die Revolte allmählich ihren Charakter und ließ sich nicht mehr in das zunehmend archaischer und konformistischer werdende Programm der kommunistischen Parteien einbinden. In dem Augenblick, als die UdSSR wieder allein die Führung des kommunistischen Netzwerks übernahm, begann die Revolte sich ihr an der Basis zu entfremden. Die Ideologie der Apokalypse, die von Churchill bis Truman ermöglicht hatte, die liberale Kultur in der Auseinandersetzung mit dem sowjetischen Feind zusammenzuschweißen, hatte zur Vorbedingung, daß dieser Feind zugleich innerlich und äußerlich war. Die UdSSR war nicht nur eine aggressive Macht, sondern auch das angebliche Zentrum der Weltrevolution, das heißt, das Zentrum der radikalsten Negation demokratischer Prinzipien. Als sie diese Eigenschaft verlor, wurde sie trivial, ein Feind, der mehr oder weniger wie jeder andere war. Ganz gleich, wie hoch man Vitalium und Resurrectin dosiert, es ändert sich nichts: Der Gegner ist nicht mehr angemessen. Die Revolte, das heißt die Bedrohung der liberalen Kultur, mußte eine andere Gestalt annehmen, andere Feinde auf den Plan rufen und neue Apokalypsen hervorbringen, um sich zu legitimieren. Nachdem die Demokratien der bolschewistischen Bedrohung dreimal zu erneuter Geltung verholfen hatten, mußten sie sich ihrer entledigen, um für neue Formen der Apokalypse Platz zu schaffen. Die Zeit des alten marxistischen Partners war abgelaufen, und nach einigen vergeblichen Versuchen, ihn wiederzubeleben, mußte man sich endgültig entschließen, ihn zu beerdigen. Die Beisetzung sollte fünfzehn Jahre dauern.

## Die traurigen Reize des alternden Kommunismus

Anfang der siebziger Jahre hatte der Marxismus in seiner sowjetischen Version nicht mehr allzu viele Argumente, um zu verführen. Zehn Jahre zuvor präsentierte sich der Chruschtschowismus noch als ein Kommunismus des Überflusses und der Leistung. «Ein- und überholen» war das Motto dieses modernisierten Bolschewismus, der mehr Wert auf die Elektrifizierung als auf die Sowjets legte. 1959 hatte Chruschtschows Besuch starken Eindruck auf die Amerikaner gemacht, und ohne seinen dialektischen Reizen zu erliegen, ließen sich die Amerikaner vielfach davon überzeugen, daß sich die beiden Systeme «auf ein neues Modell der fortschrittlichen oder postindustriellen Gesellschaft zubewegten, aus dem eine neue und fortschrittliche Gesellschaftsordnung entstehen würde»[2].

Zehn Jahre später lagen die Beweise auf dem Tisch: Die UdSSR hatte die Vereinigten Staaten nicht eingeholt, und die angekündigte Umgestaltung der Wirtschaft hatte nicht stattgefunden. Die katastrophale Lage der Landwirtschaft zwang die sowjetische Führung zu massiven Getreidekäufen bei den Amerikanern. Dieser Mißerfolg wog schwer. Wie immer man dazu stehen mochte, Lenin und Stalin hatten ihr Versprechen gehalten: Der erste hatte den Bürgerkrieg beendet und die kommunistische Revolution durchgesetzt; der zweite hatte es verstanden, sich mit dem Sieg über den Nationalismus zu schmücken und durch Methoden, die zwar totalitär, aber wirksam waren, ein wirtschaftliches und militärisches Machtinstrument von globalen Ausmaßen zu schaffen. Dagegen hatte Chruschtschow viel versprochen und nichts gehalten. Seine Nachfolger verstanden es nicht besser, begnügten sich aber damit, weniger zu versprechen. Als Gesellschaftsmodell hatte der Kommunismus viel von seiner Attraktivität eingebüßt. Quantitativ hatte die sowjetische Wirtschaft trotz ständiger statistischer Verrenkungen mittelmäßige, um nicht zu sagen katastrophale Ergebnisse erzielt. Qualitativ blieb sie auch weiterhin durch die stalinistisch diktatorischen Methoden geprägt, die zwar weniger scheinheilig, aber mit gleicher Brutalität angewandt wurden.

Auch als revolutionäre Hoffnung verlor der Kommunismus erheblich an Boden. Die lange Stabilitäts- und Wachstumsperiode, die der kalte Krieg erlaubt hatte, bewirkte eine rasche und tiefgreifende Umgestaltung der liberalen Gesellschaften, beson-

2 W. Pfaff, a. a. O., S. 18.

ders in Westeuropa. Auch in diesem Zusammenhang erwies sich
der Kommunismus in doppelter Hinsicht als nützlich. Von außen
ermöglichte die bolschewistische Bedrohung den defensiven Zusammenschluß der liberalen Gesellschaft, eine Fortsetzung der
gemeinsamen militärischen Anstrengungen des Zweiten Weltkrieges. Im Inneren bündelte und steuerte die kommunistische
Partei die gesellschaftliche Revolte und diente letztlich als Inte-
grationsinstrument. Doch gerade seine Erfolge auf diesem Gebiet
höhlten nach und nach die Funktion aus, die der Kommunismus
für den Westen hatte: Während der dreißig glorreichen Jahre wurde die Rekrutierung politischer Aktivisten zunehmend erschwert,
da sich Lebensstil, Konsum, zwischenmenschliche Beziehungen
und Arbeitsbedingungen grundlegend veränderten. In dem «wissenschaftlichen» Spiegel, den ihnen der Marxismus vorhielt,
erkannten sich die neuen Gesellschaften immer weniger: Wo blieb
der Klassenkampf in einer Gesellschaft, die durch Hypertrophie
der Mittelschicht[3] (mittlere und untere Angestellte) statt der alten, voneinander abgegrenzten «Klassen» (Arbeiter, Bauern, kleine Gewerbetreibende) nur noch eine einzige Klasse aufwies? Wo
blieb das Proletariat in einer Welt von Angestellten? Wie sollte
man Menschen für die Revolution begeistern, die Besitz hatten,
wenig zwar, für die dieses wenige aber alles bedeutete? Sie waren
eher bereit, ihn zu verteidigen, um ihn zu bewahren, als ihn aufs
Spiel zu setzen, um ihn zu mehren.

In der Zwickmühle zwischen zwei Unmöglichkeiten – derjenigen, sich in einer Gesellschaft revolutionär zu geben, die kein
revolutionäres Potential mehr besaß, und derjenigen, sich zu der
eigenen integrativen Rolle in einem Augenblick zu bekennen, in
dem diese Rolle gerade durch die Forderungen anderer Protestbewegungen kanalisiert wurde – haben die kommunistischen
Parteien Europas ihren unvermeidlichen Rückzug angetreten.

---

3 Zum Unterschied zwischen Unterschicht *(constellation populaire)* und
Mittelschicht *(constellation centrale)* vgl. H. Mendras, *La Seconde Révolu-
tion française*, Bibliothèque des Sciences humaines, Gallimard, Paris 1988,
S. 49 ff.

Weit entfernt davon, die Energien der Revolte an sich binden zu können, haben sie sich zum Werkzeug des sozialen Konformismus und des individuellen Aufstiegs gemacht. Es ging weniger um Revolution als um soziale Revanche. So war das Leben der kommunistischen Zelle in Frankreich allmählich in den Riten eines kleinbürgerlichen Rotary-Clubs erstarrt: Die sterilen Schimpfkanonaden gegen das Großkapital und die Vereinigten Staaten verbanden sich mit einer immer surrealistischeren Verherrlichung der sowjetischen Heimat und der Weltrevolution. Während die kommunistischen Parteien sklerotischer und konservativer wurden – besonders auf dem Gebiet der Moral –, erlebte die gesellschaftliche Revolte einen neuen Aufschwung, der sich in der großen moralischen und politischen Krise vom Mai 1968 äußern sollte. In den «Überflußgesellschaften»[4], die ein hohes Maß an institutioneller Stabilität, materieller Entwicklung und an Aufstiegschancen erreicht hatten, wirkte der Protest nach bolschewistischem Strickmuster immer altväterlicher. Seine Fortschrittsgläubigkeit, die Überbewertung des Staates und kollektiver Strukturen standen im Gegensatz zu den neuen Tendenzen: der Betonung des Individuums, dem Mißtrauen gegen die Anhäufung materieller Güter, der Erkenntnis, daß eine Umkehr notwendig sei, gegen den Strom der Geschichte, zu den vergessenen Werten der traditionellen Überlieferungen, der Natur, der Verwurzelung.

Gegen die kommunistische Forderung nach dem «Mehr» setzten die neuen Rebellen, Kinder der dreißig glorreichen Jahre, ihren Wunsch nach dem «Besser». Der Trumansche (oder Schdanowsche) Gegensatz der beiden Systeme wird ab 1968 durch den Widerstand des Individuums gegen alle staatlichen Formen der Konditionierung und Repression ersetzt. Betrachtet man die Ereignisse im Quartier Latin im Mai 1968 bis hin zu denen auf den Prager Straßen im August desselben Jahres, so haben sie im Grunde genommen nichts gemeinsam – zumindest hätte das ein

---

4 Dies die übliche deutsche Übersetzung des Begriffs *affluent society* von J. K. Galbraith.

Marxist behauptet. Im Westen wurden sie jedoch als Äußerungsformen der gleichen Repression wahrgenommen – ausgeübt von staatlichen Organen gegen die Freiheit des einzelnen. Die angekündigte Konvergenz war zustande gekommen – zwischen einem Amerika, welches das bewaffnete Volk der Vietnamesen bombardierte, und einer UdSSR, die tschechische Zivilisten umbrachte. «Niederknüppeln und einsperren» war zur gemeinsamen Parole dieser Barbarei mit menschlichem Gesicht geworden.[5] So endete der Wettstreit der Systeme unentschieden.

## Von der (disziplinären) Revolution zur (spontanen) Befreiung

Der Mißkredit, in den die kommunistischen Parteien Europas geraten waren, hatte sich durch die Streitigkeit der UdSSR mit den anderen Anwärtern auf die Führung der internationalen kommunistischen Bewegung vertieft. Die von China oder Kuba vorgetragenen «antiimperialistischen» Themen hatten das bis dahin vom sowjetischen Kommunismus beanspruchte Monopol auf die Revolte in den entwickelten Ländern in Frage gestellt. Ende der sechziger Jahre wurde die Faszination, die das Guevara-Epos oder China auf die Jugend im Westen ausübten, fast körperlich greifbar. Von der Sklerose der greisen Autokraten im Kreml, dem Gerümpel ihrer alten Revolution und ihren verwitterten Gesichtern, in denen sich die Spuren ihrer zahllosen Treulosigkeiten und Verbrechen abzuzeichnen schienen, hob sich deutlich Che Guevaras schwärmerisches, fiebriges Gesicht und die heitere Ruhe des Großen Steuermanns ab, dem die Geschichte vielleicht nicht die Unschuld, aber jedenfalls die Haut eines Neugeborenen gelassen hatte. Das begeisternde Bild der tanzenden und singenden Roten Garden oder des *Barbudo* im üppigen Dschungel Südamerikas mit der schwarzen Baskenmütze, die ein einziger Stern ziert, ersetzte die grauen Schatten der Aktivisten, die an Örtlichkeiten

---

5 Nach dem Titel des berühmten Buchs von Bernard-Henri Lévy.

von schauderhafter Tristesse damit beschäftigt waren, ihre finsteren Flugblätter zu drucken.

Der Tod durch eine Kugel, unwahrscheinlicher als jemals zuvor, erschien einer Jugend wunderbar, die bis dahin nur an der Langeweile zugrunde zu gehen drohte.

Doch wenn China auch genug Einfluß hatte, das revolutionäre Prestige der UdSSR ein bißchen mehr zu beschädigen, so hatte es andererseits nicht genügend Energie, möglicherweise auch nicht genügend Mittel und vor allem keine Zeit, um auf diesen Ruinen ein anderes Weltnetz zu errichten. Von diesen destruktiven Konfrontationen blieben nur einige pittoreske Themen, Bilder und Mythen übrig, die sich mit den romantischen und anarchischen Bildern und Mythen des Mai 68 vermischten und sich weder organisieren noch bändigen ließen.

In dem Maße, wie die UdSSR die «peripheren» kommunistischen Bewegungen ihrem Einfluß unterwarf, verloren die Themen des Antiimperialismus und der dritten Welt ihren heroischen, epischen Anstrich. Castro ohne Che Guevara, ein Castro, der sowjetisiert und satellisiert war, mochte seine olivgrüne Uniform und seine Zigarre behalten – die Accessoires dienten bestenfalls noch als Reliquien, schlimmstenfalls als Verkleidung.

Vergebens mühte sich die UdSSR, verlorenen Boden wiederzugewinnen und mit Hilfe des internationalistischen Instrumentes seine Konkurrenten auszuschalten – das Problem hatte sich längst verlagert. In Frage gestellt wurde Anfang der siebziger Jahre der Grundgedanke – daß es darum gehe, die Revolte zu organisieren –, die durch und durch leninistische Vorstellung, die Revolution müsse genauso strukturiert sein wie die Gesellschaft, die zu stürzen sie beabsichtige. Aufgabe der Partei war es, dem rebellischen Aufbegehren, dem Abscheu, der Verzweiflung und der Gewalt eine Richtung, einen vernünftigen Willen und eine Ordnung vorzugeben. Nach 1917, und noch stärker nach dem Scheitern der Spartakisten im Jahre 1919, hatte man diese Idee als außerordentlich befreiend empfunden. Dank dieser Ordnung konnte der Mensch in der Revolte hoffen, etwas anderes zu er-

reichen als einen ephemeren Bauernaufstand, eine kurzlebige
Pariser Kommune. Dank dieser Ordnung, dieser Unterwerfung
unter die Partei, ihre Richtung, ihre Zentrale konnte er siegen und
dem Sozialismus Dauer verleihen. Dabei ging es nicht nur um den
Gehorsam des Aktivisten gegenüber dem Kader, sondern auch
um den Gehorsam der nationalen kommunistischen Parteien gegenüber der Moskauer Zentrale. Entscheidend war die Unterwerfung als Grundprinzip des Handelns. Aus diesem Prinzip ergab
sich das ganze Geflecht der Beziehungen in der kommunistischen
Bewegung – des Aktivisten zu seinem Kader, des Kaders zu seiner
Leitung, der Leitung zur internationalen Bewegung. Solange dieses Prinzip der Unterwerfung akzeptiert wurde, konnte die kommunistische Ordnung durch nichts in Frage gestellt werden. Die
Niederschlagung der Aufstände in Berlin oder in Budapest, die
Enthüllung der stalinistischen Verbrechen oder der wirtschaftlichen Schwierigkeiten der UdSSR vermochten allenfalls entrüste-
tes Umdenken bei einigen Intellektuellen auszulösen, die der
Partei schon lange suspekt waren, weil sie die bedingungslose
Unterwerfung verweigerten. Doch die weitaus meisten Aktivisten
blieben weiterhin «willfährige Funktionäre mit begrenzter Initiative, daran gewöhnt, ihre domestizierten Gesichter in den Augen
der Genossen zu erblicken, ihrer selbst sicher, völlig sicher, daß
sie am Grunde ihrer Seele, festgefügt wie einen Block, den Willen
der Partei finden würden»[6].

Der Mißkredit, in den der Kommunismus nach der Invasion in
der Tschechoslowakei geriet, war sehr viel größer. Nicht weil das
Ereignis schwerwiegender war, auch nicht, weil es genauer do-
kumentiert wurde, sondern weil in einem langsamen Wandel der
Gesellschaft und des Denkens der Wunsch herangereift war, die
Ketten der Unterwerfung zu zerbrechen. Seit fünfzig Jahren hatten die kommunistischen Parteien ihre Anhänger auf der Stelle
treten lassen, so daß diese schließlich nicht mehr glauben konnten, was Lenin einst bewiesen hatte: Für sie war die Organisation
kein Mittel mehr, um den Sieg zu sichern, sondern eines, um die

---

6 J.-P. Sartre, Vorwort zu *Portrait de l'aventurier* von Roger Stéphane.

Niederlage vorzubereiten. Nur wer ungehorsam gewesen war, hatte gesiegt oder zumindest Hoffnung geweckt. Ein halbes Jahrhundert nach ihrem Tod triumphierte Rosa Luxemburg: Die «schöpferische Phantasie» der Massen brachte Fidel und Che hervor. Die Gewalt, die Revolte, die Aktion hatten zum Ziel, das Individuum zu befreien, nicht, es einer neuen Ordnung zu unterwerfen, selbst wenn es für das revolutionäre Vorhaben notwendig sein mochte.

Sobald diese Kette der Unterwerfung zerbrochen war, zerfiel das ganze leninistische System zur Kanalisierung der Gewalt. Die Verwandlung des Aktivisten in einen friedlichen Funktionär, die Beschneidung seiner Eigeninitiative, sein Gehorsam gegenüber dem Willen der Partei wurden unerträglich. Es zeigte sich, daß dieser Aktivismus lediglich die Karikatur der Ordnung war, die er abschaffen wollte. Die Unterwerfung der Tschechoslowakei unter das Moskauer Diktat war nur ein weiteres Glied der immer gleichen bolschewistischen Kette. Der Vorgang war nicht an sich unerträglich, aber die Kette, zu der er gehörte, war zerbrochen. Die sozialistische Ordnung wurde nicht mehr als Erscheinungsform des Sozialismus, sondern als eine Manifestation der Ordnung empfunden, das heißt, als die symmetrische Reproduktion der imperialistischen Ordnung.

Solange der marxistische Feudalismus herrschte, der den Aktivisten dem Kader, den Kader der Partei und die Partei Moskau unterordnete, erschien es normal, daß auch Ungarn sich der UdSSR unterwarf. Doch in dem Augenblick, als sich der Gehorsam des Aktivisten dem Kader gegenüber nicht mehr von allein verstand, als die Revolte zu einem individuellen Aufbegehren wurde, waren die in Prag einrollenden Panzer nicht mehr zu ertragen.

Ende der sechziger Jahre begann sich die Revolte allmählich als Widerstand des Individuums gegen die Machtsysteme zu manifestieren. Im Gegensatz zur leninistischen Befreiung, die Geduld, Disziplin und Einigkeit verlangte, war diese Befreiung unmittelbarer, spontaner und farbiger. Die Unterdrückung, die es zu bekämpfen galt, war nicht mehr die der Ochrana gegen die Proletarier, sondern die unbewußte Unterdrückung der in Systemen organisierten Menschen gegen die Natur und die primitiven Kulturen. Kurzum, es galt nicht, einen abstrakten Menschen zu befreien, indem man ihn an eine Partei kettete, die von ihm verlangte, auf alles zu verzichten, was ihm an Besonderem und Irrationalem geblieben war, sondern es galt, die Menschen von allem, auch sich selbst, zu befreien.

So litt die kommunistische Revolte unter einer doppelten Ausblutung: Die eine zehrte die Partei von rechts aus, durch die Mitglieder, die sich (nach dem alten integrationistischen Schema) den Sozialdemokraten anschlossen, die andere von links, durch diejenigen, die sich auf die vielfach verzweigten Wege der Suche nach dem Ich und dem radikalen Bruch begaben – Wege, die sich, wie wir später sehen werden, als postmarxistische Apokalypsen manifestierten.

Auch für die westlichen Regierungen erschien zu dieser Zeit der Kommunismus nicht mehr als der einzige und noch nicht einmal mehr als der wichtigste innere Feind. Nur noch ein Merkmal unterschied ihn von den anderen Gefahren, die der liberalen Kultur zu drohen schienen – seine ungewöhnliche außenpolitische Stärke, verkörpert in der Hochrüstung der Sowjetunion. Aber auch in dieser Hinsicht entsprach er kaum noch dem äußeren Feindbild, das sich die westlichen Nationen und vor allem die Vereinigten Staaten wünschten.

## Der wirkliche Krieg – ein schlechtes Geschäft

Zu Trumans Zeit war der sowjetische Feind bequem, weil er hochgradig virtuell war. Die Wirkung der Atombombe ersetzte den Krieg zu Lande – und dank ihres Abschreckungseffektes den Krieg überhaupt. Doch die Alles-oder-nichts-Spiele von Foster Dulles endeten, als die Vereinigten Staaten die nukleare Überlegenheit verloren. Nach der Theorie der *flexible response* konnte die Konfrontation auf der ersten Stufe wieder konventionell werden, das heißt Menschen töten. Als sich 1962 nach dem sowjetisch-chinesischen Zerwürfnis die «Bedrohung» in die peripheren Regionen der südlichen Hemisphäre verlagerte, bestand der «Kampf gegen die Subversion» in der Entsendung von Expeditionscorps. Mit dem Vietnamkrieg wurden die Vereinigten Staaten durch diese Politik in eine Auseinandersetzung hineingezogen, die ungeheure Menschenopfer von ihnen forderte, während die nächste Stufe (die atomare Konfrontation) nie in Reichweite kam. Mit anderen Worten, zu Trumans Zeiten war die Eindämmung des äußeren sowjetischen Feindes eine rein technologische Angelegenheit; das Spiel hatte Ähnlichkeit mit einer intensiven, aber friedlichen Schachpartie. Unter Johnson und Nixon wurde der Versuch, den Feind am Vordringen zu hindern, zu einer rein konventionellen Aufgabe. Vergessen waren die klaren, aseptischen Verhältnisse des Schachbretts; die neue Partie spielte sich auf dem schlammigen Boden eines Rugbyfeldes ab.

Ende der sechziger Jahre überstieg diese Entwicklung für den Westen und insbesondere die Vereinigten Staaten alle zumutbaren Grenzen. So vorteilhaft sich der imaginäre Krieg für die harmonische Entwicklung der westlichen Staaten erwiesen hatte, so nachteilig war der wirkliche Krieg.

Der virtuelle kalte Krieg, ein Kind des nuklearen Gleichgewichtes, schuf Wohlstand ohne Zerstörung und einen unbegrenzten militärisch-wirtschaftlichen Wettbewerb. Im Gegensatz dazu besaß der konventionelle Krieg Grenzen, die rasch erreicht waren: der Anblick der Krüppel und der Toten und der Widerstand einer Jugend, die zu den Waffen gerufen wurde. Das *Containment* verließ das Weiße Haus und das Pentagon: Es war nicht mehr die Angelegenheit einer Handvoll Spezialisten, mit Grabesmiene um einen geheimnisvollen roten Knopf versammelt, den sie letztlich niemals drücken würden. Das *Containment* wurde zur Wirklichkeit eines jeden, zur Angelegenheit eines jeden Soldaten und jeder Familie. Zu dieser Politik konnten sich alle eine Meinung bilden. Und die Haltung, die es angesichts des kommunistischen Feindes einzunehmen galt, schuf nicht mehr Einheit, sondern Zwietracht, Mißstimmung und eine wachsende Spaltung zwischen Gesellschaft und politischer Macht. Solange man sich den Bolschewismus als innere Gefahr vorstellen konnte, als Antidemokratie (wie die Bibel vom Antichristen spricht), die sich auf allgegenwärtige Kräfte, eine im eigenen Lande vonstatten gehende Subversion stützte, war die Vorstellung eines Kampfes, vor allem wenn er ohne Blutvergießen stattfand, noch akzeptabel. Doch wenn es sich um eine außenpolitische Angelegenheit handelte, die sich in den fernen und kaum bekannten Regionen Indochinas abspielte, dann wurden die Antworten schwieriger. Waren die, die man unterstützte, besser als die, denen man Einhalt gebieten wollte? Alles, was Amerika verabscheute – Korruption, zynisch ausgehandelte regionale Gleichgewichtsverhältnisse, eine Politik der schmutzigen Hände –, mußte es hier schweren Herzens auf sich nehmen. Und diesen Schmutz tränkte es mit dem Blut seiner eigenen Kinder. Nichts war mehr klar. Aber die Vereinigten Staaten konnten nicht lange ohne klare Vorstellungen handeln. So nahm mit dem Ende der sechziger Jahre, vor allem seit der Tet-Offensive 1968, der Druck auf die amerikanische Regierung, ihre Politik zu überdenken, stetig zu. Zunächst beendete sie unter Nixon den Vietnamkrieg, danach setzte sie der Konfrontation mit der UdSSR ein Ende, wozu sich Carter zu einem Zeitpunkt entschloß, als sich diese Absicht noch nicht in die Tat umsetzen ließ.

Diese Rückzugs- und Absetzbewegung, diese Ablehnung der Apokalypse des kalten Krieges gewann in dem Augenblick an Stoßkraft, als Amerika mit dem Blut seiner Kinder zu bezahlen begann und gleichzeitig die Sicherheit verlor, die es zum Handeln brauchte.

Es war nicht der einzige Nachteil, den der Übergang vom virtuellen zum wirklichen Krieg mit sich brachte. Auch aus wirtschaftlicher Sicht war diese Entwicklung negativ. Der wirkliche Krieg mit seinen Verlusten an Menschenleben und Material beeinträchtigte die amerikanische Wirtschaft, die Anfang der siebziger Jahre von einer schweren Inflation heimgesucht wurde. Zwanzig Jahre zuvor hatte der Koreakrieg der amerikanischen Wirtschaft Vorteile gebracht. Warum war der Vietnamkrieg ein solches Debakel?

In der Familienlimousine des Westens, in der Amerika die Richtung angibt und das Militär den Motor darstellt, waren die Kinder herangewachsen. Japan und Europa hatten ihre Industrien inzwischen entwickelt, so daß die gewaltigen Verteidigungsausgaben für die Vereinigten Staaten keinen Antrieb mehr darstellten, sondern eine Bremse. Was Paul Kennedy ein wenig später theoretisch untermauerte[7], zeigte sich bereits hier: Das Land, das die Verantwortung für das *Imperium* trug, mußte Aufgaben übernehmen, die schon nach kurzer Zeit seine Produktionsinvestitionen belasteten. Seine «Verbündeten», diejenigen, die es beschützte, konnten in der Regel ihren Reichtum mehren, während seine Vorherrschaft zu bröckeln begann.

Mitte der siebziger Jahre wurde die amerikanische Wirtschaft durch ihre besondere Struktur immer abhängiger von Einfuhren – auch Rüstungsimporten – aus den Ländern der Verbündeten, vor allem aus Japan. Sowohl bei der konventionellen wie bei der nuklearen Rüstung büßten die Militärausgaben ihre Schrittmacherfunktion für die amerikanische Wirtschaft ein.[8]

Jede Steigerung der Rüstungsprogramme wirkte sich dämpfend auf die Wirtschaftsparameter aus, statt sie zu verbessern. Besonders galt dies für das Handelsdefizit. Die Folge dieses schwerwiegenden Problems war, insbesondere 1971, die Abkoppelung des Dollars von der Goldparität.

Auch außenpolitisch konnte die UdSSR nicht mehr das ideale Feindbild liefern. Sosehr der Vietnamkrieg die internationale Position der Sowjetunion aufgewertet hatte, so nachteilig hatte er sich für den Zusammenhalt des Westens und der Vereinigten Staaten ausgewirkt, die nicht ruhten, bis sie ihn ehrenhaft beendet hatten. Doch mehr noch als an der Heilung dieser Wunde war ihnen an einem Abkommen zur nuklearen Abrüstung gelegen, um ihre Wirtschaft von den Anforderungen des Wettrüstens zu entlasten.

---

7 P. Kennedy, *Aufstieg und Fall der großen Mächte*, Fischer, Frankfurt/M. 1989.
8 F. Chesnais, a. a. O., S. 25.

## Letzter glanzvoller Auftritt

Zum erstenmal waren die Bedingungen für ein weltweites Abkommen und die formelle Besiegelung des Leninpaktes gegeben. Zwei Ziele visierten Nixon und Kissinger an: den Krieg in Vietnam zu beenden und mit der UdSSR ein globales Abkommen zu schließen, das die Anerkennung des Status quo in den jeweiligen Einflußzonen und eine erhebliche nukleare Abrüstung umfassen sollte. Daß ein solches Programm paradoxe Züge trug, merkten sie sehr wohl, aber das Paradoxon war schon in der Truman-Doktrin enthalten. Sobald es den beiden Welten, die sich gegenüberstanden, gelang, ihre Koexistenz durch ein Abkommen zu regeln, ihre Einflußzonen abzugrenzen, kurzum, sich zu einigen, war der Gegensatz zwischen ihnen aufgehoben. Was sie zu Blöcken zusammenschloß, war die Furcht vor den Hegemonieansprüchen des anderen. Diese innere Einheit drohte auf beiden Seiten verlorenzugehen, wenn die offizielle Besiegelung eines Abkommens die in beiden Einflußsphären herrschende Todesangst verringerte.

Wie gewöhnlich, nur noch nachdrücklicher, verlangte der Pakt, sobald er ins Blickfeld kam und die Gefahr bestand, daß er bemerkt würde, eine Intensivierung der apokalyptischen Propaganda – wir werden darauf zurückkommen. Wie Liebende, die befürchten, sie könnten bei ihren heimlichen Umarmungen überrascht werden, überschütteten sich die beiden Großmächte öffentlich mit bösen Worten, um den Eindruck zu erwecken, sie würden sich hassen.

Die Ära Kissinger war eine Phase, in der das heimliche Einverständnis zwischen Ost und West sehr ausgeprägt war, sich aber hinter einer martialischen Rhetorik verbarg. Es war um so notwendiger, diese apokalyptischen Register zu ziehen, als der Kommunismus im Westen nicht mehr den revolutionären Elan hatte, der aus ihm zu Trumans Zeiten den natürlichen inneren Feind gemacht hatte. Dieses Mal mußten Vitalium und Resurrectin in hohen Dosen verabreicht werden.

Bis 1975 sollten Nixon und Kissinger sich diesen Reanimationsbemühungen widmen. Der sowjetische Feind zwang Ameri-

ka zu Militärausgaben, die seine Wirtschaft belasteten? Dann
würde man eben versuchen, diese Ausgaben gerechter zu verteilen, und von den Verbündeten verlangen, daß sie ihren Teil
beitrugen. Das Jahr 1973 hindurch sollte Europa im Zeichen dieser Umverteilung stehen. Die Europäer mußten für den Schutz
zahlen, den sie genossen.

Neue Kräfte der Rebellion bedrohten die Demokratien und
brachen das traditionelle Monopol des marxistischen Internationalismus? Dann würde man man eben zeigen, daß es sich in
Wirklichkeit nur um eine andere Form der sowjetischen Propaganda handelte: Linksradikale, Ökos und Pazifisten waren die
Marionetten des nie schlafenden und straff organisierten «Kommunismus».

Die Beziehungen zur UdSSR normalisierten sich und drohten,
diesem Staat einen ganz gewöhnlichen Anstrich zu geben, aus ihm
ein Regime wie jedes andere zu machen? Da kam die Möglichkeit
wie gerufen, die Literatur der Dissidenten gründlich auszu-
schlachten und den Menschen im Westen wieder die Schrecken
jenes Systems vor Augen zu führen, das Solschenizyn so menschlich beschreibt und Sinowjew mit kalter Logik zergliedert. Bis
dahin waren die Dissidenten eine isolierte Erscheinung. Informationen über die Grausamkeiten des Sowjetregimes hatte es immer
gegeben, aber sie blieben verstreut und fanden keine große Aufmerksamkeit. Ende der sechziger Jahre begannen sich mit mas-
siver Unterstützung Dissidentenkreise zu bilden, in denen sich
große Genies und kleine Geister mischten, wobei die letzteren
noch mehr Aufsehen erregten als die Erstgenannten. Ihre Aufgabe, wenn nicht gar ihre Absicht war es, fünfzehn Jahre nach
seinem Untergang das Phantom des stalinistischen Rußland wie-
derzuerwecken. Der ideologische Leichnam, den die UdSSR
Breschnews darstellte, präsentierte sich, wiederbelebt durch das
Resurrectin des Dissidententums, der öffentlichen Meinung des
Westens, indem er mechanisch die Gebärden eines Stalinismus
wiederholte, der schon seit langer Zeit erkaltet war.

Von dieser schmeichelhaften Tarnung entzückt, gingen die sowjetischen Führer, die zur Ungeheuerlichkeit allenfalls noch

mittelmäßig begabt waren, das aber nicht publik werden lassen mochten, auf das Spiel ein, so gut sie konnten: In Prag inszenierten sie eine Neufassung von Budapest.

Hinter einem mit Schlachtenszenen bemalten Wandschirm konnten sich die UdSSR und die Vereinigten Staaten nach Herzenslust umarmen. Nach geschickten Schachzügen, zu denen die vorübergehende Annäherung zwischen Amerika und China gehörte, wurde 1972 das Abkommen über «Sicherheit und Zusammenarbeit» unterzeichnet. Es stand am Anfang der Konferenz von Helsinki, der umfangreichsten Ost-West-Verhandlung, die jemals in Angriff genommen und zu einem erfolgreichen Abschluß gebracht wurde.

Helsinki war die deutlichste Manifestation dessen, was Michel Jobert das Kondominat der beiden Supermächte in der Weltpolitik nannte. Die Anerkennung des Status quo schrieb die Gebietsaufteilung vom Ende des Zweiten Weltkrieges fest und verlieh der Breschnew-Doktrin, nach der die osteuropäischen Staaten nur eine beschränkte Souveränität besitzen, internationale Legitimität. Die Zusammenarbeit zwischen den beiden Blökken war eine fette Dividende, die die UdSSR einstreichen konnte, weil sie ihre Aktien in der dritten Welt und im Westen klug plaziert hatte: Sie war der Lohn dafür, daß sie dort die revolutionären Tendenzen im Zaum gehalten hatte.

In einen dritten Topf kamen schließich die Menschenrechte, die stärker zu beachten die Sowjetunion sich verpflichtete.

Nixon und Kissinger hatten den Vietnamkrieg verloren, aber schon lange hatte niemand mehr daran geglaubt, daß er gewonnen werden könnte. Im Gegenzug hatten sie die Verhandlungsbereitschaft der Russen genutzt, um jenes offizielle Kondominat zu schaffen, das die Truman-Doktrin krönte. Für das Management von Krisen[9] wie der Abrüstung entwickelten sie in Helsinki ein System gemeinsamer weltweiter Verantwortung.

Doch dieses Gleichgewicht kam zu spät. Es war zugleich der

9 Der Jom-Kippur-Krieg im Jahre 1973 war dafür ein ausgezeichnetes Beispiel.

Höhepunkt und der letzte Akt des kalten Krieges. Wie gesagt, der Kommunismus als Triebkraft der Apokalypse im Westen war bereits tot. Dadurch, daß die Inszenierung von Helsinki die Möglichkeit einer Einigung eröffnete, nahm sie der öffentlichen Meinung im Westen die letzte Furcht vor der sowjetischen Welt – die außenpolitische Furcht.

Die zynischen Winkelzüge des Europäers Kissinger und die Lügen, Tricks und finsteren Machenschaften Nixons hatten die Amerikaner, wenn auch widerwillig, geduldet. Doch als schließlich unter den besudelten Händen seiner bezahlten Mordbuben der Vietnamkrieg zu Schlamm zerfiel und darin das reine, glänzende Klümpchen Frieden und Ost-West-Verständigung auftauchte, bemächtigte sich das Volk der Vereinigten Staaten dieses Kleinods und forderte die beiden alsbald zum Gehen auf. Der Watergate-Skandal im Jahr 1973 war die Reaktion auf eine Macht, die pausenlos den Popanz der sowjetischen Gefahr aufgerichtet hatte, um ihre Politik zu rechtfertigen. Mit dem Revolver des kalten Krieges an der Schläfe hatte Amerika die von ihm so verabscheute Realpolitik seiner Regierung hinnehmen müssen. Nach der Unterzeichnung der großen amerikanisch-sowjetischen Verträge überraschte Nixon seine Landsleute plötzlich mit der Mitteilung, der Revolver sei in Wirklichkeit mit Platzpatronen geladen gewesen. In diesem Zusammenhang hatten die Klempner von Watergate symbolische Bedeutung. Im kleinen standen sie für das, was die republikanische Macht im großen repräsentierte: Verrat, Lüge, Zynismus, all das, was die Gründerväter für immer auf der anderen Seite des Atlantiks zurücklassen wollten. Mit dem *Impeachment* gegen Nixon brachte die amerikanische Gesellschaft ihren Willen zum Ausdruck, sich nicht erpressen zu lassen. Ursprünglich als moralisches Ideal gedacht (als ein Triumph der Freiheit), hatte sich die Truman-Doktrin allmählich in ein politisches Druckmittel verwandelt. Als die Amerikaner 1976 Carter wählten, dokumentierten sie damit, daß sie ihr politisches Leben und ihr Selbstbild nicht länger vom Kampf gegen einen Feind abhängig machen wollten, an dessen innen- wie außenpolitische Geltung sie nicht mehr glaubten.

## Wenn Tauben Sturm heraufbeschwören

In der Rückschau hat man die Ära Carter als eine Zeit der Katastrophen, der Schwäche und der Ohnmacht beschrieben. Dieses Bild eines Mannes, der seiner Aufgabe nicht gewachsen war, ist eher das, was die Reagan-Propaganda von Carter übriggelassen hat.

Heute kann man sich fragen, ob Carter nicht vielmehr genau das Mandat erfüllt hat, das ihm die amerikanischen Wähler aufgetragen hatten, und ob die Ursachen seines Scheiterns oder zumindest der tiefgreifenden Störung des Ost-West-Gleichgewichtes, zu der es während seiner Präsidentschaft kam, nicht von ganz Amerika zu verantworten sind, das es zu eilig hatte, den sowjetischen Feind aus der Welt zu schaffen, und das schmerzlich erfahren mußte, daß man ihn nicht einfach entlassen konnte wie einen überflüssig gewordenen Diener, ohne die Kündigungsfrist zu beachten und ihm eine Entschädigung zuzugestehen.

Carter und Brzezinski schlugen den Amerikanern eine sofortige Abschaffung der Truman-Doktrin vor. Damit wiesen sie der UdSSR eine neue und in gewisser Weise trivialere Rolle zu. Zum erstenmal äußerten die Vereinigten Staaten die Auffassung, daß die Welt nicht zwei, sondern viele Pole habe. Im Westen wurden Europa und Japan als autonome Machtzentren anerkannt.[10] Im Osten nahm Carter als erster die Vielfältigkeit des Kommunismus, die Gegensätze zwischen den Teilen dieses angeblich so festgefügten Blocks zur Kenntnis. An die Stelle der defensiven Verhärtung beider Lager setzte die neue amerikanische Administration plötzlich Flexibilität, das freie Spiel der rivalisierenden

---

10 Die entscheidenden Gedanken zur Carter-Doktrin über die Multipolarität sind in einem Buch seines Sicherheitsberaters zusammengefaßt: Z. Brzezinski, *Das gescheiterte Experiment,* Ueberreuter, Wien. Brzezinski, ein polnischer Einwanderer der ersten Generation, war in seinem Denken noch der europäischen Tradition verpflichtet: Im Weltmaßstab führte er den Begriff des multipolaren Gleichgewichtes wieder ein, der ein Jahrhundert lang die Grundlage der Metternichschen Politik in Europa gebildet hatte und den die Truman-Doktrin (wie man glaubte) ein für allemal abgeschafft hatte.

Kräfte und die Möglichkeit von Abkommen zwischen unabhängigen Gruppen. Im Gegensatz zu einer verbreiteten Auffassung ging das nicht mit einer Schwächung der amerikanischen Militärmacht einher. Ganz im Gegenteil, die meisten der großen Militärprogramme, der die Reagan-Administration dann ihre Überlegenheit gegenüber dem Osten verdankte, sind in der Ära Carter begonnen worden. Doch wenn Amerika sich bewaffnete, so tat es das, um sich zu schützen. In der Außenpolitik ersetzte es aggressive Interventionen durch Verhandlungsbereitschaft, das heißt, es wollte die Früchte des in Helsinki beschlossenen Kondominats ernten. Darin drückte sich weder Schwäche noch Inkompetenz aus, sondern die Absicht, dem tiefsten Wunsch der Amerikaner zu entsprechen, denen das Engagement in Vietnam auf lange Zeit jede Lust auf direkte Interventionen genommen hatte. Gewählt, um die Moral in der politischen Praxis wieder heimisch zu machen, sollte Carter das in ihn gesetzte Vertrauen nicht enttäuschen. Alle seine Anstrengungen widmete er dem Friedensprozeß mit dem höchsten Symbolwert, dem im Nahen Osten. Er predigte die Menschenrechte – in erster Linie dem Osten – und ließ Annäherungen zwischen autonomen Polen geschehen. Am spektakulärsten – und für die Sowjets am gefährlichsten – war dabei zweifellos der chinesisch-japanische Vertrag von 1978.

Durch eine Fehldeutung der Schlußakte von Helsinki hatten die Amerikaner geglaubt, Carter sei die Verwirklichung dieses Traums, sie könnten mit einem Schritt aus der Truman-Doktrin heraustreten und die UdSSR, auf die Rolle eines Pols unter vielen anderen eingeschränkt, in die Requisitenkammer der Vergangenheit räumen.

Dabei übersahen sie offenkundig, daß zu einem derartigen Schlußstrich immer zwei gehören. Außerordentlich geschmeidig hatten sich die Sowjets der Form angepaßt, die die westlichen Demokratien ihnen angeboten hatten. Das *Containment* war das fast physische Abbild dieser Welt. Doch im allgemeinen waren die betreffenden Formveränderungen progressiv gewesen; vor allem enthielten sie stets einen positiven Aspekt für die UdSSR. Der

Leninpakt von 1921 hatte die Konsolidierung der bolschewistischen Revolution erlaubt; der von 1947 isolierte die UdSSR, verlieh ihr aber globale Bedeutung und unterschied sie von allen anderen Nationen Europas; der von 1965 besiegelte die Niederlage Chinas und erneuerte das Kondominat über die neuen Räume, die durch die Dekolonisation eröffnet worden waren. Von der Helsinki-Schlußakte aus dem Jahr 1975 erwarteten die Russen endlich die Anerkennung des Status quo und eine verstärkte Zusammenarbeit. Doch dann verloren die Amerikaner plötzlich die Lust an der kostspieligen Aufteilung der Welt, so daß sich die UdSSR aller Vorteile beraubt sah, die sie von Helsinki erwartet hatte, während sie alle daraus erwachsenden Nachteile hinnehmen mußte.

Der erste dieser erhofften und nicht eingetretenen Vorteile war die Zusammenarbeit, die Wirtschaftshilfe. Die Ölkrise von 1974 und die empfindliche Rezession der westlichen Wirtschaften machten jede Aussicht auf eine Zusammenarbeit mit dem Osten zunichte. Zwar gab es in der UdSSR Kreise, die auf einen neuen Ostwind hofften, auf einen Niedergang des Westens, die späte Erfüllung der marxistischen Prophezeiung von der endgültigen Krise des Kapitalismus. Doch dürfte diese Auffassung kaum eine Mehrheit im Kreml gefunden haben. Andererseits war die sowjetische Führung sicherlich der festen Überzeugung, daß man auf keinen Fall einem ausgehandelten Gleichgewicht vertrauen könne und daß nur der Fortbestand von Druck, Erpressung und Drohung, wie sie dem Ursprung des Leninpaktes entsprachen, dem Westen dauerhafte Zugeständnisse abringen würde.

Die Konferenz von Helsinki hatte nämlich nicht nur in der Frage der Zusammenarbeit nicht gehalten, was sie versprochen hatte: Auch in bezug auf den «zweiten Topf», den Status quo, war sie eine Enttäuschung. Während man meinte, mit der Schlußakte eine Zeit der Stabilität eröffnet zu haben, wurde zugleich das heikle Gleichgewicht zwischen Ost und West in Frage gestellt, das die beiden Supermächte endlich anerkannt und auch ihren europäischen Verbündeten schmackhaft gemacht hatten. Vor allem aber durch seinen Vorstoß auf dem dritten Gebiet, dem der Men-

schenrechte, vollendete Carter unwissentlich das Werk der Destabilisierung.

Helsinki, eigentlich ein Programm der Immobilität, wurde zum
Zerstörungsmechanismus der etablierten Ordnung. Rumänien
und Ungarn beriefen sich auf die Prinzipien der Schlußakte und
verlangten ihre Selbständigkeit, das eine Land in der Außenpolitik, das andere in der Innenpolitik. In der Tschechoslowakei
kämpfte die Charta 77 für die in Helsinki proklamierten politischen Rechte, während sich in Polen das «Komitee zur gesellschaftlichen Selbstverteidigung» formierte, aus dem sich später
die Solidarität entwickelte und das die gleichen Grundsätze ein-
forderte. Statt sich vorsichtig aus diesen Unruhen in der russischen Einflußzone herauszuhalten, machten die Vereinigten
Staaten die Breschnew-Doktrin öffentlich zum Gespött und er-
mutigten die Dissidentenbewegungen.

Im gleichen Zeitraum, 1975–1980, wurde die internationale
kommunistische Bewegung, in der es der UdSSR gelungen war,
den chinesischen Einfluß zu beseitigen, erneut von zentrifugalen
Kräften heimgesucht, die um so mehr ins Gewicht fielen, als sie
diesmal die kommunistischen Parteien Europas betrafen, also
jene Parteien, die immer den Kern der Dritten Internationale gebildet hatten. Die eurokommunistische Bewegung mit ihrem
Gefolge von unerwünschten Verbündeten (Linksunion in Frankreich, historischer Kompromiß in Italien), dogmatischen Frei-
heitsbekundungen (Verzicht auf die Forderung nach der Diktatur
des Proletariats) und verräterischen Erklärungen (Verurteilung
des Einmarschs in Afghanistan) brachte die Renaissance einer
beunruhigenden Häresie ausgerechnet in dem Augenblick, da die
Sowjetunion hoffen konnte, endlich ihre vorherrschende Stellung
in der kommunistischen Glaubensgemeinschaft zu festigen.

Diese Störung des Status quo in der Ära Carter blieb nicht auf
Europa beschränkt. Mit der Normalisierung ihrer Beziehung zu
China – diesmal nicht nur taktisch und vorübergehend, sondern
dauerhaft und ernsthaft – luden die Vereinigten Staaten große
Verantwortung auf ihre Schultern. Durch die Anerkennung jener
Multipolarität, die die Sowjets mit Erfolg bekämpft hatten, zer-

störten die Amerikaner mit einem Schlag das empfindliche
Gleichgewicht der kommunistischen Welt. Auch in Mittelameri-
ka veränderten die Vereinigten Staaten die Situation, indem sie
den Druck auf Kuba lockerten. In Nicaragua, dem einzigen Land,
in dem sich – versteckt, immer vom Untergang bedroht, aber
lebendig – ein von Che Guevara überkommener *Foco* gehalten
hatte, gestattete die katastrophale Reaktion auf die Vertreibung
des Diktators Somoza den Kubanern, ihren Vorstoß auf dem
Kontinent durch Zwischenschaltung der Sandinisten wieder aufzunehmen – und diesmal mit Erfolg. Der kubanische Aktivismus,
der ab 1965 von den Amerikanern im Zaum gehalten wurde,
hatte sich nie ganz verleugnet. 1978 mußten die Sowjets erleben,
wie er wieder an Kraft gewann. Das Ende des Schahregimes und
die Gründung zweier islamischer Staaten – Persien und Pakistan –
an der Südflanke der Sowjetunion wurde ebenfalls als Bedrohung
empfunden.

In den achtziger Jahren hat die Reagansche Propaganda die
Carter-Ära hartnäckig als eine Zeit der amerikanischen Schwäche, des Zurücksteckens und der Blindheit hingestellt. Was die
Blindheit angeht, mag das stimmen: Es ist nicht gewiß, daß der
amerikanische Wunsch (vom Volk geäußert und von Carter in
die Tat umgesetzt) nach einer Beendigung der Ost-West-Konfrontation wirklich begleitet war von dem Wissen um seine
unvermeidlichen Konsequenzen. Doch der Vorwurf der Schwäche und des Zurücksteckens ist mit Vorsicht zu behandeln. Sind
die spektakulären Vorstöße «des» Kommunismus wirklich, wie
es fünf Jahre später die Reagan-Administration behauptete,
Ausdruck eines lange zurückgedrängten und stets geargwöhnten
Expansionismus? Der Einmarsch in Afghanistan, die «Befreiung» Kambodschas durch die Vietnamesen, die marxistischen
Staatsstreiche in den Ländern des südlichen Afrika und in
Äthiopien sowie die Destabilisierung Mittelamerikas – das alles
hatte wenig zu tun mit der Explosion jener Weltrevolution, die
Lenin 1919 vor Augen zu haben meinte, als Béla Kun in Ungarn
seine Räterepublik gründete und die Spartakisten Deutschland
lähmten.

In den Ereignissen der Jahre 1975–1980 kam eher eine ernstliche Störung des Ost-West-Gleichgewichts zum Ausdruck, das auf eine Veränderung der amerikanischen Politik zurückzuführen war und in vielen Fällen als defensive Reaktion der UdSSR angesichts einer Entwicklung zu deuten ist, die sie als gefährlich empfand.

Entscheidend ist nicht, ob diese Bedrohung real war oder nicht, sondern welche psychologische Triebfeder diese Wahrnehmung hatte. Stellen wir uns eine Gruppe von Politikern vor, die in die Jahre gekommen und am Wind der Veränderung wenig interessiert sind. Seit Jahren sind sie damit beschäftigt, ihre Vorherrschaft in der kommunistischen Welt wiederherzustellen, ihren Erbfeind, den chinesischen Drachen, zu isolieren, ungestüme Verbündete aus der Ferne in die Schranken zu weisen und die heiklen Gleichgewichtsverhältnisse im Inneren zu bewahren, die durch eine beunruhigende Bevölkerungsexplosion in den islamischen Republiken gefährdet sind. Und nun haben diese Männer endlich das Bündnis mit dem Westen besiegelt, das ihnen erlaubt, ein solches Gleichgewicht anzuerkennen und zu garantieren. Versuchen wir uns ferner vorzustellen, was solche Männer wohl empfinden, wenn zwei Jahre später infolge der ständigen Schwankung, die die Demokratien zwischen Lloyd George und Churchill hin und her taumeln läßt, dieses Gleichgewicht total gestört ist, wenn China vom Westen geadelt, Kuba in seinen revolutionären Mythen bestärkt und dem Islam an den Grenzen der UdSSR die Gründung zweier Staaten zugestanden wird, in denen er sein göttliches Gesetz verwirklichen kann.

Zu Recht weist André Fontaine darauf hin, daß die chinesisch-amerikanische Annäherung von 1971 (so flüchtig und taktisch ihr Charakter auch gewesen ist) einen engeren Zusammenschluß zwischen der UdSSR und Indien sowie den Bangladeschkrieg nach sich gezogen hat. Genauso hatten die (diesmal dauerhafte) Annäherung zwischen den Vereinigten Staaten und China im Jahre 1976 und der chinesisch-japanische Vertrag eine verstärkte Hilfe der Sowjetunion in Vietnam und den Einmarsch in Kambodscha zur Folge.[11] Die Roten Khmer hatten den großen Fehler, nicht nur kriminell zu sein – was heute noch kein ausreichender Grund für eine Verurteilung ist –, sondern auch prochinesisch.

Der indonesische «Vorstoß» «des» Kommunismus erscheint aus verschiedenen Gründen eher als Abwehrreaktion gegen die drohende Einkreisung, die die Entstehung einer Achse China–Japan–USA heraufzubeschwören schien.

Der defensive Charakter des Einmarschs in Afghanistan ist auch von den Sowjets selbst stets betont worden. Darüber hat man nur gelacht. Mißt man die Behauptung an der tatsächlichen Gefahr eines proamerikanischen Putsches in Kabul, so ist sie in der Tat lachhaft. Doch wenn wir die geopolitische Situation betrachten, ist die Annahme keineswegs absurd, die Führung im Kreml habe sich angesichts der Destabilisierung der iranisch-pakistanischen Region ein Unterpfand sichern wollen, indem sie sich des Landes an der Nahtstelle zwischen der persischen und indischen, schiitischen und sunnitischen Welt bemächtigt habe.

Auch die Stationierung der Mittelstreckenraketen in Europa war nur eine Reaktion auf die Angst vor einer Veränderung des Status quo. Man kann darin den Wunsch sehen, die Konfrontation wieder zur Grundlage der Ostbeziehungen zu machen und Verhandlungen durch Säbelrasseln zu ersetzen oder – falls man meint, die Bedrohung sei durch den amerikanischen Bruch des Helsinki-Abkommens entstanden – auf die Drohung mit einer Gegendrohung zu antworten.

Zur gleichen Zeit zeigte sich auch in Afrika der Wunsch, die Verhandlungskarte auszuspielen und die militärische Position zu verbessern: Unterstützung der sich marxistisch gebenden Regierungen im südlichen Afrika, 1977 Austausch der schwachen Basis in Somalia gegen eine solide Grundlage in Äthiopien (einem Land, das durch den orthodoxen Glauben traditionelle Verbindungen zu Rußland unterhielt).

Der vorschnelle Versuch der Vereinigten Staaten, sich eines Feindes zu entledigen, der ihnen nicht mehr genehm war, endete

11 André Fontaine, *Histoire de la détente,* Le Seuil, Paris, S. 426.

mit einem zeitweiligen Mißerfolg. In der Rückschau kann man sagen, daß Carter vor der Zeit recht gehabt hatte. Denn tatsächlich haben die neuen Apokalypsen, auf die sich die liberale Welt künftig stützen wird, nichts mehr mit dem Marxismus zu tun: die Ökologie, die Probleme der unterentwickelten Länder, die soziale Ausgrenzung in den Industriestaaten beschäftigten schon zu diesem Zeitpunkt die Gemüter in der westlichen Welt sehr viel stärker. Das Antlitz der Apokalypse war nicht mehr geprägt vom alten Bolschewismus mit seinen Greisen und Raketen.

Trotzdem war es noch zu früh, um so zu tun, als sei das Kondominat, die friedliche Koexistenz erreicht und die UdSSR zu einer Macht unter anderen geworden. Das militärische Monopol war ungebrochen, und man durfte den Sowjets nicht mit Verachtung begegnen, wenn man wollte, daß sie von der politischen Bühne abtraten. Deutlich zeigten das ihre abwehrenden Reaktionen auf Carters Initiativen – direkt oder durch Vermittlung der kubanischen und vietnamesischen Verbündeten.

Zu glauben, die Demokratien seien schwach und die totalitären Diktaturen allmächtig, geht völlig an der Wirklichkeit vorbei. Eines zeigen diese siebzig Jahre Ost-West-Beziehungen mit aller Klarheit: Verhandlungen akzeptieren und vor allem Zugeständnisse machen kann die sowjetische Führung nur, wenn sie nicht zuviel Angst hat, wenn sie sich nicht zu bedroht fühlt, kurz, wenn sie sich in einer relativen Position der Stärke befindet. Als Kennedy Chruschtschow 1963 ernsthafte Friedensvorschläge unterbreitete, konnte dieser nicht auf sie eingehen, weil er im eigenen Lager zu angeschlagen war. Man hat Carter mit Roosevelt verglichen, vor allem in bezug auf den Optimismus und die Gutgläubigkeit, aber der (Größen-)Unterschied besteht darin, daß Roosevelt es mit Stalin zu tun hate, einem Mann, der fest im Sattel saß, viel akzeptieren und, wenn er es für gut befand, auch viel zugestehen konnte. Carter verhandelte mit Politikern, deren Position schwach war und die alle Hände voll zu tun hatten, die Risse in ihrem Lager zu übertünchen. Durch sein Bemühen um Verständigung schwächte Carter ihre Position noch mehr.

So erklärt sich das scheinbare Paradoxon: Während die Sowjets bereit waren, mit der «fürchterlichen» republikanischen Nixon-Regierung zu verhandeln, lehnten sie alle doch höchst vorteilhaften Vorschläge Carters auf dem Gebiet der Abrüstung ab. Warum? Weil sie in der zerstrittenen und gefährlichen inneren Rivalitäten unterworfenen Welt des Kommunismus eine Beschränkung der Rüstungsspirale, ja das Abrüstungsprinzip überhaupt nur plausibel machen konnten, wenn ihre Position unantastbar war. Doch die Welt des Präsidenten Carter, instabil und bedrohlich (durch die neue Bewegungsfreiheit, die man Kuba, China und den Volksrepubliken eingeräumt hatte), verlangte von der UdSSR mehr denn je, sich auf die Haltung des unversöhnlichen Feindes zu versteifen.

Im kommunistischen Universum werden Machtfragen unablässig auf die doktrinäre Ebene verlagert: Die Beziehungen zum Westen hatten mit dem Kern des Dogmas zu tun, der Weltrevolution. Um sich hier Spielräume zu verschaffen, mußte man es sich leisten können, das Dogma zu verraten, wie es Lenin 1921 tat. Doch ungestraft verraten kann nur derjenige, der die Macht fest in Händen hält. Vielleicht gibt es hier eine Art historischer Regel: In totalitären Gesellschaften mißt sich die Macht nach der Fähigkeit zum Verrat. Seine Autorität stellt der Machthaber am nachdrücklichsten unter Beweis, wenn er seine Ansichten vollkommen verleugnet. So sind diese Gesellschaften am ehesten in der Lage, sich zu wandeln, wenn sie strengster Herrschaft unterworfen sind.

Da Carter nur mit sowjetischen Politikern zu tun hatte, die wenig Stärke besaßen und zu deren zusätzlicher Schwächung er noch beitrug, gelang es ihm nicht, sie zu Verhandlungen und zum Verrat zu bewegen. Er erreichte lediglich, daß sich ihre Abwehrhaltung verstärkte. Es war der Reagansche Umweg einer neuen und letzten Konfrontation erforderlich, damit die Sowjets, nachdem sie ihre Jugend, Macht und Vorherrschaft im eigenen Lager wiedererlangt hatten, diese vollkommene Wiederherstellung ihrer Autorität in äußersten Verrat umsetzen konnten: die endgültige Abschaffung des bolschewistischen Kommunismus als Apokalypse, so wie es der Westen sich wünschte.

# Vom Reaganschen Kollisionskurs
# zum Gorbatschowschen Konkurs

Der letzte Akt war sehr kurz. Ab 1981 von Ronald Reagan inszeniert, bestand er in einer letzten massiven Resurrectin-Injektion. Zur Wiederherstellung des defensiven Gleichgewichtes half man dem sowjetischen Feind ein letztes Mal in den Sattel.

Das hatte vor allem ideologische Gründe. Es galt, die öffentliche Meinung davon zu überzeugen, daß die Mißerfolge der Carter-Zeit keine komplizierten und lokalen Ursachen hatten, sondern auf die sprichwörtliche Aggressivität *des* Kommunismus zurückzuführen waren. Carters vielgestaltiges Pantheon mit seinen verschiedenen «Polen» – europäischen, japanischen, chinesischen und so fort – ersetzte Reagan durch einen strengen, geradezu mohammedanischen Monotheismus: Es gibt keinen anderen Feind als *den* Feind. Der Marxismus ist groß und Rußland sein Prophet.

Für diese Meinungsoffensive mobilisierte der Reaganismus alle ihm zur Verfügung stehenden Waffen: Die der Biederkeit und des Populismus beherrschte der Präsident der Vereinigten Staaten selbst am besten. Doch er bekam auch erlesene intellektuelle Schützenhilfe. Angesehene Wissenschaftler erklärten, daß die «sowjetischen Eroberungen» in der Zeit von 1975 bis 1980 einem ausgeklügelten Plan folgten, mit dem sich die UdSSR Zugang zu den Weltmeeren verschaffen wolle. Philosophen und Freiheitsapostel traten auf, um zu erklären, daß den Demokratien das Ende drohe, daß «das rote Afrika einen guten Start» gehabt[12], kurzum, daß die Entscheidungsschlacht begonnen habe.

Doch trotz all dieser Bemühungen gelang es ihnen nicht, die bolschewistische Gefahr noch einmal im westlichen Bewußtsein heimisch zu machen. Vier kommunistische Minister in der französischen Regierung genügen nicht, um dem Jahr 1981 Ähnlichkeit mit dem Jahr 1948 zu verleihen, um aus Paris ein weiteres

---

12 A. Glucksmann/Th. Wolton, *Politik des Schweigens,* Ullstein, Frankfurt/M., S. 193.

Prag zu machen und Mitterrand in Benes zu verwandeln. Die
Erosion der kommunistischen Partei schritt unaufhaltsam fort,
daran konnte auch das Resurrectin André Glucksmanns nichts
ändern.

Der einzige Erfolg dieser moralischen Aufrüstung des Anti-
kommunismus war außenpolitischer Natur: Die UdSSR wurde
wieder ernstgenommen, was ihre Führung natürlich erfreuen
mußte. Die Wahrnehmung der Gefahr erlaubte es dem Westen,
seine Reaktion zu verschärfen: in Europa durch die Stationierung
der Pershing-Raketen, in der dritten Welt durch die Unterstützung
von Guerillabewegungen, die gegen die neuen Verbündeten der
Sowjets kämpften. Und sobald die Trennungslinie zwischen Ost
und West neu gezogen war, waren beide Seiten wie gewöhnlich
bemüht, die Souveränität des anderen in seiner Einflußzone zu
respektieren. Die Disziplinierung Polens löste ebenso spärliche
offizielle Reaktionen aus wie die Landung amerikanischer Truppen auf Grenada.

Die Abrüstungsverhandlungen konnten wieder aufgenommen
werden, sobald die Sowjets davon überzeugt waren, daß sie eine
privilegierte Stellung genossen und daß die Amerikaner nicht die
Absicht hatten, ihre Sicherheit durch übertriebene Nachgiebigkeit aufs Spiel zu setzen.

Dies sollte die letzte Schützenhilfe der USA für die Sowjetunion
sein. Dank Reagan war die UdSSR noch einmal in ihre Rolle als
Reich des Bösen geschlüpft, hatte der Eurokommunismus überlebt und war der Status quo in Osteuropa erhalten geblieben. Nur
in dieser Position wenn nicht der Stärke, so doch der Stabilität
konnte sich das sowjetische System von der Spitze her selbst auf-
lösen.

Betrachtet man die *Perestroika*, die die alte bolschewistische
Ordnung aufheben sollte, so kann man sich des Gedankens nicht
erwehren, daß die sowjetische Führung sich zwar stets recht passiv gegenüber den vom Westen diktierten Bedingungen verhielt,
aber doch die Intentionen ihrer demokratischen Partner sehr genau und hellsichtig beobachtet hat. Obwohl der Westen wieder
kräftig ins Horn stieß, um gegen die Gefahr aus dem Osten zu

mobilisieren, wußte die sowjetische Führung Ende der achtziger Jahre, daß die Zeit des Kommunismus als Apokalypse abgelaufen war. Gorbatschow hatte begriffen, daß die UdSSR nicht mehr länger von den Dividenden leben konnte, die ihre Rolle als angebliche Gefahr für den Westen abwarf. Diese Erkenntnis setzt nicht unbedingt eine besonders scharfsinnige Analysefähigkeit voraus, sondern lediglich das Vermögen, den inneren Zustand der sowjetischen Welt richtig zu beurteilen. Gorbatschow wußte, daß die UdSSR in ihrer Entwicklung, ja ihrem Überleben vom Westen abhängiger war denn je. Tschernobyl war ein unüberhörbares Alarmsignal gewesen. So war Gorbatschow klar, daß er nicht die Mittel hatte, die einzige militärische Waffe zu entwickeln, die aus der Sowjetunion einen annehmbaren Gegner der Vereinigten Staaten hätte machen können: die Strategic Defense Initiative (SDI) oder den «Krieg der Sterne».[13] Auch die Sackgasse, in der sich die Rote Armee sowohl in Osteuropa als auch in den kürzlich besetzten Gebieten, etwa Afghanistan, befand, war ihm bekannt. Mit anderen Worten, wenn er bereitwillig auf das Angebot einging, die Sowjetunion wieder in die Rolle des universellen Feindes einzusetzen, so, weil er der Überzeugung war, daß sich eine solche Chance sicherlich nicht wieder bieten würde und daß er sie nutzen müsse, um die ganze Energie nach innen zu richten, um den Kern des kommunistischen Reaktors zum Schmelzen zu bringen, und zwar so, daß sich diese Schmelze noch kontrollieren ließ und nicht zur Explosion entartete.

13 Ende der siebziger Jahre ließ sich der technologische Vorsprung der Russen nur durch Anstrengungen ausgleichen, die sich für die mittlerweile höchst einfuhrabhängige amerikanische Wirtschaft als nachteilig erwiesen. Deshalb war die forschungsintensive SDI die einzige Option, die den Vereinigten Staaten wieder Vorteile verschaffen konnte, ohne sie in übermäßige Abhängigkeit von ihren Handelspartnern zu bringen. Vgl. F. Chesnais, a. a. O.

## Wandel der Schreckensbilder

Wenn man heute im nachhinein das turbulente Geschehen der siebzig Jahre Ost-West-Konfrontation betrachtet, so war und ist ein unsichtbarer Aspekt von entscheidender Bedeutung. Die Ereignisse veränderten sich nicht, ordneten sich aber neu an. Und plötzlich erkennen wir den geistigen Terrorismus, auf dem die Entwicklung der demokratischen Gesellschaften beruht, in seiner ganzen Macht. Seit die Angst verschwunden ist, ist der Kommunismus zu dem geworden, was er immer war: das ziemlich unwirksame wirtschaftliche Instrument einer totalitären Macht, die nicht wandlungsfähig war, weil sie nur überleben konnte, indem sie die Rolle des globalen Bösewichtes und des Verwalters der Revolte übernahm.

Wer stolz erklärt, der Kommunismus sei besiegt, dem ist mit Entschiedenheit entgegenzuhalten: Bevor er besiegt werden konnte, mußte er zunächst erwählt und abgesegnet werden. Am unruhigen Himmel zu Anfang unseres Jahrhunderts erschien er als Werkzeug der Vorsehung, mit dem sich die soziale Kontrolle der demokratischen Gesellschaften bewerkstelligen ließ. Die Industriewelt hatte sich aller gesellschaftlichen Klassen bemächtigt und jeder eine Aufgabe zugewiesen. Da blieb nur noch das Brachland der Subversion. Daraus hat der Bolschewismus eine Maschine gemacht. Die Schreie, die Gewalt und die Verwünschungen hat er in die internationalistische Form gegossen, hat die Ungezähmten vereinigt, ihre Energien geweckt und diese wieder in die demokratische Gesellschaft eingespeist. Die Internationale war die letzte Schwerindustrie, die das 19. Jahrhundert mit rauchenden Schloten gebar. Zu den Fabriken, die Erze in Metall, Gummi in Reifen und Hopfen in Bier verwandelten, gesellte sich eine neue Produktionsstätte, die in ihren roten Bergwerken den Haß läuterte, bis er sich in Unterwerfung wandeln ließ, die Gewalt einfing, um sie in ungefährliche Splitter zu zerschlagen, und die die Hoffnung nährte, um sie zu vergiften.

Die Nation, die im Rahmen globaler Arbeitsteilung die Aufgabe übernahm, die Rebellion abzusaugen, die Enttäuschung und den Klassenhaß umzuwandeln und zu entschärfen und den gesellschaftlichen Schmerz zu betäuben, mußte rasch unentbehrlich werden. Während diese regulatorische Aufgabe Sowjetrußlands in den zwanziger Jahren noch eine schlichte Annehmlichkeit, ein unvollkommenes Werkzeug war, gewann sie nach dem Zweiten Weltkrieg, als es galt, die liberale Kultur in Europa, den Vereinigten Staaten und Japan zusammenzuschließen, zentrale Bedeutung. Auch Mitte der sechziger Jahre half sie, die Dekolonisation und die rasche Öffnung der internationalen Gemeinschaft für die jungen Nationen des Südens zu steuern.

Um die Enttäuschung der Sowjetunion am Ende des Vietnamkriegs und ihr späteres Verschwinden zu erklären, muß man ihre Situation mit den Schwierigkeiten vergleichen, in die Brasilien beim Sturz der Kautschukpreise geriet. Plötzlich fand die Sowjetunion keine Abnehmer mehr für ihre Monokultur der Unterwerfung: Die westlichen Konsumenten hatten neue Bedürfnisse und für den proletarischen Internationalismus keine Verwendung mehr. Der Klassenkampf, die Diktatur des Proletariats, *L'Humanité*, die Versammlungen der Zellen, die Rituale der Arbeiterbewegung – all das hatte nur noch den schalen Nachgeschmack aus der Mode gekommener Dinge, die noch nicht die nötige Patina angesetzt haben, um nostalgische Gefühle auszulösen. In einer Gesellschaft, in der der Verbraucher anspruchsvoll ist und nach Vielfalt und Neuem verlangt, vermochte die UdSSR ihre Produkte nicht zu diversifizieren und attraktiv zu gestalten. Für bankrotte Unternehmen kennt der Kapitalismus kein Erbarmen. Er hat dem Kommunismus seine Chance gegeben, mußte sich aber am Ende dazu entschließen, ihn abzuwickeln.

In der Zwischenzeit waren andere Feinde in Erscheinung getreten, mit denen zu verhandeln nützlicher erschien. Die liberale Kultur hatte andere Bedrohungen entdeckt, die versprachen, das Instrument der sozialen Kontrolle zu erneuern. In diese Gefahren begann sie zu investieren.

So hat der Bankrott der Firma Rußland die Demokratien des Westens nicht völlig aus dem Konzept gebracht. Verstärkt wurde der Eindruck der Leere allerdings durch die Intensität der Reaganschen Propaganda. Dadurch, daß man den Feind zu übermäßiger Größe aufgeblasen hatte, erschien seine plötzliche Verflüchtigung noch spektakulärer. Sein tatsächliches Verschwinden hat auch eine gewisse Reorganisation dringend erforderlich gemacht. Doch insgesamt läßt sich sagen, daß die durch diesen Konkurs hervorgerufenen Schäden viel geringer waren, als sie es in den sechziger Jahren gewesen wären; da besaß der Westen nur diese eine Zentrale, um die Schaltkreise der sozialen Kontrolle zu speisen. Inzwischen hatten andere Apokalypsen ihre Funktion übernommen. Nun mußten sie alleine mit der Aufgabe fertig werden, was sie zwar noch ein wenig zögernd taten, aber doch in einer Weise, die zu den schönsten Hoffnungen berechtigte: Sie heißen Ökologie, dritte Welt und soziale Ausgrenzung und sind sauberer Brennstoff im Vergleich zur alten bolschewistischen Kohle, an der sich viel zu viele die Hände schmutzig gemacht haben.

# Die neuen Apokalypsen

# V
# Ökologie: Eine Zitrone unterm Kopfkissen

> Es ist ganz einfach, die Hunde genügen nicht
> mehr. Die Leute fühlen sich verflixt einsam,
> sie brauchen Gesellschaft. Sie brauchen et-
> was Größeres, Kräftigeres, das auch wirklich
> einen Puff verträgt. Die Hunde genügen nicht
> mehr, die Menschen brauchen Elefanten.
> Romain Gary
> *Die Wurzeln des Himmels*

Ende der sechziger Jahre sind die Mitglieder der liberalen Kultur
materiell versorgt, aber einsam. Der Fortschritt hat ihnen die
Bäuche gefüllt, Häuser gebaut, Arbeit gegeben und Freizeit zur
Verfügung gestellt. Doch die alten Beziehungen aus schwierigeren
Zeiten sind zerfallen. Wie alle demokratischen Völker haben sie
nichts, was sie hassen können, die Gefahr rückt in die Ferne, ihr
Antlitz wird undeutlich, der Staat wacht. So werfen sie ihre Energien auf das Mitleid mit anderen, mit ihresgleichen, das heißt mit
sich selbst. Zu dieser Zeit begann man dem nachzutrauern, was
man hat verschwinden sehen: der Vergangenheit, den alten Sitten,
den einheimischen Dialekten, den Familientraditionen und vor
allem der Natur. Dabei weiß niemand so recht, was man mit
Natur eigentlich meint. Trauert man den Wäldern nach, den
Brachgebieten, den kantigen Mühlsteinen, den Zugpferden oder
den Erntedankfesten? Alles – ob es sich um Bäume, Pelztiere,
fließendes oder stehendes Wasser handelt –, alles wird zum Gegenstand gerührter Nostalgie. Die Menschen wollten den Fortschritt, nun haben sie ihn. Seine Früchte besser zu verteilen, war
Ziel des Kommunismus gewesen. Doch niemand hatte bislang

von den Verbrechen des Fortschritts gesprochen. Der Fortschritt tötet. Er entreißt uns die Erinnerung an die Vergangenheit, die Vergangenheit der Menschen und die der Natur. Und da unter demokratischen Verhältnissen der andere vom gleichen Range ist wie man selbst, wird der leichte Schmerz, den man ob dieses Verlustes empfindet, vervielfacht durch den Anblick der Gewalt, die andere erleiden. Das Fernsehen, das anfängt, das Bewußtsein zu prägen, liefert die Bilder untergegangener Naturvölker, die von Bautrupps aus den Amazonasgebieten verjagt werden, und von Tieren, denen die Autos und Flugzeuge in ihrer angestammten Heimat keine Ruhe mehr lassen. In seinen Vororten aus Stein hat der Mensch der demokratischen Länder, verwöhnt und wohlgenährt, von seinen Vorfahren die Angewohnheit übernommen, den Himmel, oder zumindest den Ausschnitt, den ihm das Fensterviereck läßt, nach den Vorzeichen für die großen Naturkatastrophen abzusuchen. Auf dem kleinen Bildschirm seines Fernsehapparates serviert man ihm Taifune, Vulkanausbrüche und Sturmfluten. Doch das, was er sieht, ist nichts im Vergleich zu dem, was er fürchtet und erwartet. So kühn war der Mensch noch nie. Wenn es zuviel regnet, dann haben die Flugzeuge das Wetter ruiniert; wenn alles unter der Hitze stöhnt, ist die Bombe schuld. Noch ist die Rache der Natur gemäßigt, aber die Katastrophe wird kommen.

So nistet sich die natürliche Apokalypse im Bewußtsein der Menschen ein und verdrängt allmählich die marxistische Apokalypse. Die beiden sind Konkurrenten, aber vor allem auch Verwandte. Der Kommunismus hat den entwurzelten Massen der Städte die Möglichkeit gegeben, weiter zu blicken, die Dimensionen der Geschichte wahrzunehmen – in Kontinenten zu fühlen und in Jahrhunderten zu denken.[1] Ihrer engeren Heimat entfremdet, sind die Menschen durch nichts mehr daran gehindert, diese Perspektive zu erweitern und jenseits der Krise des Kapitalismus diejenige der Menschheit ins Auge zu fassen. Je weniger die An-

1 Hannah Arendt, *Elemente und Ursprünge totaler Herrschaft,* Europäische Verlagsanstalt, Frankfurt 1955.

gehörigen der liberalen Kultur für sich selbst zu fürchten haben in einer Welt, die sie mit den materiellen Segnungen der Zivilisation versorgt, desto größer wird ihre kollektive Sorge, die der Zukunft des ganzen Planeten gilt. Je weiter der Einfluß des Kommunismus in ihren Ländern zurückgeht, desto mehr reduziert sich seine Bedrohung auf die Gefahr, die von der Hochrüstung der UdSSR ausgeht, und desto deutlicher offenbart der Fortschritt seine Zerstörungsgewalt.

## Nostalgie und Kybernetik

So ist im Bewußtsein der Menschen der Boden bereitet für den Keim einer neuen Apokalypse, deren Zentrum die Natur ist. Anfangs sind diese Ängste noch ziemlich vage. Sie tragen die verblichenen Farben der Nostalgie. Noch bietet der Marxismus das einzige wissenschaftliche Fundament, auf das sich eine echte Kritik der liberalen Kultur und der Kampf gegen sie stützen können. Doch Anfang der sechziger Jahre entwächst die Ökologie ihren Kinderschuhen. Die Natur ist nicht mehr die tröstliche Zuflucht derer, die sich dem Fortschritt verweigern oder von ihm ausgeschlossen sind, sondern wird zum Zentrum wissenschaftlicher Aktivität. Jetzt liefern große Wissenschaftler, Forscher, die in äußerst schwierigen Disziplinen zu Hause sind, den diffusen Ängsten der einfachen Menschen eine streng wissenschaftliche Grundlage, die sie, wie es sich gehört, reichlich mit mathematischen Formeln spicken. Der 1972 veröffentlichte Meadows-Bericht des Club of Rome über *Die Grenzen des Wachstums*[2] ist für den Umweltschutz das, was *Das Kapital* für die Arbeiterbewegung war. All die Menschen, die sich ganz privat eine Meinung gebildet hatten und sich isoliert und ohnmächtig fühlten, sahen sich hier endlich durch eine Autorität bestätigt.

Der Bericht des Club of Rome wendet auf die großen Gleich-

---

2 D. Meadows, *Die Grenzen des Wachstums, Bericht des Club of Rome zur Lage der Menschheit*, Deutsche Verlags-Anstalt, Stuttgart 1972.

gewichtssysteme der Natur ein einfaches, um nicht zu sagen
vereinfachtes Modell an, das J. Forester in der Kybernetik beschrieben hat. Wenn ein Phänomen ein anderes induziert, das
seinerseits auf das erste einwirkt, so bildet sich nach dieser Theorie ein «Regelkreis», der positiv oder negativ sein kann. Der
negative Regelkreis (oder die negative *Rückkopplung*) ist der
häufigere Fall: Dann reguliert sich das System von allein. Je größer die Menge, die eine Drüse von einem Hormon produziert,
desto stärker wirkt das Hormon dann auf die Drüse ein, um ihre
Produktion zu reduzieren. Auf diese Weise wird ein Gleichge-
wichtszustand erreicht. Wenn dagegen der Regelkreis positiv ist,
führt jede Steigerung der Produktion zu einer weiteren Verstär-
kung dieser Produktion: Das System geht durch, und das betref-
fende Produkt wächst exponentiell an. Dieses Prinzip wendet der
Meadows-Bericht auf fünf Variablen an: die Weltbevölkerung,
die Produktion von Nahrungsmitteln, die Industrialisierung, die
Umweltverschmutzung und die Verwendung nicht erneuerbarer
Rohstoffe. Der Bericht überschreitet den allzu menschlichen Gegensatz kapitalistisch/sozialistisch und zeigt, daß «die grundle-
genden Beziehungen» zwischen den fünf Grundgrößen «überall
auf der Welt grundsätzlich gleich sind und in jeder speziellen
Bevölkerungsgruppe gleichartig wirken».[3] Er gelangt zu dem
Schluß, daß die exponentielle Entwicklung dieser Größen durch
eine positive Rückkopplungsschleife rasch die begrenzten Kapa-
zitäten des Planeten überschreitet. «Das Grundverhalten des
Weltsystems ist exponentielles Wachstum von Bevölkerungszahl
und Kapital bis hin zum Zusammenbruch.»[4] So tritt die globale
Krise der Menschheit in den Blick. In den Nationen, die immer
wohlhabender wurden und in denen auch die bescheidensten
Schichten noch die Vorzüge von Besitz und Konsum zu genießen
begannen, jagte die von den Marxisten angekündigte endgültige
Krise des Kapitalismus den Menschen wachsende Angst ein. Sie
fürchteten um die kleinen Dinge, an denen sie um so mehr hingen,

3 D. Meadows, a. a. O., S. 82.
4 D. Meadows, a. a. O., S. 129.

als diese in ihnen den Hunger nach Wohlstand geweckt hatten, ohne ihn je ganz zu stillen. Dagegen ist die globale Krise der Menschheit als Apokalypse attraktiver. Hier steht das Schicksal des Planeten auf dem Spiel, und wir müssen dafür sorgen, daß uns der Fortschritt nicht mit der einen Hand fortnimmt, was er uns mit der anderen gibt. Der politische Kampf hat nicht mehr zum Ziel, das System zu zerschlagen, dessen Früchte man zu genießen beginnt, sondern es so zu verändern, daß seine Prozesse im Gleichgewicht sind und seiner Entwicklung Dauer beschieden ist.

Im Kielwasser des quantitativen Berichts, den der Club of Rome vorgelegt hat, entsteht eine Vielzahl qualitativer Arbeiten von mehr oder weniger ernsthaftem Zuschnitt. Illich zeigt, daß die Schule dumm macht und daß die Medizin die traditionellen Heilkenntnisse verschüttet.[5] Lorenz weist positive Rückkopplungsmechanismen im Verhalten nach und beklagt jenes gefährliche Maß an Entartung durch Deregulierung, dem die Menschen des postindustriellen Zeitalters unterworfen sind.[6] Lévi-Strauss rehabilitiert die primitiven Kulturen, und während er ihnen den Respekt zollt, die jede Kulturstufe verdient, zeigt er, mit welcher Verachtung sie behandelt worden sind. Denn unsere Kultur unterscheidet sich von den anderen nur durch ihre besondere Fähigkeit, diese zu unterwerfen und zu zerstören.

Mit diesen wissenschaftlichen Formulierungen gelangt die Naturnostalgie in den Stand einer positiven Disziplin. Der Marxismus hatte das Programm des kommunistischen Handelns vorgegeben, indem er die unwandelbaren Gesetze des geschichtlichen Werdens offenbarte; die Ökologie bringt den Menschen in Erinnerung, daß sie im Interesse des natürlichen Gleichgewichtes ihr industrielles Wachstum begrenzen müssen, und gibt damit die Richtlinien eines neuen politischen Kampfes vor.

5 I. Illich, *Die Nemesis der Medizin*, rororo aktuell 4834, Rowohlt, Reinbek 1981.

6 K. Lorenz, *Die acht Todsünden der zivilisierten Gesellschaft*, Piper, München o. J.

## Verträglichkeit und Unverträglichkeit
## von Rot und Grün

Der Kampf ist von Anfang an radikal. Die ökologische Bewegung betritt die politische Bühne nicht mit halbherzigen Maßnahmen oder Reformvorschlägen. Bis zu den Zähnen bewaffnet erscheint sie dort und gibt eine gnadenlose Prognose ab, die René Dumont 1974 programmatisch zusammenfaßt: die Ökologie oder der Tod.[7] Die Alternative ist einfach. Entweder gehen Fortschritt, Wachstum und Entwicklung unverändert weiter und die Katastrophe wird nicht lange auf sich warten lassen, oder man entschließt sich augenblicklich zu einer Politik, deren Grundsatz der Club of Rome festgelegt hat: Nullwachstum, Wiederherstellung des Gleichgewichts für alle globalen Grundgrößen und negative Regelkreise anstelle der exponentiellen.

Nicht die Ökologisierung der Politik findet statt, wie René Dumont feststellt, sondern die Politisierung der Ökologie. Das heißt, man verfügt von Anfang an über den vollständigen Apparat einer neuen Apokalypse. Wie beim Marxismus handelt es sich um eine internationale Vision. Wie dieser stellt das ökologische Denken das Prinzip der liberalen Kultur in Frage – das Prinzip von Fortschritt, ständiger Produktveraltung, der Herrschaft von Quantität und Wachstum. Wie dieser macht sie den Menschen, die zur Revolte bereit sind, den Vorschlag, ihre schwachen Kräfte in den mächtigen Strom einer Bewegung einzuspeisen und von deren Energie zu profitieren: Die Geschichte ist die Triebkraft der marxistischen Apokalypse, die Natur diejenige der ökologischen Apokalypse. Doch das geistige Universum, das zur Entstehung des Marxismus geführt und den politischen Kampf des Kommunismus beflügelt hatte, ging allmählich unter; der neuen Bewußtseinslage entspricht die Ökologie.

Angesichts dieser Wandlung der Revolte im Westen war man zunächst versucht, das Neue auf Bekanntes zurückzuführen, das

---

7 R. Dumont, *À vous de choisir, l'écologie ou la mort,* Pauvert, Paris 1974.

heißt, in der ökologischen Bewegung eine noch nicht dagewesene, deshalb aber nicht minder gefährliche Erscheinungsform «des» Kommunismus zu sehen. Belegen ließ sich diese These mit dem Hinweis auf gewisse persönliche Konstellationen (war Dumont nicht aktives Mitglied des CERES, des Zentrums für sozialistische Studien, Forschungen und Erziehung?) und eine Ähnlichkeit der Ideen: Sagte Marcuse nicht, daß die Befreiung des Menschen die der Natur nach sich ziehen werde, und machte er damit nicht eine Apokalypse von der andern abhängig? Und findet man nicht bei Ivan Illich die Hoffnung, China werde als einziges Land zur «konvivialen Revolution»[8] in der Lage sein? Passenderweise wird die Wachstumskritik zu einem Zeitpunkt vorgetragen, als das Motto «Ein- und Überholen» der Lächerlichkeit verfällt und sich die hoffnungslose Rückständigkeit der sozialistischen Länder nicht mehr verheimlichen läßt. Kommt ihnen da diese Ökologie, die aus den Ersten die Letzten macht, nicht gerade recht, um ihre Propaganda zu erneuern? Die militanten Syllogismen aus der achtundsechziger Zeit bestätigen das: Die Amerikaner haben Hubschrauber und die Vietnamesen Fahrräder. Die Vietnamesen gewinnen den Krieg gegen die Amerikaner. Folglich sind die Fahrräder den Hubschraubern überlegen. Was klein ist, ist nicht nur schön, sondern auch näher an der Natur, reicher versehen mit ihrer Energie und, mag der Augenschein auch dagegen sprechen, fortschrittlicher. Wenn «der» Kommunismus in Effizienz und Produktivität nicht mit seinem kapitalistischen Rivalen konkurrieren kann, so kann er dessen Gang zumindest verlangsamen, indem er ihm den ökologischen Knüppel zwischen die Beine wirft.

Bekanntlich hatten die Protagonisten zu beiden Seiten des Eisernen Vorhangs alles Interesse daran, sich allein gegenüberzustehen und alle Dissidenten in ihren Lagern zu unterdrücken. Für den Westen ist es deshalb bequem, die Ökologie auf das vertraute und leicht zu handhabende Phänomen des Kommunismus zu-

8 I. Illich, *Selbstbegrenzung*, rororo aktuell 4629, Rowohlt, Reinbek 1980.

rückzuführen. Für die UdSSR ist es verlockend, das neue Instrument dem internationalistischen Arsenal einzuverleiben, wo die bolschewistischen Waffen langsam alt und rostig werden. So bemüht sich die UdSSR, die neuen Waffen so gut zu handhaben, wie sie es vermag. Das macht sie direkt, indem sie auf jeder internationalen Konferenz in die Rolle des ökologischen Musterschülers schlüpft. So wie die Sowjetunion die demokratischste Verfassung hatte, so sind auch die sowjetischen Vorschriften für Luftreinheit, Wasserqualität und Sicherheitsbedingungen die schärfsten der Welt. Heute weiß man, welche ungeheuren Umweltschäden die kommunistischen Regierungen im sowjetischen Einflußgebiet angerichtet haben. Das läßt die damaligen ökologischen Ansprüche nur noch surrealistischer erscheinen. Trotzdem gab es damals Leute, die diesen Beteuerungen Glauben schenkten.

Doch vor allem von indirekten Maßnahmen – der Infiltration und Steuerung der ökologischen Bewegungen – erhoffte sich die UdSSR die größten Vorteile. Für die Überschneidung zwischen der roten und der grünen Apokalypse, der kommunistischen und der ökologischen Bewegung sorgte der Friedensbegriff. Im ökologischen Denken vollzog sich eine unmerkliche Verlagerung von dem «Wunsch, das Leben zu schützen, zu dem, es nicht zu riskieren».[9] Das Bestreben, dem Leben zum Sieg zu verhelfen, kann in der Praxis heißen, daß man alles akzeptiert, auch die Kapitulation. Im Kontext des kalten Krieges, in dem die geschickt geschürte Furcht vor der nuklearen Konfrontation herrscht, führt das zu dem Motto «lieber rot als tot». Die Verbindung zwischen ökologischer Bewegung und sowjetischer Welt bildet das Friedensthema, das die UdSSR schon lange instrumentalisiert und das, wie inzwischen bekannt, in seiner bislang letzten Erscheinungsform, der Friedensbewegung, ein Geschöpf des KGB ist.[10] Die Propaganda der Reagan-Administration, die Anfang der achtziger Jahre von dem Wunsch beseelt war, «den» Kommunis-

9 L. Ferry, *Le Nouvel Ordre écologique*, Grasset, Paris 1993, S. 167.
10 Th. Wolton, *Le Grand Recrutement*, Grasset, Paris 1993.

mus wieder zusammenzuschweißen und ihm all die vielen Manifestationen des Bösen anzuhängen, hat dieses grün-rote Bündnis gern und oft beschworen. Zweifellos hat es das auch gegeben, vor allem in Deutschland. Doch es hatte nur sehr begrenzte Bedeutung, und das ökologische Thema konnte niemals auf diese eine Ausdrucksform eingegrenzt werden. Besonders intensiv war der sowjetische Einfluß auf die Bewegung zum Zeitpunkt der Pershing-Stationierung, als es für die Russen darum ging, ihren strategischen Vorteil zu bewahren und zu verhindern, daß Europa und die Vereinigten Staaten durch die Stationierung dieser Raketen ihre Kräfte wieder miteinander verbanden.

Doch die ökologischen Bewegungen haben nie ihre Dritte Internationale gegründet. Durch ihre Vielfalt, ihre Aufsplitterung und ihren anarchischen Charakter ließen sie sich immer nur punktuell manipulieren, nie in ihrer Gesamtheit. Es ist zu bezweifeln, daß die UdSSR von dieser Anbiederung großen Nutzen gehabt hat.

Sicherlich hat aber das ökologische Denken in dem Maße, wie es an Breite und Tiefe gewann, im Westen zum Ansehensverlust des Kommunismus sowjetischer Provenienz beigetragen. Von Anfang an trägt der ökologische Diskurs in sich den Keim zu einer vernichtenden Kritik des real existierenden Sozialismus. Wenn Marcuse die totalitäre Tendenz der technischen Zivilisation bloßstellt, weist er darauf hin, daß «sie Ähnlichkeiten in der Entwicklung von Kapitalismus und Kommunismus hervorbringt»[11]. Und Illich geht noch einen Schritt weiter: «Die Diktatur des Proletariats und die Freizeit-Zivilisation sind zwei politische Varianten der gleichen Beherrschung durch einen in dauernder Expansion begriffenen industriellen Apparat.»[12] In dem Maße, wie sich die ökologische Bewegung durch die großen theoretischen Synthesen von Lovelock, Stan Rowe oder Christopher Stone, durch das Bündnis mit der Frauenbewegung und die Verteidigung von Min-

11 H. Marcuse, *Der eindimensionale Mensch,* Luchterhand, Darmstadt 1967, S. 18.
12 I. Illich, *Selbstbegrenzung* a. a. O., S. 30.

derheiten und Naturvölkern entwickelt und vertieft, verstärkt sich
ihre Tendenz, im Ost-West-Verhältnis eher eine heimliche Komplizenschaft als einen Gegensatz wahrzunehmen. Das heißt, der
ökologische Ansatz ist dafür mitverantwortlich, daß der Marxismus für die liberale Kultur jeglichen apokalyptischen Charakter
verliert. Mag der Pakt zwischen Ost und West in den zurückliegen-
den siebzig Jahren noch so geschickt getarnt worden sein, einer
genauen und vor allem radikalen Prüfung hält er nicht stand.

Das ökologische Denken weist zwischen den beiden Systemen
eine grundlegende Ähnlichkeit nach, die sicherlich erklärt, warum ihr konfliktgeladener Dialog so reibungslos verlief und warum Lenin sich mit seinen angeblichen Feinden so leicht einigen
konnte. Diese Ähnlichkeit beginnt schon früh: Ihre Anfänge liegen in der Faszination, die die englischen Nationalökonomen auf
Marx ausübten, in der gemeinsamen Religion der Produktion, im
Warenkult, im «Fetischismus der Materie»[13]. Marxismus und Liberalismus sind zwei verschiedene Weisen, die gleiche Tätigkeit,
die gleiche Industrie, den gleichen Hunger nach Sachen zu de-
klinieren. Unterschiedlich denken sie nur in der Frage, wie die
Produkte dieser Tätigkeit zu verteilen sind, wie dieser Prozeß zu
organisieren ist. Und da sich in dieser Kunst der eine dem anderen
rasch als unterlegen erwies, war es unvermeidlich, daß der Tüch-
tigere den anderen für seine Zwecke einspannte, ihn aufkaufte
wie ein Unternehmen, das in Schwierigkeiten ist, und ihn auf die
bescheidene, aber hinlänglich entlohnte Aufgabe des Scharfma-
chers und Kinderschrecks spezialisierte.

Gleich in doppelter Hinsicht geht die UdSSR an der Ökologie
zugrunde. Von außen erfährt sie den Mißkredit, den ihr der globale Ansatz des Weltsystems einträgt. Im Inneren erleidet sie die
Katastrophe von Tschernobyl, den letzten Auslöser der *Perestroika*. Nicht daß die Reaktorexplosion ein heilsames Schuldgefühl
bei der sowjetischen Führung hervorgerufen hätte. Dazu war diese schon viel zu lange an ihre mörderischen Lügen gewöhnt. Die
Scham, sagt Jean-Jacques Rousseau, sei eine Begleiterscheinung

13 S. Latouche, *Faut-il refuser le développement?*, PUF, Paris 1986.

der Unschuld, das Verbrechen kenne sie nicht mehr. In Panik geraten die Verantwortlichen vielmehr, weil sich die Folgen diesmal nicht mehr verheimlichen lassen: Die Sache ist ihnen entglitten. In Tschernobyl explodiert nicht ein Kernkraftwerk, sondern ein Abbild der UdSSR im kleinen. Damit erweist sich der sowjetische Feind für den Westen nicht nur als unnütz, sondern vielleicht zum erstenmal auch als gefährlich. Dabei liegt die Gefahr nicht mehr in seiner Macht, sondern in seiner Ohnmacht. Ganz offen überflügelt das Einverständnis die Konkurrenz. Und während die rote Apokalypse in den Kulissen verschwindet, läßt sie auf der Bühne die grüne Apokalypse erscheinen, die fortan die tragende Rolle im großen Überlebensdrama spielt.

Keineswegs abhängig vom Marxismus, beweist die Ökologie ihre Selbständigkeit dadurch, daß sie den Trauerzug bei der Beerdigung des Marxismus anführt und sich erst nach dessen Tode richtig entfaltet.

## Der öko-liberale Pakt

Während die Sowjetunion am machtvollen Aufstieg der Ökologie scheiterte, verstand es die liberale Kultur hervorragend, diesen tödlich entschlossenen Feind zu nehmen. Es gelang ihr, ihn mit einer Art Pakt zu umgarnen, der, wenn auch im einzelnen grundverschieden, insgesamt doch eine gewisse Ähnlichkeit mit dem Leninpakt hatte und aus dem erklärten Gegner de facto einen Verbündeten machte. Wie gewöhnlich geschah das alles unbewußt, zögernd, auf widersprüchliche Weise, so daß es den Demokratien abermals gelang, sich den Anschein äußerster Schwäche zu geben, während sie in Wirklichkeit ihre Stärke einmal mehr unter Beweis stellten.

Angesichts der Herausforderung durch die Ökologie, die die politische Bühne bis zu den Zähnen bewaffnet betrat, um einen Stop des Wachstums zu fordern, das heißt, um die Grundlagen der liberalen Gesellschaft zu zerstören, hat diese mehrere Abwehrstrategien mit unterschiedlichem Erfolg entwickelt.

Die erste ist die der Koexistenz. Sie deckt sich im wesentlichen mit der Forderung von Jean Dorst aus dem Jahre 1970, wonach es gilt, «zusammenhängende Naturschutzgebiete zu schaffen, die staatlicher Aufsicht unterliegen. Alle menschlichen Einwirkungen, die die Umwelt der Fauna und Flora verändern oder in irgendeiner Weise beeinträchtigen könnten, sind streng verboten. Dort bleibt die Natur sich selbst überlassen, und alles vollzieht sich, zumindest theoretisch, als ob es den Menschen nicht gäbe.»[14] Dieser erste Entwurf eines «Naturschutzes» strebt das friedliche Nebeneinander von technischer Zivilisation und einer Natur an, die natürlich, wild und jungfräulich ist. Scheinbar einträchtig können extremste Industrialisierung und ungezähmtester Urwald koexistieren.

Natürlich sind die Erfolgsaussichten dieses Ansatzes begrenzt. Solche Naturschutzgebiete wären eher Naturgettos, während der Mensch aus den örtlich begrenzten Reservaten die Berechtigung ableiten könnte, seine zerstörerischen Aktivitäten in den – weit größeren – Gebieten, wo solches Tun erlaubt wäre, völlig ungehemmt zu entfalten. Man hätte kein Mittel mehr, um die ökologischen Ansprüche zu befriedigen oder die Katastrophe abzuwenden, auf die die Wachstumsgesellschaften zusteuerten. Ein paar Refugien der Natur können die Welt nicht retten. Von diesem ersten Ansatz sind nur noch ein paar isolierte Maßnahmen übriggeblieben: «Artenschutz und Sicherung bedrohter Standorte»[15].

In einem zweiten Versuch zur Eindämmung der ökologischen Kritik stellt man die rohe der bearbeiteten Natur gegenüber. Man fordert nicht mehr die Erhaltung unberührter Gebiete, sondern ein Gleichgewicht zwischen der Tätigkeit des Menschen und seiner Umwelt. Danach führt das Wirken des Menschen nicht nur zu einer Beeinträchtigung der Natur; er kann ihr auch Gutes tun. In Frankreich äußert sich das während der Regierungszeit Pompidous als nostalgische Rückbesinnung auf das Landleben, diese

14 J. Dorst, *La Nature dénaturée*, 1970.
15 Vgl. M. Barnier, *Le Défi écologique*, Hachette pluriel 1992 – europäischer Kalender zum Schutz bedrohter Arten.

angeblich vollkommene Synthese von Mensch und Umwelt, die es um jeden Preis zu erhalten gilt. «Frankreich», erklärt Georges Pompidou, «darf nicht zu einer Vielzahl städtischer Ballungsgebiete werden, nicht zu einer Wüste, mag sie auch grün sein. Wir müssen die Natur retten, das ist die wichtigste Aufgabe des modernen Menschen, die bestellte und bewohnte Natur. Jede andere Natur ist eine traurige Natur.»[16] Also Abgang der traurigen, wilden Natur. Auftritt der Harmonie von Mensch und Umwelt.

Doch auch dieser Versuch einer Synthese hat einen Nachteil: Das Gleichgewicht gehört der Vergangenheit an. Die fruchtbare Verbindung zwischen dem Bauern und seiner Scholle gibt es nicht mehr. Nur künstlich läßt sie sich wiederherstellen, und es bedarf aufwendiger Maßnahmen, um die Wucherung der Städte zu begrenzen (unter Pompidou sind in Paris die Wohntürme an der Place d'Italie und in Montparnasse aus dem Boden geschossen), vor allem aber, um die Früchte urbaner Wirtschaftsaktivität in die ländlichen Gebiete zu leiten, so daß der denaturierte Stadtmensch dem natürlichen Menschen vom Lande in seinem Überlebenskampf hilft.

Bei diesem zweiten Versuch der Vereinnahmung kommt die Ökologie zwar eher auf ihre Kosten, doch die Notwendigkeit, das Wachstum einzuschränken, wird auch hier nicht in Frage gestellt. Auch wenn die Natur menschliche Züge annimmt, dämmt sie doch die freie und ungehinderte Entwicklung der technischen Zivilisation ein. Diese Fessel sprengt erst der dritte und letzte – und diesmal gelungene – Versuch, die Ökologie zu vereinnahmen.

Er ist eine Erweiterung des vorangehenden Versuchs. Die Tätigkeit des Menschen, sagte Pompidou, kann sich positiv auf die Natur auswirken. Als Beispiel nannte er das bäuerliche Leben. Warum diesen wohltätigen Einfluß auf die Vergangenheit beschränken? Beziehungen zum gegenseitigen Nutzen können zu jeder Zeit und in jedem Entwicklungsstadium aus der geschickten Synthese von technischem Fortschritt und ökologischem Bewußtsein entstehen. Das Wachstum kann die Natur zerstören; es kann

16 G. Pompidou, Interview in *Le Monde* vom 29. Juni 1971.

sie aber auch erhalten. Auf jeder Stufe läßt sich ein Gleichgewicht herstellen. Neue Schadstoffe gelangen in die Umwelt? Dafür lassen sich neue Entsorgungstechniken entwickeln. Raubbau droht, die Rohstoffvorkommen zu erschöpfen? Durch Preiserhöhungen läßt sich die Forschung intensivieren, und man kann dadurch für eine bessere Konkurrenzfähigkeit der Ersatzstoffe sorgen. Die technische Zivilisation erzeugt Krankheiten? Dafür besiegt sie andere, und für die, die auf ihr Konto gehen, entwickelt sie neue Behandlungsmittel.

Das Wissen des Bauern, seine Fähigkeit, pfleglich mit der Erde umzugehen, die er geerbt hat und eines Tages weitergeben wird, sind keine Werte, die der Vergangenheit angehören. Wenn man den gleichen Grundgedanken – die menschliche Erfindungsgabe in den Dienst des Guten zu stellen – aufgreift, lassen sich für jedes Problem, das die Technik aufwirft, technische Lösungen finden.

Zu diesem Sinneswandel ist es nach und nach gekommen. Zuerst haben die Umweltschützer selbst Einwände gegen die Schlußfolgerungen des Club of Rome erhoben: «Die Erfahrung der letzten Jahre zeigt», schreibt Ben Johnson, «daß in zahlreichen Ländern Afrikas und Lateinamerikas Nullwachstum oder sogar negatives Wachstum zu beobachten war, ohne daß sich Umweltzerstörung oder Ausbreitung der Armut verlangsamt hätten.»[17]

Mit anderen Worten, die Probleme, vor die uns die Entwicklung der technischen Kultur stellt, bestehen nicht darin, daß man das Wachstum zum Stillstand bringt, sondern vernünftig einsetzt. Im Extremfall werden die Empfehlungen des Club of Rome auf den Kopf gestellt: Um die Grundgrößen des Weltsystems in den Griff zu bekommen, braucht man *mehr* Wachstum, das heißt mehr Forschung, mehr Fortschritt und mehr Innovation, nur so lassen sich die negativen Auswirkungen der Technik ausgleichen. Für die Weltbevölkerung verkündet die demographische Theorie ein neues Gesetz: Die beste Geburtenkontrolle ist die Entwicklung, das heißt, der technische Fortschritt führt nicht zu einem

---

17 Ben Johnson, *Poverty and the Planet, a Question of Survival*, Penguin Books, 1990.

exponentiellen Bevölkerungswachstum, sondern stabilisiert es irgendwann. In allen Industriegesellschaften hat es eine vergleichbare Entwicklung gegeben: In wenigen Jahren sind hohe Sterbe- und Geburtenraten durch ein neues Gleichgewicht ersetzt worden, in dem sich Todesfälle und Geburten auf sehr niedrigem Niveau die Waage halten.[18]

Was für die Bevölkerung zutrifft, gilt dank größerer Produktivität auch für die Nahrungsmittelversorgung, die Umweltverschmutzung (die Schadstoffemissionen der Autos werden ständig verringert) und die Verwendung nicht erneuerbarer Rohstoffe (durch entsprechende Recyclingtechniken und so fort).

Durch diese technische Annäherung zwischen Ökologie und Industriegesellschaft werden die Schlußfolgerungen des Club of Rome in ihr Gegenteil verkehrt, Wachstum und Ökologie miteinander versöhnt. Im Juli 1989 werden diese Erkenntnisse auf dem G7-Gipfel in Paris in einer feierlichen Erklärung zusammengefaßt: «Um eine umweltgerechte Entwicklung zu erreichen, werden wir die Vereinbarkeit von Wirtschaftswachstum und Entwicklung mit dem Umweltschutz sicherstellen. Der Umweltschutz und damit zusammenhängende Investitionen sollen zum Wirtschaftswachstum beitragen. In diesem Zusammenhang sind verstärkte Bemühungen um bahnbrechende technologische Entwicklungen von Bedeutung, wenn Wirtschaftswachstum und Umweltpolitik miteinander in Einklang gebracht werden sollen.»[19] Keine traurige Natur mehr, keine nostalgische Trennung von Natur und Zivilisation; fortan darf die Industriegesellschaft die ganze Erde bestellen, vorausgesetzt, es geschieht mit der Weisheit der Vorväter, auf daß der Verbindung von Mensch und Natur ewige Dauer beschieden sei.

18  J.-C. Chesnais, *La Transition démographique*, INED, PUF.
19  Wirtschaftserklärung von Paris, 16. Juli 1989, Punkt 37.

## Wachstum durch Ökologie

Als erste tritt die Industrie in diesen neuen Wettstreit ein. Sie übersetzt die Empfehlungen des G7-Gipfels von Paris in ihre Sprache und erklärt: «Wir sind überzeugt, daß die menschliche Vorliebe zu kaufen, zu verkaufen und zu produzieren nützlich sein kann, um den Wandel herbeizuführen. Die Unternehmen haben dazu beigetragen, vieles von dem zu schaffen, was in der heutigen Welt Wert hat. Sie werden auch ihren Teil zur Fürsorge für die Zukunft unseres Planeten beitragen.»[20] Zwanzig Jahre liegen zwischen dieser optimistischen Verlautbarung und der düsteren Prophezeiung, die Ivan Illich 1973 geäußert hat: «Bestimmte Werkzeuge sind unter allen Umständen zerstörerisch, ganz gleich, wer sie verwendet – die Mafia, Kapitalisten, ein multinationaler Konzern, der Staat oder selbst ein Arbeiterkollektiv. Das gilt beispielsweise für mehrspurige Autobahnnetze, Kommunikationssysteme über große Entfernungen mit breitem Frequenzband, Tagebau oder die Schule.»[21]

Die Revolution ist abgeschlossen. Das Böse ist gut geworden. Der teuflische Genius der Wissenschaft und sein unanständiger Doppelgänger, der Profit, bringen nicht nur alle Übel, sondern auch die Rettung. Seinen schwarzen, schuldigen und schmutzigen Teil kompensiert das Industrieunternehmen durch einen grünen, ökologischen und heilbringenden Teil.

Diesen göttlichen Wink bewegen die Hersteller in ihrem Herzen und schicken sich an, der Umweltverschmutzung zu Leibe zu rücken, ein Unterfangen, das durchaus ernst zu nehmen ist. Auf zahlreichen Gebieten, insbesondere dem der Industrieprozesse, lassen sich durch Recycling die Schadstoffe und der Verbrauch von nicht erneuerbaren Rohstoffen verringern. Größtenteils sind diese Fortschritte unsichtbar. Das gleichen die Hersteller aus, indem sie ihr ökologisches Gewissen medienwirksam unter die

---

20 S. Schmidheiny, *Kurswechsel, Globale unternehmerische Perspektiven für Entwicklung und Umwelt*, Knaur, München 1993, S. 40.
21 I. Illich, a. a. O., S. 43.

Leute bringen. Immer besser kommt das grüne Mäzenatentum an. Dabei zählt die Kommunikation mehr als die Wirklichkeit, und es ergibt sich die merkwürdige Situation, daß sich die großen Chemiekonzerne, die schlimmsten Umweltsünder, die man sich denken kann, die Hauptverursacher jeder vom Meadows-Bericht angeprangerten Umweltzerstörung, in die vorderste Front der ökologischen Bewegung einreihen. Ausgerechnet die Großunternehmen, die Kunstdünger, Arzneimittel und Farbstoffe herstellen, heißen uns in einer reineren, sichereren und freieren Welt willkommen. Ökologie oder Tod, hieß es 1974 bei René Dumont. Zwanzig Jahre später reichen sich beide die Hände.

Die Revolution ist so gründlich gelungen, daß die ökologische Maskierung den giftigen Produkten nicht nur ihre Umweltschädlichkeit nimmt, sondern sie – in den Augen des Käufers – sogar in Heilsbringer für die natürliche Umwelt verwandelt. Wer die Natur liebt, muß ein bestimmtes Waschmittel kaufen. So ist nicht nur garantiert, daß die Wäsche sauber wird, sondern auch, daß das Mittel Gutes stiftet, wo immer es hingelangt, daß die Fische vor Freude Purzelbäume schlagen, wenn sie einen kräftigen Schluck davon im frischen Wasser ihres Baches genießen, und daß der Glanz, den es in unser «Weiß» bringt, sich über die ganze Erde verbreitet. An die Stelle der Sparsamkeit, des eingeschränkten Verbrauchs und des gebremsten Wachstums, Forderungen, wie man sie in den siebziger Jahren zum Schutz der Umwelt aufstellte, tritt der umfangreiche, um nicht zu sagen verschwenderische Verbrauch von Produkten, die nicht nur dem Menschen nützen, sondern auch der Natur.

Die Ökologie hat ein neues Kapitel der industriellen Entwicklung eingeleitet. Sie hat Forschungsarbeiten im Bereich der Produktion angeregt und die Einstellung der Konsumenten verändert. Daraus haben sich neue Bedürfnisse entwickelt, die von einer Vielzahl grüner Produkte befriedigt werden. Durch Einführung einer höheren Qualitätsebene ließen sich die klassischen Produkte verfeinern und diversifizieren. In mageren Zeiten braucht der Produzent nur ein kleines Schild, auf dem «Eier» geschrieben steht, um seine Produkte anzubieten. Nimmt der

Wohlstand zu, hebt sich aus der Menge der «gewöhnlichen Eier» die besser bezahlte Kategorie der «frischen Eier» heraus. Mit wachsendem Luxus bekommen wir noch die «frischen Landeier» dazu. Das ökologische Bewußtsein bringt die «frischen Landeier aus Bodenhaltung», und wenn die Umweltqualität noch ein bißchen nachläßt, werden die Verbraucher, die um ihre Gesundheit besorgt sind, nicht anstehen, einen erhöhten Preis für «frische Landeier aus dynamisch-biologischer Bodenhaltung» zu bezahlen.

Im ökologischen Kampf haben die Unternehmen begriffen, wie wichtig dieser positive Zirkel ist: Umweltverschlechterung bringt gesteigerte Nachfrage für grüne Produkte. So hat Stephan Schmidheiny keine Hemmung zu erklären: «Gerade die wettbewerbsfähigsten und erfolgreichsten Unternehmen stehen bezüglich Öko-Effizienz in vorderster Reihe.» Und ergänzt: «Ermutigend ist, daß dies technisch machbar ist; daß es auch noch Gewinn bringt, wirkt erst recht motivierend.»[22]

## Realismus und Utopie: der Zweitaktmotor

Obwohl die liberale Kultur anfangs von der ökologischen Apokalypse grundsätzlich in Frage gestellt wurde, ist es ihr gelungen, diese Gegnerschaft zu vereinnahmen und ihren Vorteil daraus zu ziehen. Zur technischen Vereinnahmung (durch industrielle Maßnahmen) gesellt sich eine politische. Neben der radikalen Ökologie der Anfangszeit – einer utopischen und buntscheckigen Umweltbewegung, die sich unwiderstehlich von allem Randständigen angezogen fühlte – Dritter-Welt-Problematik, Feminismus, Pazifismus und so fort –, entstand nach und nach auch eine realistische Ökologie, eine Ökologie von oben, die sich an vernünftigen Entscheidungen und der Kunst des Möglichen orientiert. Während sich diese realistische Ökologie in manchen Ländern in den Händen traditioneller Parteien be-

22 S. Schmidheiny, a. a. O., S. 38.

findet, wird sie in Frankreich durch eine eigene politische Richtung vertreten.

Die Trennung zwischen der realistischen Ökologie und den radikalen Grünen ist ein Ereignis, das dem Bruch zwischen den sozialistischen Parteien nach dem Leninpakt im Jahre 1921 gleichkommt. Seit die Vereinnahmung der Ökologie Fortschritte macht, seit die liberale Kultur eine Art Pakt mit der Katastrophe geschlossen hat, einen Pakt, der aus dieser, wie einst aus Lenin, ihren liebsten Feind macht, spalten sich die Radikalen von den Realisten ab, die sich, in Abwandlung des Blumschen Ausspruches, dazu entschlossen haben, «die Geschäfte der Bourgeoisie im Interesse des Planeten zu führen».

Angesichts einer totalen ökologischen Revolte, die die Grundfesten der liberalen Kultur bedrohte, ist es dieser gelungen, einen kollaborationistischen Strom abzuzweigen, der sich an die demokratischen Spielregeln hält und das Wirtschaftssystem stärkt, indem es ihm produktive grüne Forderungen entgegenhält, so wie die sozialistischen Parteien einst ihre produktiven sozialen Forderungen aufstellten. Wiederum profitiert die Demokratie von dieser Entwicklung, weil sie die Menschen dank der realistischen Umweltschützer «trotz aller Meinungsverschiedenheiten zur Koexistenz bringen kann».

Die Repräsentanten der ökologischen Bewegung, die sich nicht an diesem Vertrag beteiligen, weil sie ihre utopische, radikale und produktionsfeindliche Haltung nicht aufgeben wollen, werden in gewisser Weise von außen integriert – wie es früher dank der UdSSR mit den Kommunisten geschah. Der Nutzen, der ihren politischen Kampf fruchtbar und letztlich förderlich für die liberale Kultur macht, liegt darin, daß sie das Bild der Apokalypse lebendig erhalten.

Grünes Engagement ist nur dann in der Lage, das öffentliche Interesse zu wecken und den Unternehmen zu nützen, wenn die öffentliche Meinung zur realistischen Ökologie getrieben wird wie die Schafherde zur Weide: durch die gefletschten Zähne der Hunde, das heißt, den aktiven und bedrohlichen Fortbestand der Apokalypse.

Der Leninpakt konnte seine Geltung nur behaupten, solange es gelang, den Eindruck von der erbarmungslosen Konfrontation beider Systeme aufrechtzuerhalten. Aus diesem Grund wäre es nachteilig, wenn die ökologische Revolte jetzt verkümmerte, wo die liberale Kultur aus ihr Nutzen zu ziehen vermag. Unaufhörlich muß die Gefahr an die Wand gemalt werden, damit das Randspektrum der gesellschaftlichen Meinung, das zur Empörung und Revolte neigt, sich auf diesem für die Mehrheit so vorteilhaften Weg Luft macht.

Die alarmierenden Zustände, die es schafften, die allgemeine Besorgnis wachzuhalten, finden sich zunächst einmal in der Natur selbst. Die beste Triebfeder jener chiliastischen Ängste, von denen die ökologische Revolte lebt, sind immer noch die tatsächlich stattfindenden Katastrophen, die Tankerunglücke, die Güterwagen, die in Brand geraten oder ihre giftigen Ladungen mitten in den Städten auskippen, und die begradigten Flüsse, die Überschwemmungen verursachen und ihre Ufer fortreißen. Doch leider gibt es nicht jeden Tag so glückliche Ereignisse. In der Zwischenzeit wird das Schreckgespenst der Apokalypse vom radikalen Flügel der Apokalypse gepflegt. Deshalb gibt es neben der realistischen Ökologie eine utopische, ja sogar terroristische Ökologie, die uns wahrscheinlich noch lange Zeit erhalten bleiben wird, weil sie der unentbehrliche Partner der realistischen Ökologie ist.

Auf ihr Konto gehen militante Aktionen nach Art von Greenpeace. Durch solche medienwirksamen Provokationen gelingt es, die unbekannten oder unsichtbaren Bedrohungen in eine Gefahr zu verwandeln, die vor aller Augen liegt. So wäre das japanische Containerschiff *Akatsukimaru*, das anderthalb Tonnen spaltbares Material zur Wiederaufbereitung brachte, wobei es keinen Schiffbruch erlitt und niemanden verstrahlte, von der Öffentlichkeit unbemerkt geblieben – zumal die «realistische» Ökologie kein Aufhebens von ihm machte –, hätte Greenpeace es nicht aufgespürt und in eine Art virtuelle Katastrophe verwandelt, die die Öffentlichkeit tagelang in Atem hielt.

Vor allem gelingt es der radikalen Ökologie durch ihre theoretischen Beiträge, alle Fakten in einen bestimmten Interpretationszusammenhang zu bringen und die verschiedenen Katastrophen, die sich überall auf der Welt ereignen, so anzuordnen, daß sie unvermeidlich in die Apokalypse zu führen scheinen. In krassem Gegensatz zu den Schlußfolgerungen der realistischen Umweltschützer bewahrt die radikale Ökologie den Grundsätzen des Club of Rome unverbrüchlich die Treue. Unabhängig von dem Gegensatz (oder auch der vorübergehenden Versöhnung) zwischen einer bestimmten realistischen Partei und einer bestimmten radikalen Partei gibt es ein grundlegendes Schisma des ökologischen Denkens. Im Gegensatz zu den Reformanhängern, die als getreue Anhänger der liberalen Kultur die Auffassung vertreten, daß die Technik sich in den Dienst einer positiven und dauerhaften Entwicklung stellen läßt, lehnen Utopisten unterschiedlicher Provenienz jede Entwicklung grundsätzlich ab. Die Bereitschaft zum Bruch tritt in unterschiedlichen Ausprägungen auf. Als erstes wäre da die Forderung der französischen Grünen (vertreten etwa durch ihren Theoretiker Alain Lipietz) nach einer alternativen Entwicklung, von der man lediglich weiß, daß sie alle bislang vom industriellen Kapitalismus entwickelten Modelle verwerfen würde. Die bislang neueste Entwicklung repräsentieren die theoretischen Entwürfe von Stan Rowe, Christopher Stone oder Curren Machan für Amerika, deren getreuer Vertreter in Frankreich Serge Latouche ist.

Ein tiefer Graben teilt die ökologische Bewegung. Dazu schreibt Bill Dewall: «In der zweiten Hälfte des 20. Jahrhunderts gibt es zwei große ökologische Strömungen. Die erste ist reformistisch. Sie versucht, die schlimmsten Verunreinigungen des Wassers oder der Luft in den Griff zu bekommen, die schädlichsten landwirtschaftlichen Methoden in den Industriestaaten zu verändern und einige der noch existierenden unberührten Landstriche zu erhalten, indem man sie zu ‹Nationalparks› erklärt. Auch die andere Richtung vertritt viele Ziele, die die Reformanhänger auf ihre Fahnen geschrieben haben, aber sie ist revolutionär. Sie predigt eine neue Metaphysik, eine neue Erkenntnislehre, eine neue Kosmologie und eine neue Umweltmoral für die Beziehung zwischen Mensch und Erde.»[23]

Das besondere Augenmerk der radikalen Umweltschützer gilt zweifellos der dritten Welt. In den Industrieländern lassen sich technische Antworten für die ökologischen Gefahren finden. Das Wachstum kann als Heilmittel für die von ihm selbst hervorgerufenen Übel angepriesen werden. Sobald man jedoch den Planeten in seiner Gesamtheit betrachtet, scheint eine solche Lösung kaum noch möglich zu sein. Die Länder des Südens, die in ihrer Entwicklung zurückgeblieben sind und sich mit ihrem rasanten Bevölkerungswachstum auseinandersetzen müssen, haben kaum die Mittel, ihre Industrie zu entwickeln, und manchmal noch nicht einmal die Möglichkeit, für den eigenen Lebensunterhalt zu sorgen. Dabei wäre der Schutz und die Erhaltung ihrer Umwelt von lebenswichtiger Bedeutung für sie, wie der rasche Verfall ihrer Biotope, die Versteppung, die Erschöpfung ihrer Rohstoffquellen und der Niedergang ihrer Städte zeigt, aber sie sind beim besten Willen nicht in der Lage, das Kapital aufzubringen, das erforderlich wäre, um diese Probleme zu lösen. Die Länder des Nordens, die im Wachstum selbst das Heilmittel für die von ihnen verursachten Schäden finden, können nicht daran denken, diese Flucht nach vorn auf den ganzen Planeten auszudehnen.

Der Gegensatz zwischen realistischer und fundamentalistischer Ökologie zeigt sich vor allem in dieser globalen Perspektive. Vertreter der ersteren Richtung kümmern sich um das Feld, das der industrielle Norden abgesteckt hat. Völlig zu Recht behaupten sie, die Probleme lösen zu können, ohne die Prinzipien der industriellen Kultur in Frage stellen zu müssen. Letztere bleiben im Namen einer globalen Betrachtungsweise der Auffassung treu, daß eine dauerhafte Entwicklung notwendig einen Bruch mit der Wachstumsideologie der liberalen Gesellschaften voraussetzt.

Diese radikale Richtung, die sich mit dem Kampf für die dritte Welt, umweltschonenden Anbaumethoden, den Rechten der Frauen und dem Frieden identifiziert, sieht sich bestätigt durch

---

23 Zitiert bei Ferry, a. a. O., S. 133.

die wachsenden Gegensätze zwischen Nord und Süd, wie sie beispielsweise auf der Konferenz über Umwelt und Entwicklung im
Juni 1992 in Rio zutage traten, und führt einen erbitterten Kampf
gegen die Grundsätze der liberalen Kultur. Auf dem Umweg
über fundamentalistische Tendenzen bleibt die Ökologie also ein
wirksames Instrument zur Kontrolle und Organisation der Revolte.

Im Unterschied zu den kommunistischen Parteien werden diese
radikalen Bewegungen nicht von einer allmächtigen Internationale gesteuert. Aber die Zeiten haben sich gewandelt: In den
großen postindustriellen Staaten ist es nicht mehr erforderlich,
den revolutionären Eifer der verzweifelten Massen mit eiserner
Hand zu zügeln. Die Ausgrenzung der radikalen ökologischen
Richtung läßt sich von innen bewerkstelligen. Wieder fällt den
Intellektuellen dabei eine entscheidende Rolle zu. Während des
kalten Krieges waren die einen bemüht, den Kommunismus zu
preisen und die endgültige Krise des Kapitalismus zu beschwören,
die anderen, den Kommunismus einer unnachsichtigen Kritik zu
unterziehen und erbarmungslos darzulegen, inwiefern die sowjetische Revolution theoretisch und praktisch gescheitert war.
Heute befleißigen sie sich einer ähnlichen Arbeitsteilung in bezug
auf die ökologische Apokalypse. Die einen preisen, wie Michel
Serres, «Mutter Natur», die sich von der Industriegesellschaft
verraten sieht und vor Kummer darüber sterben wird.[24] Die anderen zeigen, wie Luc Ferry, daß die radikale Ökologie lediglich
ein neuer Totalitarismus ist und daß daraus, sollte er sich durchsetzen, eine Apokalypse nicht nur für die Natur, sondern auch
für den Menschen entstünde, das heißt ein Rückfall in die Barbarei.

Dieser Dualismus von realistischer und utopischer Ökologie,
der gemeinsame Vormarsch von Fortschritt und Katastrophe, wobei jeder den anderen mit sich zu ziehen scheint, führt zu einer
permanenten Inszenierung der ökologischen Apokalypse. Sie
wird zu einem der wichtigsten Tummelplätze für die individuelle

24 M. Serres, *Le Contrat naturel*, Flammarion, Paris 1990.

.

Revolte und dem Wunsch nach dem radikalen Bruch – Äußerungsformen jener Frustrationen, die das Leben in der modernen
Gesellschaft hervorruft.

Da die radikale ökologische Bewegung sich immer deutlicher
als eine gefährliche, freiheitsfeindliche Utopie erweist, wären
wohl nur wenige von uns bereit, sich von «grünen Khmer» regieren zu lassen. So kann sich die reformistische Ökologie rüh-
men, der einzige Schutz gegen dies alles zu sein: gegen die
Gefahren der ökologischen Apokalypse, weil sie die Technik in
den Dienst der Umwelt stellt, und gegen die Risiken der ökolo-
gisch-fundamentalistischen Apokalypse, das heißt gegen die Exzesse der radikalen und fanatisierten Anhänger dieser Richtung.
In den entwickelten Demokratien, in denen jeder, so wenig er
auch hat, sein Herz an dieses Wenige hängt, sind die Menschen
bestrebt, sich vor zwei Gefahren zu hüten: derjenigen, alles zu
verlieren, das heißt, mit dem Wohlstandsschiff unterzugehen, und
derjenigen, alles fortgeben zu müssen unter dem Vorwand, man
habe dem bedrohten Planeten zu Hilfe zu kommen. Der demokratischen Kultur stehen realistische technische und politische
Maßnahmen zur Verfügung, um solche Opfer zu vermeiden. Sie
lebt von diesen Ängsten, wobei sie vorgibt, sie zu beruhigen.
Wieder einmal beweist sie, daß sie nicht nur mit Feindseligkeit
und radikalen Angriffen auf ihre Grundlagen fertig wird, sondern
sie sogar zu ihrem Vorteil zu nutzen weiß. Die gleiche Methode
verwenden die Zauberer in Äthiopien, wenn sie Geister beschwören, ihnen befehlen, sich um den Patienten zu versammeln, diesen
dann auffordern, sich hinzulegen, und ihm eine Zitrone unters
Kopfkissen schieben. Von dieser kleinen Sonnenfrucht angezogen, beruhigen sich die Quälgeister und fallen in süße und
friedliche Träume.[25]

Nachdem also die liberale Kultur die schrecklichen Geister der
radikalen Ökologie gerufen hat, schenkt sie den Menschen wieder einen ruhigen Schlaf, indem sie ihnen die kleine Zitrone der

25 Zitiert bei J. Mercier, *Asres le magicien éthiopien*, J.-C. Latesse, Paris
1988.

reformistischen Ökologie unters Kopfkissen legt. Die fängt jetzt alle düsteren Vorzeichen ein und verwandelt sie in süße Träume von der Harmonie der Natur.

Allerdings sind unsere Gesellschaften heute nicht mehr so eindimensional. Angesichts einer ungeheuren Vielfalt von nebeneinander bestehenden und sich überschneidenden Meinungen gibt es keine alleinseligmachende Apokalypse mehr, wie sie der Marxismus zu liefern vermochte. Die Ökologie ist nur noch eine Apokalypse unter anderen – sie kann nicht mehr für alle sprechen.

Die Frage nach der Zukunft des Südens, auf die die realistische Ökologie nur unbefriedigende Antworten weiß, läßt eine weitere Spielart der Apokalypse entstehen, versorgt eine andere radikale Kritik mit Argumenten und bildet letztlich eine weitere Stütze der liberalen Kultur.

# VI
# Süden: Du Wilder, ich Robinson

Die Europäer haben den Süden gewollt. Leidenschaftlich haben
sie ihn begehrt. Dabei ging es ihnen nicht nur um die Räume, die
Bodenschätze und die Eroberungen, die ihre Länder brauchten.
Vielmehr empfanden die weißen Menschen, die ihren Kontinent
verließen, Sehnsucht nach diesen Ländern voll Intensität und Fie-
ber, brennender Sonne, unendlichen Sandflächen und Wäldern.
Nie haben sie aufgehört, diese Regionen und diese Menschen zu
begehren und zu fürchten. Immer hat das koloniale Abenteuer
von dieser Energie der Verzweiflung gelebt. Alles haben die Europäer versucht, um die ungeheure Weite ihrem Gesetz zu unterwerfen, ohne sich je über den hoffnungslos vergeblichen und
verzweifelten Charakter des Versuchs täuschen zu können. So
eindringlich wie kein anderer hat Conrad den ungleichen Kampf
zwischen den beiden Welten beschrieben. In den entlegenen Win-
keln, tief im malaiischen Dschungel verborgen, befanden sich die
Trugbilder der weißen Ordnung – die Handelsbüros, Polizeista-
tionen und Missionseinrichtungen – umgeben vom undurchdringlichen Urwald und seinen Miasmen, der pflanzlichen Meta-
pher des Südens, seiner Kulturen, seiner Menschen, seiner
ungeheuren Kraft in Leben und Tod. Im Gegensatz zu allen offiziellen Verlautbarungen hatten die Europäer nie das Empfinden,
diese Räume erobert zu haben. Keine Methode, die sie zu ihrer
Unterwerfung verwendeten, war ihrer gewaltigen Lebensenergie
gewachsen. Trotz der Ströme vergossenen Blutes gelang es in
Amerika nicht, die Indios und Indianer auszurotten; die Sklaven-
schiffe haben nicht alle Schwarzen in die Sklaverei bringen
können; die «Befriedung» der Nomadenstämme in der Sahara

und in Arabien hat sie nicht unterworfen. Und die Freiheitsbot-
schaft der Republik, die die Staatsbürgerschaft nicht auf die
Rasse, sondern auf den Vertrag gründete, wurde von dem lär-
menden Getümmel der Kolonialvölker übertönt, für die man, wie
es schien, die Tore der Gleichheit auf keinen Fall öffnen durfte.

Je weiter die Expansion der Europäer ausgreift, je stärker man
die kolonialen Räume organisiert, desto deutlicher zeigen sich
auch die Gefahren des Südens. In der Phase der Eroberung lebt
man noch ganz im Bann dessen, was man gewinnen möchte, und
denkt an nichts als den Sieg. Aber wenn die Waffen schweigen,
wenn es nicht mehr gilt vorzudringen, sondern zu bleiben, nicht
mehr zu erobern, sondern zu regieren, dann werden in der großen
Stille des Friedens beängstigende Stimmen, die Klänge exotischer
Musik laut, und man erwartet jeden Augenblick aus den Tiefen
dieser Unregierbarkeit den Mörder auftauchen zu sehen, der einem die Kehle durchschneidet.

Als sich zwischen den beiden Weltkriegen die Antikolonial-
bewegungen organisieren und politische Formen annehmen,
sind die Europäer erleichtert, egal, wie sie sich darüber äußern.[1]
Lieber diskutiert man mit nationalistischen oder kommunistischen Parteien, als sich von dieser vagen und stummen Bedrohung umgeben zu fühlen, die sich nur als blinder Haß entladen
kann.

Zu Beginn des politischen Prozesses, der nach dem Zweiten
Weltkrieg zur Dekolonisierung führt, versuchen die Europäer zu
bleiben und ihre Interessen durch Verhandlungen zu wahren.
Leichter, als man hätte meinen sollen, gelingt es ihnen, die De-
kolonierung als Sieg zu betrachten. Sie sichern ihren Fortbestand
im Süden durch das nationalpolitische Modell Europas, mit dem
sie ihn beglücken. Jetzt sind zwischen sie und den Süden einheimische Staaten geschaltet, die sich allein mit der Gewalttätigkeit
und den Geheimnissen dieser unregierbaren Regionen auseinandersetzen müssen. Der leidenschaftliche Wunsch nach Verständ-

1 J.-P. Biondi und G. Morin, *Les Anticolonialistes*, Robert Laffont, Paris
1992.

nis, der häufig die Kolonisierung begleitet hat, das besessene
Bemühen um die einheimischen Kulturen, Sprachen und Religionen, die häufig auch erotische Faszination durch die Fremdar-
tigkeit der Menschen haben die Europäer von der Tiefe und dem
Reichtum des Südens überzeugt, aber auch von seiner radikalen
Verschiedenheit, seiner Andersartigkeit, von der Unmöglichkeit,
ihn mit europäischen Maßstäben zu messen. Alle Themen der
Nord-Süd-Apokalypse, von denen heute die Rede ist, haben
schon den europäischen Kolonialismus bestimmt: die Kraft dieser
Völker in Leben und Tod, die Intensität ihrer Religion, die Un-
zugänglichkeit ihrer Welten für den abendländischen Rationalis-
mus. Während der Kolonialzeit hat man solche Aspekte mit der
universalistischen und positivistischen Phraseologie der Mutter-
länder zugedeckt.

Als die Europäer Ende des Zweiten Weltkriegs ihre Kolonial-
reiche aufgeben, bietet sich noch immer keine Gelegenheit, diese
Themen zur Sprache zu bringen. Denn das Ende der europäischen
Kolonialzeit führt nicht, wie man 1955 auf der Konferenz von
Bandung hätte meinen können, zu einer Konfrontation zwischen
Nord und Süd. Statt dessen kommt es zu einer globalen Auswei-
tung des Ost-West-Gegensatzes, der sich aus den oben gezeigten
Gründen Anfang der sechziger Jahre vor allem in der dritten Welt
zeigt.

Das rebellische Potential der dritten Welt, ihre Andersartigkeit,
ihre vom Zugriff der Kolonialmächte befreite Explosivkraft gerät
unter die noch vernichtendere und ausgefeiltere Aufsicht, die das
amerikanisch-sowjetische Kondominat während der nächsten
dreißig Jahre ausübt.

## Angst vor dem Süden,
## der Schlüssel zum Ost-West-Verhältnis

So merkwürdig das auch klingen mag, die beiden größten Kolonialmächte der Welt, die Vereinigten Staaten und die UdSSR, sind
die schärfsten Gegner des europäischen Kolonialsystems. Die

Vereinigten Staaten, ein Land, das die Weißen erobert haben, und zwar durch eine denkbar radikale und mörderische Kolonialpolitik, bei der es fast zur vollständigen Ausrottung der Urbevölkerung kam, hält sich nach dem Unabhängigkeitskrieg gegen England für eine befreite Kolonie und kämpft fortan für die Selbständigkeit jener überseeischen Gebiete, die noch von den Staaten der alten Welt regiert werden.

Nach dem Sieg der Roten Armee über die Weißen vollführt die UdSSR, Erbin eines Kolonialreichs, das der Zar seit 1830 aufgebaut hat, eine spektakuläre dialektische Kehrtwendung. Seit dem Kongreß von Baku spielt sie sich als Heimatland jenes Sozialismus auf, der zur Befreiung der Urbevölkerungen angetreten ist. So verwandelt sich unter ihren Händen die Eroberung in Befreiung, und das, was de facto Kolonisierung ist, in einen Vorgang, der grundsätzlich ein Akt der Befreiung ist. Die Länder, die einst so unglücklich waren, unter dem zaristischen Joch zu leben, werden aufgefordert, sich zu vergegenwärtigen, daß sie fortan das Glück haben, der sozialistischen Freiheit teilhaftig zu werden. Wer da nach der Unabhängigkeit verlangt, möchte wieder in die Knechtschaft zurück. Die Abhängigkeit von Moskau, die Zwangsherrschaft, wird zu einem Prozeß der Befreiung. Dank dieser Argumentation kann die UdSSR einerseits den Fortbestand ihres Reiches fordern und andererseits die Befreiung aller unterdrückten Länder predigen.

Der «naturgegebene» Antikolonialismus der Vereinigten Staaten und der UdSSR nach dem Zweiten Weltkrieg hat in Wirklichkeit nur ein Ziel: Europa zu schwächen und das duale Weltherrschaftssystem, das die Truman-Schdanow-Doktrin entwirft, zu verwirklichen. Solange die europäischen Mächte sich aktiv und gelegentlich mit Gewalt der Dekolonisierung widersetzten, entweder durch von vornherein verlorene Kriege oder durch riskante militärische Abenteuer (beispielsweise Suez 1956), konnte sich der sowjetisch-amerikanische Antikolonialismus sehr wirkungsvoll in Szene setzen. Das Böse, die Gewalt und die Rückständigkeit waren beim alten Europa und seinen schändlichen Herrschaftsansprüchen. Doch schon sehr bald sollten sich die

Vereinigten Staaten und die UdSSR nach der europäischen Niederlage dem Süden alleine gegenübersehen und Gelegenheit erhalten, intensive Erfahrungen mit ihm zu machen. Nun zeigte
sich, wie gründlich beide ihren Antikolonialismus mißverstanden
hatten.

Die Vereinigten Staaten stellten sich die Dekolonisierung vor,
wie sie Amerika erlebt hatte: Kolonialgesellschaften europäischen Ursprungs befreien sich von der Herrschaft ihres alten
Mutterlandes. So hatten die Vereinigten Staaten und Kanada sich
von England getrennt, Brasilien von der portugiesischen Krone
und der Rest des Kontinents von Spanien. Anders verhielt es sich
mit der Dekolonisierung der arabischen, afrikanischen und asiatischen Länder: Da tat sich der Bruch nicht zwischen Kolonisten
und Urbevölkerung auf. Resultat dieser radikalen Dekolonisierung waren führerlose Staaten, die ihrer europäischen Eliten
beraubt und enormen inneren Fliehkräften ausgesetzt waren. In
den durch die Kolonisierung destabilisierten Gesellschaften, die
in eine übereilte und schlecht assimilierte Modernität geworfen
wurden, entfalteten sich starke ethnische und soziale Spannungen. Zwischen einheimischen Gruppen, die von den Kolonial-
mächten ungleich behandelt worden waren, machten sich jetzt
mit einem Schlag Rachegelüste Luft.

So erwies sich die neue internationale Ordnung, die nach dem
Rückzug der Kolonialmächte entstanden war, als außerordentlich instabil. Rasch erkannten die Amerikaner, daß sie eingreifen
mußten, um ein revolutionäres Abdriften der jungen Staaten zu
verhindern. Das zeigten die kommunistischen Aufstände der
Nachkriegszeit (vor allem in Asien), für die nach Ansicht der
Vereinigten Staaten allein die verwerfliche Aktivität der UdSSR
verantwortlich war.

Doch diese machte damals die gleiche beunruhigende Entdek-
kung. Der unerwartete und bedrohliche Eintritt Chinas in den
kommunistischen Block ließ die bis dahin eindeutige Grenze der
Schdanow-Doktrin zwischen der kapitalistischen und der sozialistischen Welt plötzlich brüchig werden. Mit einer «dritten» Welt
öffnete sich ein Raum ungeheurer Instabilität, in dem unkontrol-

lierte und von den Chinesen noch angeheizte Aufstände jeden
Augenblick zu einem Ungleichgewicht gegenüber dem Westen
und zu einer Konfrontation mit ihm führen konnten. Die Reaktion der Chinesen auf den Start des Sputnik – der ihrer Meinung
nach die strategische Überlegenheit des Ostens besiegelte – war
hierfür eine gute Lehre.

Wenn China gelassen mit dem Gedanken spielte, die Hälfte der
Welt verschwinden zu lassen, offenbarte es sich als das, was es
war: eines dieser Länder mit unkontrolliertem Bevölkerungswachstum, das aus seinem Elend die Verzweiflung schöpft, die es
braucht, um ausrufen zu können: «Es lebe der Tod!» Zweifellos
ist China ein Land der dritten Welt. In seiner unsinnigen Reaktion
offenbarte sich die ungeheure rebellische Energie, das ganze Ge-
waltpotential der südlichen Kontinente, eine Gewalt, an die die
Russen seit den Mongoleneinfällen eine höchst unliebsame Erinnerung hatten.

In diesem Punkt trafen sich also aus unterschiedlichen Gründen die Interessen des Ostens und des Westens. Während der
sechziger Jahre wird das gemeinsame Bemühen um die Bewälti-
gung der Konflikte des Südens, die Eindämmung der Aufstände
auf seinen Kontinenten das Hauptanliegen der beiden Supermächte sein. In dieser Zeit geht es ihnen weniger darum, einander
am Zeug zu flicken, als gemeinsam die Gefahr der Instablität in
der dritten Welt zu bannen.

Wie es die Ideologie der Zeit vorschreibt, wird diese Gefahr
von den Vereinigten Staaten «dem» Kommunismus zugeschrieben, während die Sowjets darin insgeheim den chinesischen
Einfluß erblicken, während sie offiziell den Imperialismus an-
klagen. In Wirklichkeit überdeckt der Ost-West-Gegensatz nur
oberflächlich das komplexe, rätselhafte und beunruhigende
Geflecht regionaler Gegensätze, verschiedener Kulturen und ein-
heimischer Religionen, die schon die europäischen Kolonisato-
ren fasziniert haben. Der Unterschied besteht darin, daß sich die
Kolonialherren auf das historische und ethnische Labyrinth eingelassen und sich darin verirrt haben. Dagegen setzen die Sowjets
und die Amerikaner ihre Ehre daran, an der Oberfläche der

Erscheinungen zu bleiben. Sie wollen in den besonderen Zügen
der Vietnamesen, der Kongolesen oder Äthiopier nur Masken
ohne Bedeutung sehen, während sich die einzige Wirklichkeit,
die sie ihnen zubilligen, hinter diesem falschen Augenschein verbirgt: ihre unverbesserlich «kommunistische» oder «imperialistische» Natur.

Ist von den sechziger Jahren die Rede, spricht man in der ganzen Welt nur noch von dem Ost-West-Konflikt, dessen Parade-
beispiel der Vietnamkrieg ist. Trotzdem beginnt sich in dieser Zeit
unterschwellig im europäischen und amerikanischen Denken die
Vorstellung vom Nord-Süd-Gegensatz einzunisten. In den kreativen Verwerfungen des Jahres 1968 kristallisieren sich zusammen
mit den ökologischen und pazifistischen Auffassungen die wichtigsten Themen der Zeit nach dem kalten Krieg heraus, die die
neunziger Jahre beherrschen werden.

Das Bild eines Südens aus proletarischen Nationen, die als
einzige noch vom antiimperialistischen Eifer beseelt sind und
vom sowjetisch-amerikanischen Komplizenpärchen nichts mehr
wissen wollen, ist ein Schlüsselelement der chinesischen Propaganda nach dem chinesisch-sowjetischen Zerwürfnis. Diese
Theorie der drei Welten hat mehr Einfluß auf das Denken des
Westens als auf das der dritten Welt selbst, wo es den Chinesen
nicht gelingt, den sowjetisch-kubanischen Einfluß zu verdrängen.
Das Bild des Südens als antiimperialistische «dritte Welt» ist
immer noch der rationalen marxistischen Anschauung mit ihrem
verallgemeinernden und reduktionistischen Charakter verpflichtet. Trotzdem trägt es dazu bei, die allgemeine Wahrnehmung der
internationalen Beziehungen mit einer neuen Achse auszustatten
und damit die Ablösung des Ost-West-Gegensatzes vorzubereiten.

Wiederum hinterläßt der Vietnamkrieg tiefe Spuren im westli-
chen Bewußtsein: Ist dieses kleine erfindungs- und kinderreiche
Volk mit seinen Bambusfallen, seinen Kriegslisten und seinem
Freiheitsdrang nicht, ungeachtet seiner Verbindung mit der
UdSSR, das Symbol des Südens mit seinem unbändigen Drang
nach Unabhängigkeit, und gibt es nicht, nachdem es der größten

Macht der Welt getrotzt hat, das Signal für ähnliche Befreiungs-
aktionen auf den drei Kontinenten?

Für die einen ist der Süden die große Hoffnung, für die anderen
ein Gegenstand tiefer Furcht. In dieser Zeit (Anfang der siebziger
Jahre) entdecken die Länder des Nordens die Anfälligkeit ihrer
Volkswirtschaften und beginnen erste Maßnahmen gegen die Ein-
wanderungsgefahr zu treffen. Die Drogen entweichen ihren Gettos und werden zu einem Problem von globaler Bedeutung, vor
allem infolge der indochinesischen Kriege, die zuerst von den
Franzosen und dann von den Amerikanern geführt werden.[2] Die
Giftblüten der laotischen Hochplateaus überschreiten die engen
Grenzen der dörflichen Arzneibücher und gelangen in den Ta-
schen der GIs nach Amerika. Mit dem Fall des Guerini-Clans
verliert Frankreich den Schutz, den es bis dahin vor der Einfuhr
von Heroin genoß. Die Geißel breitet sich aus. Sie kommt aus
dem Süden. Auch in anderer Hinsicht sind diese Jahre schrecklich: Der palästinensische Terrorismus sucht und tötet westliche
Opfer. Die undurchsichtigen Auseinandersetzungen des Mittleren Ostens greifen auf Europa über. Aus dem Süden kommt
schließlich auch die Erpressung durch die ölerzeugenden Staaten,
was eine Vervierfachung der Preise und Gefahr für die Volkswirtschaften der entwickelten Länder bringt.

Die erste Hälfte der siebziger Jahre scheint uns sehr fern gerückt
zu sein. Die Aufregungen der letzten Ost-West-Konfrontation
haben sie in Vergessenheit geraten lassen. Trotzdem ist in dieser
Zeit bereits in großen Zügen vorgegeben, was man Anfang der
neunziger Jahre denken und sagen wird. Zu einem Objekt ihrer
Wünsche und Hoffnungen wird der Süden für all diejenigen, die in
ihm die letzte Chance der Rebellion sehen oder Solidarität für ihn
empfinden; beängstigend ist er für die anderen, die in seinen rasch
anwachsenden, instabilen und bedrohlichen Massen die neue Gefahr heraufziehen sehen, welche die Apokalypse bringen wird.

Carter versucht, die Nord-Süd-Fragen und die Umweltproble-
me mit Vorrang zu behandeln. Doch abgesehen davon, daß er in

2  A. McCoy, a.a.O.

der Folgezeit nicht mehr die Muße dafür hat und ein spektakuläres Ungleichgewicht in die internationalen Beziehungen bringt, muß er in den fünf Jahren von 1975 bis 1980 auch noch erleben, daß sich überall in der dritten Welt Mikrokonflikte entzünden, die zu indirekten Konfrontationen der beiden Supermächte führen. Diese Scheingefechte des kalten Krieges werden noch ein Jahrzehnt lang die Probleme des Südens verdecken und manchen Beobachter sogar zu der Auffassung bringen, es gäbe diese Schwierigkeiten gar nicht mehr, sie seien von den Zähnen der beiden Riesen zerfetzt worden. Tatsächlich verschlechtern sich hinter der kriegerischen Nebelwand die Bedingungen des Südens fortwährend, um nach dem Zusammenbruch des Kommunismus und dem Rückzug der Sowjets (und ihrer Verbündeten) von den peripheren Schauplätzen des kalten Krieges mit aller Deutlichkeit hervorzutreten.

Nicht zufällig ist der Nord-Süd-Gegensatz so rasch an die Stelle der Ost-West-Konfrontation getreten. Ganz allmählich hat sich nämlich schon in den Jahren zuvor das Bild des Südens als das des zukünftigen Feindes herausgebildet.

Daran ist zu erkennen, wie zweischneidig die Reagansche Rückeroberung war. In gewisser Weise ist der Triumph der Vereinigten Staaten zu weit gegangen. Sie haben der UdSSR zu heftig in den Sattel geholfen und sie damit endgültig aus dem Gleichgewicht gebracht. Mit seinem Verschwinden hat der kommunistische «Feind» das ganze System des gemeinsamen Krisenmanagements in der dritten Welt zum Einsturz gebracht. Die Gewalt in den Gesellschaften des Südens, die dreißig Jahre lang durch die Bündnispolitik des Ost-West-Verhältnisses zugleich angestachelt und im Zaum gehalten wurde, kommt plötzlich mit ungebremster Heftigkeit zum Ausbruch.

Der Süden, der schon lange geheimnisvoll und bedrohlich erscheint, dessen Turbulenzen aber zunächst durch die Kolonialherrschaft und dann durch das sowjetisch-amerikanische Kondominat verdeckt waren, rückt plötzlich in den Vordergrund als neue, gewichtige Bedrohung der entwickelten Gesellschaften, das heißt als eine weitere Ersatzapokalypse.

## Das islamische Reich des Bösen

Offenkundig war man zunächst versucht, im Süden einen ähnlichen Feind wie die Sowjetunion zu suchen, das heißt, ein Reich des Bösen, das einerseits entschlossen war, der liberalen Kultur den Tod zu bringen, und andererseits gezwungen, das eigene Überleben für diese Absicht einzuhandeln. Einen solchen idealen Partner, den sich die USA seit dem Zusammenbruch der UdSSR sehnsüchtig wünschten, glaubten manche Beobachter im Islam gefunden zu haben.[3] Seit einigen Monaten, besonders nach dem spektakulären und rätselhaften Anschlag auf das World Trade Center, haben die amerikanischen Medien die islamische Bedrohung entdeckt und sie mit den düsteren Farben und den blutrünstigen Absichten geschmückt, die ein solcher Feind braucht, um gebührende Anerkennung zu finden.

Wir erleben gegenwärtig eine ähnliche Verschiebung wie die, der der russische Nationalismus nach dem Kriege unterworfen war, als er für die Demokratien zum globalen Partner mit radikaler Zielsetzung avancierte. Jenseits der vielfältigen nationalen Strömungen zeichnet sich das Bild eines geschlossenen und weitgehend abstrakten Islam ab, der der weltlichen Sanftmut der Demokratie mit seinem theokratischen Fanatismus begegnet. Er ist eine radikale Alternative zur Demokratie und bietet den Ausgegrenzten, den Armen, den Menschen, die aller metaphysischen Nahrung beraubt sind, ein Rache-Ideal, die Würde des Kampfes und ein zugleich jenseitiges und diesseitiges Ziel. Äußerlich betrachtet, scheint der Islam durchaus in der Lage zu sein, jene Herausforderung zu bieten, die mit dem Zusammenbruch des Kommunismus fortgefallen ist, und in die Rolle des idealen Feindes zu schlüpfen, den zu suchen die demokratische Kultur nicht müde wird.

Der Islam ist auf allen Kontinenten zu Hause: In Ost- und Innerasien, das heißt im Herzen der ehemaligen UdSSR, vereinigt er beträchtliche Menschenmassen unter seinem Zeichen. Durch

3 So zum Beispiel G. Kepel in einem Interview mit *Le Monde*.

regelmäßige Einwanderung und den Kinderreichtum der muslimischen Bevölkerungsgruppen breitet er sich auch in Westeuropa aus. Nach Nordamerika gelangt er weniger durch Einwanderer aus arabischen Ländern als durch die Anziehung, die er auf die Schwarzen ausübt; das Beispiel von Malcolm X zeigt ihnen, daß der Islam ein Instrument des Kampfes und der Befreiung sein kann. Diese Präsenz in der demokratischen Kultur macht ihn zu einem inneren Feind, ganz so, wie es der Kommunismus war, der seinen Einfluß ebenfalls auf die ärmsten Bevölkerungsschichten ausübte. Bekanntlich hat der Islam in früheren Jahrhunderten niederen Kasten, verfolgten Sekten, überhaupt allen Verdammten der Erde Zuflucht geboten, die in ihm ihren einzigen Schutz und ihr Heil erblickten. In großer Zahl sind die Unberührbaren in Indien zu dieser Religion übergetreten, die die Gleichheit predigte; die Bogomilen auf dem Balkan haben im Islam die Möglichkeit gesucht, sich vom Geruch der Ketzerei zu befreien. Überall hat der Islam, gleichgültig ob er neue Gläubige gewinnt oder ehemalige wieder an sich bindet, seine besten Verbündeten in der Armut, der Emigration und dem sozialen Abstieg, denen er, wenn er schon keine Abhilfe weiß, wenigstens einen Sinn gibt.

Ferner ist dieser innere Feind – genau wie einst der Kommunismus – der Kontrolle äußerer Mächte unterworfen, die seine Heftigkeit steuern. Der Islam, eine Religion ohne Klerus und Papst, verbindet doch Politik und Religiosität miteinander und organisiert sich um Zentren, die zugleich national und religiös sind. Die beiden wichtigsten sind der Iran und Saudi-Arabien. Da diese Staaten nationale Interessen vertreten, läßt sich mit ihnen verhandeln. In seiner weitgehenden Ohnmacht hat das iranische Regime rasch begriffen, daß die einzigen Punkte, über die es – vom Erdöl abgesehen, auf das es keineswegs ein Monopol besitzt und dessen Preis ständig sinkt – mit dem Westen verhandeln konnte, der Terrorismus und die unter iranischem Einfluß stehenden islamischen Bewegungen waren. Das ist ein weiteres Beispiel für den Leninpakt, der zum Ziel hat, die Ausbreitung der Revolution für die Vorteile der sie verwaltenden Nation zu opfern.

So beunruhigend der organisierte islamische Terrorismus auch erscheinen mag, insgesamt gesehen ist er weniger erschreckend als der diffuse und spontane Aufstand der elenden und jedem Einfluß entzogenen Massen. Dadurch, daß die ferngesteuerten islamischen Bewegungen die soziale Instabilität einer ausländischen Zentrale unterstellen, machen sie die Rebellion wieder in einem politischen Raum heimisch, der dem Vernunftprinzip unterworfen ist; genauso sind zu Anfang des Jahrhunderts spontane soziale Bewegungen unter dem Einfluß der bolschewistischen Kommunisten integriert worden.

Trotzdem ist zu bezweifeln, daß dieses neue Reich des Bösen die große Lücke füllen kann, die die Sowjetunion hinterlassen hat. Sicherlich ist es berufen, eine wichtige Rolle zu spielen, aber es kann sich nicht allein die ganze Apokalypse auf die Schultern laden, die die liberale Kultur braucht, um sich bedroht zu fühlen.

Der islamische Feind offenbart konstitutionelle Unvollkommenheiten, die auch alle Medienkampagnen und politischen Versuche, ihn zu universeller Bedeutung aufzublähen, nicht verbergen können. Sein erster und schwerwiegendster Fehler liegt in dem völligen Mangel an Einheit. Selbst wenn die Zahl islamischer Zentren möglicherweise begrenzt ist, so sind doch die einzelnen Gruppen selbständig und von außen nur schlecht zu beeinflussen. Und der Islam weist ebenso viele Spielarten auf, wie es Staaten gibt, die sich auf ihn berufen, so daß alle Versuche, ihn zu einigen, zum Scheitern verurteilt sind. Beispielsweise hat der Iran große Rückschläge erlitten, als er die islamische Karte in Regionen wie dem Libanon oder Innerasien ausspielte, und der Grund für seine Aktivitäten in relativ ferngelegenen Gebieten – Europa und den Vereinigten Staaten – liegt vor allem in der regionalen Isolierung des Regimes. Genauso scheitert der saudische Traum von einer Vereinigung der arabischen Halbinsel an einer unüberwindbaren Einkreisung, einer Folge der geschickten englischen Politik in den dreißiger Jahren. Es entstehen neue periphere Pole wie Pakistan oder der Sudan, die sich nicht mit einer Rolle als Satelliten anderer Mächte begnügen und eigene geopolitische Ziele verfolgen. Die weltlichen und nationalen Spielarten des Islam in der Türkei,

Syrien und Libyen tragen noch zur allgemeinen Verwirrung bei. Darüber hinaus zeigt Olivier Roy, wie sehr es dem politischen Islam an Geschlossenheit und einer klaren Zielsetzung fehlt, so daß er letztlich die klassischen Autoritätsformen reproduziert.[4]

Infolge seiner Geschichte war der sowjetische Kommunismus so dominierend, daß seine wenigen Konkurrenten, die ihm alle in Hinblick auf ihre Größe oder Entwicklung unterlegen waren (China, Albanien, Jugoslawien), wenn nicht vernachlässigt, so doch zumindest, dank der westlichen Propaganda, dem vereinheitlichenden und reduktionistischen Begriff *des* Kommunismus subsumiert werden konnten. Dagegen bleibt der Islam ein ideales, abstraktes Konstrukt, dessen tatsächliche Zersplitterung sich nicht übersehen läßt, mögen die Medien es auch noch so sehr hätscheln. Draußen, zwischen den großen islamischen Brennpunkten der Welt, herrschen Zwietracht und Rivalität, so daß keiner dieser Pole für sich beanspruchen kann, das «Zentrum» zu sein. Im Inneren der entwickelten Länder ist der Islam sicherlich hier und da vertreten, und er mag auch etwas an Boden gewinnen, doch den Rang, den der Kommunismus einst besaß – den des einzigen radikalen Opponenten, des einzigen Betreibers der Apokalypse – wird er nicht einnehmen können. In der postmodernen Welt, in der die Meinungen vielfältig, die Normen schwach und die Erscheinungsformen der Revolte, der einzigen Infragestellung dieser Welt, sehr heterogen geworden sind, ist der Islam nur eine – und sicherlich bei weitem nicht die wichtigste – Spielart aus der Menge der individuellen Strebungen mit anscheinend antisozialen Zielsetzungen. Die Rückkehr zur Religion ist eine Erscheinungsform der Sinnsuche, jener Suche «à la carte», die sich nicht mehr an eine lange familiäre oder regionale Überlieferung gebunden fühlt, sondern die Vorteile der freien Wahl genießt. Diese oder jene Religion gefällt mir, also konsumiere ich sie. Wie die christliche Religiosität besitzt auch die islamische einen harten Kern, in dessen Umkreis sich zahlreiche Unentschlossene tummeln, die es nach Frömmigkeit verlangt, die aber nicht unbedingt bereit sind,

4 O. Roy, *L'Échec de l'Islam politique*, Le Seuil, Paris 1992.

ihr alles zu opfern. Beispielsweise ist der Islam der amerikanischen Schwarzen keinesfalls in der Lage, ihre Revolte zu strukturieren, die niemals zuvor so zersplittert und unorganisiert, um nicht zu sagen, selbstmörderisch war.[5] Der Islam schmückt sie mit ein paar neuen Symbolen, die sich dieser synkretistischen Kultur aus Lumpen der technischen Zivilisation und afrikanischen Reminiszenzen leicht einverleiben lassen. Doch die Ausbreitung des Islam erfolgt parallel zur Entscheidung für andere religiöse Optionen, vor allem für die zahlreichen lutherischen Sekten.

Das Bestreben, eine enge, der Internationale entsprechende Verbindung zwischen den Muslimen der entwickelten Länder und einer begrenzten Zahl von Zentren herzustellen, die sie aus der Ferne steuern, ist wahrscheinlich zum Scheitern verurteilt. Im demokratischen Universum der großen entwickelten Staaten ist der Islam nur ein persönlicher Heilsweg unter zahllosen anderen, die die postmoderne Gesellschaft anbietet. Möglicherweise nisten sich in ihm fundamentalistische Bewegungen ein, die sich dieser Netzwerke für terroristische oder auch nur einfach politische Aktionen bedienen. Doch in diesen muslimischen Geflechten wirken sich auch viele andere, vor allem nationale Einflüsse aus und spielen Gegensätze eine Rolle, die ethnischer und nicht religiöser Natur sind. Vor allem aber gibt es in den komplexen und labilen Gesellschaften der Postmoderne gleichzeitig eine große Zahl anderer Netzwerke; dort überschneiden sich die Minderheiten und herrscht eine persönliche Entscheidungsfreiheit, die dem Islam einerseits gestattet, sich auszubreiten, diese Ausweitung andererseits aber begrenzt.

Die Hoffnung der Politiker und mancher Medien, wieder *einen* Feind zu haben und ihn im Islam zu finden, wird sich wahrscheinlich nicht erfüllen. Er hat weder die erforderliche Universalität noch die notwendige Einheit. Das soll nicht heißen, daß er ein völlig unbedeutender Faktor ist, daß er nicht teilhat an der Apo-

---

5 P. Paraire, *Les Noirs américains*, Hachette Pluriel intervention, Paris 1993.

kalypse und daß er nicht seine regionale Nützlichkeit zur Zügelung bestimmter radikaler Aufstände erweisen kann. Hier sei lediglich festgestellt, daß er nicht in der Lage ist, alle «Bedrohungen» in sich zu vereinigen, die die öffentliche Meinung beschäftigen. Der Islam ist keine neue Apokalypse nach Art des Ost-West-Konflikts (der einzige und universelle Feind), sondern gliedert sich dem neuen Agglomerat des Nord-Süd-Gegensatzes ein.

## Der offene Bruch

Dieses neue Agglomerat läßt sich also nicht auf einen einzigen Feind zurückführen, der nach dem feurigen Bild der Sowjetunion gebildet wäre.

Heterogen, zersplittert durch seine starken wirtschaftlichen, politischen und ethnischen Spannungen, gewinnt der Süden mehr und mehr eine negative Definition: Er ist das, was nicht zum Norden gehört. So figuriert er immer deutlicher als «Rest der Welt», im gleichen Sinn wie es die «Barbaren» für die großen Weltreiche waren, das Römische Reich etwa.

Die Ideologie des Bruchs zwischen Nord und Süd habe ich bereits in einem anderen Buch[6] dargelegt, und es würde den Rahmen der vorliegenden Arbeit sprengen, wollte ich noch einmal ausführlich auf diese Überlegungen eingehen. Erinnern wir uns nur an die wichtigsten Punkte.

Die Ideologie des Nord-Süd-Bruchs beruht zunächst einmal auf der objektiven Feststellung eines wachsenden Gegensatzes zwischen den beiden Hemisphären in Bereichen von grundsätzlicher Bedeutung wie Bevölkerungsentwicklung, Wirtschaft und so fort.

Im Norden ist der demographische Übergang überall vollzogen, in dessen Verlauf die Bevölkerungsentwicklung zum Stillstand kommt oder sogar rückläufig wird, auf jeden Fall aber die

6 *Das Reich und die neuen Barbaren*, Volk und Welt, Berlin 1993.

Lebenserwartung steigt. Im Süden ist dieser Übergang blockiert, nicht vorhanden oder auf einzelne Bevölkerungssegmente beschränkt, da der demographische Wettbewerb zwischen Gruppen und Nationen das Bevölkerungswachstum ankurbelt, statt zu bremsen. Die Grenzen zwischen beiden Welten sind Schauplätze ständiger Wanderbewegungen, die manchmal einen explosiven und spektakulären Charakter annehmen: haitische Boatpeople, Afrikaner, die über die Meerenge von Gibraltar kommen, und die Aseris in Moskau.

Bei Anlässen wie Hungersnöten, Kriegen oder politischen Terrorakten wird die Gefahr des Südens mit schöner Regelmäßigkeit in Szene gesetzt. Während im Norden der kommunistische Terrorismus demokratischen Regierungen Platz gemacht hat, wird der Süden von religiösen, ethnischen und sozialen Auseinandersetzungen zerrissen, in denen sich eine unvorstellbare Gewalttätigkeit entlädt. In vielen Staaten der dritten Welt hat die Wirtschaftskrise schon die Ausmaße eines Staatsbankrotts angenommen. An die Stelle legaler Anbaukulturen treten «kriminelle» Produktionszweige, Rauschgift vor allem, das zur Finanzierung von Guerillabewegungen dient und den jeweiligen Staaten neue Handelsmöglichkeiten öffnet.

Dieses Bild eines Gegensatzes zwischen zwei Welten nimmt immer deutlichere Gestalt an. Bestätigt wird es durch objektive und wissenschaftliche Untersuchungen, etwa im Weltentwicklungsbericht der Vereinten Nationen, der mit fotografischer Genauigkeit die Unterschiede zwischen Nord und Süd festhält und zeigt, in welchem Maße sie sich verschlimmert haben.[7] Weniger direkt wird dieses Bild von den Kommentatoren in den Medien gepflegt, die die Gefahr des Südens selten in ihrer Gesamtheit beschreiben, sondern es lieber ihrem Publikum überlassen, die Verbindung zwischen verschiedenen Ereignissen herzustellen.

Diese Feststellung der Nord-Süd-Gegensätze ist nicht wirklich neu. Nur die Wirkung, die sie hervorruft, ist ganz anders als

---

7 U.N. *Development Programme, Human Development Report*, Oxford University Press, New York.

in früheren Zeiten. Bislang diente die Beschreibung der Unterschiede zwischen Nord und Süd eher als Aufforderung, den Abstand zwischen den beiden Welten zu verringern. Seit der Kolonialzeit lieferte die «Rückständigkeit» der Eingeborenen die überzeugende Rechtfertigung für eine erzieherische und vielleicht auch auf Assimilation abzielende Politik. Während der Dekolonisierung und des sowjetisch-amerikanischen Kondominats nahm man die Unterentwicklung als Anlaß, sich um diese Länder zu kümmern und dort die wirtschaftspolitischen Experimente und Modelle zu unterstützen, denen die Vorliebe des jeweiligen Lagers galt.

Heute scheint die Feststellung, daß sich der Abstand zwischen Nord und Süd vergrößert, vor allem eine Abwehrreaktion auszulösen und die Staaten des Nordens zu veranlassen, ihr Engagement im Süden zu verringern.

Auf jedem internationalen Forum läßt sich diese Polarisierung von Nord und Süd beobachten. Die UN-Konferenz über Entwicklung und Umwelt, die im Juni 1992 in Rio stattfand, hat zur Konfrontation der beiden entgegengesetzten Denkweisen geführt: der des Südens, der den entwickelten Staaten die Ausbeutung der gemeinsamen Rohstoffvorkommen des Planeten vorwirft, und der des Nordens, der Angst hat, daß die Bevölkerungsexplosion des Südens zu schweren Umweltzerstörungen führen könnte. Mit Besorgnis sehen die reichen Länder die Staaten der dritten Welt den gleichen Weg einschlagen, den sie selbst gegangen sind und der durch ein unvermeidliches Maß an Konsum und Produktion das Ungleichgewicht zu verschlimmern droht. Man redet aneinander vorbei, indem der eine dem anderen vorwirft, einen zu hohen beziehungsweise zu niedrigen Entwicklungsstand zu haben (wobei im zweiten Fall dem anderen vor allem das Recht abgesprochen wird, seine Entwicklung auf die gleiche zerstörerische Weise voranzutreiben, in der er selbst es getan hat).

Die GATT-Verhandlungen lassen hinter dem homerischen Schlachtenlärm, den die Scharmützel zwischen den Vereinigten Staaten und Europa erzeugen, einen prinzipiellen Gegensatz erkennen zwischen den Ländern des Nordens, die mehr und mehr versucht sind, sich protektionistisch zu verschanzen, und den Staaten des Südens, denen der Norden beim Vertrieb ihrer Erzeugnisse strenge Grenzen auferlegen möchte.

Das gilt sogar für die Vereinten Nationen, die heute von einem sich vertiefenden Nord-Süd-Graben durchzogen sind (symbolisiert durch den Gegensatz zwischen Sicherheitsrat und Vollversammlung), und das zu einem Zeitpunkt, wo das Ende der Ost-West-Spaltung hoffen ließ, die Organisation könne zu einer Einheit zurückkehren, die sie vierzig Jahre lang schmerzlich vermissen ließ.

Gewiß, auch die Länder des Nordens sind geteilte Gesellschaften: Sie haben die Trennung zwischen Reich und Arm und verschleiern große Ungleichheiten. Die Zweigeteiltheit dieser Gesellschaften kann aber nicht über die grundsätzliche Zweiteilung des internationalen Systems hinwegtäuschen. Die Zeit, als man meinte, die Realitäten von Nord und Süd seien zwar verschieden, müßten sich aber eines Tages angleichen, scheint endgültig vorüber zu sein. Daß der Süden den gleichen demographischen Übergang wie der Norden erleben wird, daß seine Volkswirtschaften der gleichen Tendenz folgen werden (abzulesen an der Kurve des Bruttoinlandproduktes), daß sich seine Regime in Richtung Demokratie entwickeln – das alles wird nicht mehr fraglos vorausgesetzt. Die Unterschiede der beiden Welten anzuerkennen, das heißt mehr und mehr, sich mit ihren radikalen Gegensätzen abzufinden. Das heißt vor allem in der Andersartigkeit des Südens eine schwerwiegende Bedrohung für den Norden zu sehen. Kaum hat die entwickelte Welt über die angebliche marxistische Apokalypse triumphiert, sieht sie sich schon auf eine andere, neue, aber nicht weniger radikale Art gefährdet. Mit dem Süden steht ihr ein Gegner gegenüber, der doppelt bedrohlich ist durch seinen Geburtenreichtum, seine Instabilität, seine Fähigkeit, sich gefährliche Waffen zu verschaffen und Umwelten zu zerstören, die gemeinsames Eigentum der Menschheit sind, durch seine Leidenschaftlichkeit, seinen Fanatismus, seine kriminellen Wirtschaftsaktivitäten (Drogen und ähnliches).

Kurzum, der Norden lebt in der Nachbarschaft eines bedrohlichen Gegensatzes. Auf der anderen Seite einer unsichtbaren Linie, die keine militärische Front mehr ist, wie sie sich zwischen Ost und West hinzog, sondern ein Limes, eine physische und geistige Demarkationslinie zwischen einer Welt und ihrem Gegensatz. Eine neue Apokalypse ist geboren.

## Gleichgewicht der Ungleichheit

Die mangelnde Bereitschaft zum Engagement und die Tendenz zur Abschottung, die der Norden gegenüber der unterentwickelten Welt zeigt, drückt sich in neuartigen Beziehungen zum Süden aus: Schematisch lassen sich je nach Nähe der betreffenden Regionen drei «Kreise» unterscheiden. In unmittelbarer Nähe des Limes, das heißt der Linie, an der Nord und Süd direkt aneinanderstoßen (und die man der Einfachheit halber dort einzeichnen kann, wo Gebiete, in denen sich der demographische Übergang schon vollzogen hat, Regionen berühren, in denen das noch nicht geschehen ist), setzt sich der erste Kreis aus Ländern zusammen, die man als Pufferstaaten bezeichnen kann. Nach Wirtschafts- und Bevölkerungsstrukturen dem Süden zugehörig, erfreuen sich diese Staaten der besonderen Aufmerksamkeit der entwickelten Länder. Die Aufgabe der Pufferstaaten besteht darin, den Druck der Wanderbewegung aufzufangen und entlang des Limes eine Art Schutzwall zwischen den Turbulenzen und der Armut der südlichen Kontinente einerseits und dem Wohlstand der entwickelten Welt andererseits zu errichten. Dabei wird die Stabilität der Pufferstaaten durch unterschiedliche Methoden gewährleistet. In manchen Gebieten (Mexiko, Türkei) verträgt sich die Stabilität mit demokratisch erscheinenden Regierungen, die allerdings unter strenger Aufsicht stehen. Man einigt sich mit diesen Staaten auf bestimmte Formen der wirtschaftlichen Zusammenarbeit. Dabei kann die Fürsorge des Nordens, wie etwa im Falle Mexikos, bis zur Errichtung eines gemeinsamen Marktes gehen. Doch dieser Zusammenschluß hat rein wirtschaftlichen Charakter und umfaßt keinesfalls auch die uneingeschränkte Bewegungsfreiheit

der Menschen. Die Staaten bleiben dem Süden zugehörig, und die
Vorteile, die ihnen eingeräumt werden, haben nicht etwa die Aufgabe, ihre Öffnung nach Norden zu erleichtern, sondern sie
vielmehr zu unterbinden und die Bevölkerung an der Abwande-
rung nach Norden zu hindern.

Andernorts werden die Pufferstaaten durch autoritäre Regierungen stabilisiert – nicht zuletzt in den fundamentalistischen
islamischen Staaten, die ansonsten so heftig kritisiert werden. In
diesen Staaten haben die Menschenrechte, die die liberale Kultur
in den eigenen Grenzen zugrunde legt, überhaupt keine Geltung.
Trotzdem können sie mit westlicher Hilfe rechnen. So hat man
dem islamischen Iran und China nach dem Massaker auf dem
Platz des himmlischen Friedens rasch wieder Zugang zur internationalen Wirtschaftsgemeinschaft gewährt, eine Gunst, die sie
weniger ihrer humanitären Haltung verdanken als ihrer Fähigkeit, einen massiven Exodus ihrer Bevölkerung zu verhindern.
Wenn die entwickelten Länder die Wahl haben zwischen instabilen Demokratien, aus denen sich ein unablässiger Strom von
Einwanderern ergießt, und totalitären Staaten, die ihre Grenzen
so dicht machen, daß niemand hinauskann, entscheiden sie sich
offenbar für letztere. Das beste Beispiel dafür ist die Karibik, wo
die Vereinigten Staaten gegenüber Kuba, dieser reifen Frucht eines ausgedienten Kommunismus, große Zurückhaltung üben. Sie
hüten sich, den Fall des Regimes zu beschleunigen, weil sie Angst
haben, die Insel könnte, demokratisch geworden, wie die Nach-
barinsel Haiti große Mengen von Boatpeople an die amerikanischen Küste spülen.

Jenseits der Pufferstaaten erstreckt sich eine zweite Zone aus
Regionen, die man in Anlehnung an die frühe Kolonialzeit als
Handelskontore bezeichnen könnte.

Seit die ehemaligen Kolonien unabhängig geworden sind, ist
die Beziehung zwischen Nord und Süd von dem Bekenntnis –
zumindest dem Lippenbekenntnis – zur Entwicklungshilfe bestimmt. Nach diesem sehr allgemein gehaltenen Konzept ging es
darum, den Ländern den gleichen Weg zu ermöglichen, den zuvor
die «höherentwickelten» Länder Europas und Amerikas einge-

schlagen hatten. Man glaubte, der Aufbau der staatlichen Strukturen und das Erstarken der Volkswirtschaften würde die Länder
des Südens allmählich zu ebenbürtigen Partnern des Nordens machen. Unausgesprochen sah das Entwicklungsprogramm also
einen allmählichen Abbau der Ungleichheit vor, und zwar auf
internationaler Ebene (zwischen reichen und armen Ländern)
und auf nationaler (zwischen verschiedenen Bevölkerungsgruppen). Diese Entwicklungslogik macht heute mehr und mehr einer
schlichten Ausbeutungslogik Platz.

Dabei vollzieht sich eine Doppelbewegung, die einerseits aus
einer Liberalisierung der Volkswirtschaften und einer Öffnung
der Märkte besteht und andererseits aus einer Strukturanpassung, das heißt, einer Konzentration der Mittel, über die diese
Staaten verfügen, um ihre Aufgabe zu erfüllen. Das Ergebnis ist
besorgniserregend. Die von den internationalen Finanzinstitutionen erzwungene Öffnung der Märkte gestattet den Ländern des
Nordens, ihr Kapital in die rentabelsten Wirtschaftszweige zu
investieren, während den Ländern vor Ort nur die defizitären
Sektoren bleiben, so daß ihnen kaum noch Mittel zur Verfügung
stehen. Hier zeigt sich ein erster Effekt der Kontorslogik: die
Priorität dessen, was sich bereits bewährt hat, und die mangelnde
Bereitschaft, unter finanziellen Opfern die Entwicklung aller Bereiche zu fördern. Die gefährdete Unabhängigkeit jener Staaten,
die (wie Brasilien oder Indien) eine Zwischenstellung einnehmen,
weil es ihnen gelungen ist, eigene Industrien aufzubauen, wird
durch eine Liberalisierung, die in Wirklichkeit sehr ungerecht ist,
erbarmungslos in Frage gestellt. Auf der einen Seite führt die von
der Weltbank erzwungene Öffnung der Märkte dazu, daß die
Produkte des Nordens mit geringen Kosten massiv auf die Märkte
des Südens gelangen und die einheimischen Erzeugnisse verdrängen; andererseits errichtet der wachsende Protektionismus der
entwickelten Länder immer mehr Hindernisse, die den Produkten
aus der dritten Welt den Zugang zu den Märkten des Nordens
verwehren, so daß die Länder des Südens die Einbußen auf ihren
Binnenmärkten nicht durch Exporte wettmachen können.

So haben die entwickelten Volkswirtschaften besseren Zugang

zu den «interessanten» Regionen des Südens, in denen sie ihre Produkte absetzen, Rohstoffvorkommen abbauen oder für Billiglöhne produzieren können. Im schlimmsten Falle hat das die Vernichtung der lokalen Industrie zur Folge, im besten die Umwandlung der dortigen Volkswirtschaften in Zulieferindustrien, in wirtschaftliche Aktivitäten also, die wenig zur Entwicklung der einheimischen Strukturen beitragen.

Die strukturelle Anpassung und die großen Einschränkungen, die den öffentlichen Ausgaben durch die Finanzinstitutionen auferlegt werden, verstärken ihrerseits die Konzentration dieser Staaten und machen sie noch instabiler. Bildungssystem, soziale Sicherung, Investitionen (besonders für die soziale Entwicklung) werden immer mehr vernachlässigt, was den Verfall der betroffenen Gesellschaften beschleunigt. Je nach Kontinent und dem relativen Wohlstand, den die betreffenden Gesellschaften zuvor erreicht hatten, ist dieser Verfall mehr oder weniger deutlich zu beobachten.

In Lateinamerika, wo es zahlreiche Länder mit einem ausgeprägten Zwischenhandel gibt, zeigte sich der Abstieg in seinem ganzen Ausmaß erst im Laufe der Zeit. Die augenblickliche Euphorie über eine Liberalisierung, die ausländisches Kapital in die einträglichsten Wirtschaftszweige lockt, verdeckt die längerfristigen Folgen: die Wirtschaft büßt ihre Unabhängigkeit ein, die Konkurrenzfähigkeit läßt nach und die Industrie ist vom technischen Fortschritt abgeschnitten. Das rasche Auseinanderdriften der reichen und verelendeten Schichten, der entwickelten und vernachlässigten Regionen im Inneren läßt die kommenden Schwierigkeiten ahnen.

In Asien tritt der Unterschied zwischen den Handelskontoren mit ihrem rasanten Wirtschaftswachstum und dem riesigen, immer stärker verödenden Hinterland am deutlichsten zutage. Die Wirtschaftsstatistiken dieses Kontinents vermitteln einen falschen Eindruck von Wohlstand. Tatsächlich profitieren von der «Entwicklung» im wesentlichen nur einige Stadtstaaten (oder Inselstaaten), die offensichtlich Küstenkontore bleiben. Die Verlagerung von Industrien ins Ausland – vor allem japanischer, beispielsweise nach Thailand – betrifft Produktionsbereiche mit niedrigem technischen Standard, deren Erzeugnisse größtenteils zur Wiedereinführung in entwickelte Länder bestimmt sind.[8]

Am empfindlichsten machen sich der Verfall der staatlichen und öffentlichen Instanzen, der Niedergang der einheimischen Wirtschaft und die ausbleibenden Investitionen zweifellos in Afrika bemerkbar. Hier braucht man nicht erst auf einen Generationswechsel zu warten, um die Auswirkungen der «Abkoppelung» von den großen Wirtschaftsströmen der Welt zu beobachten. Immer geringer wird der Einfluß dieser Länder auf ihr Staatsgebiet, wenn sie ihn überhaupt noch haben. Täglich kann man in den Tageszeitungen Anekdoten lesen, die einen Eindruck davon vermitteln. In Guinea-Bissau ist in einem Viertel der Hauptstadt vor kurzen das letzte Polizeiauto kaputtgegangen. Ersetzt werden konnte es nicht. Deshalb müssen die Polizisten Straftäter im Taxi verfolgen und beklagen sich darüber, daß sie den Preis für die Fahrten nicht immer von den Leuten zurückbekommen, in deren Interesse sie ihre Aktionen durchführen. Aus eigener Tasche können sie die Kosten auch nicht bezahlen, weil ihr Gehalt viel zu niedrig ist.[9] Nun mag man sagen, daß solche Beispiele übertrieben und die Ausnahme sind. Doch wer sich auf dem Kontinent umsieht, wird feststellen, daß sie ganz im Gegenteil immer häufiger zur Regel werden. Diese kaltblütige Aufgabe ganzer Regionen hindert die entwickelten Länder keineswegs daran, mit solchen Staaten (mögen sie sich auch im Zustand der Auflösung befinden) intensive Wirtschaftsbeziehungen zu pflegen, die auf einen oder mehrere «rentable» und sehr eng begrenzte Bereiche beschränkt bleiben. Beispielsweise ist der Abbau des Erdöls aus Cabinda (Angola), der Diamanten aus Zentralafrika und des

---

8 In einem Artikel mit dem vollmundigen Titel «Das asiatische Wunder erschüttert die Welt» (*Libération* vom 20./21. November 1993) bemerkt R. Franklin in einem Nebensatz, daß dieser Kontinent auch «seine Stiefkinder hat: die Mehrheit der Chinesen, Vietnam, Nordkorea, Birma, die Philippinen, Indien». Was dem Wunder wohl etwas von seinem Glanz nimmt . . .

9 Zitiert bei G. Faes, *Jeune Afrique*, a.a.O.

liberianischen Kautschuks Gegenstand solcher «Kontors-verträge», für die der rasche und tiefgreifende Verfall der Staaten, in denen die Rohstoffvorkommen liegen, kein Hindernis bedeutet.

Diese Handelskontore der entwickelten Länder ordnen sich immer deutlicher in den traditionellen Einflußzonen an. So behauptet Nordamerika seine vorherrschende Stellung in Lateinamerika, Frankreich in Westafrika und Japan in Südostasien. Das nachlassende Interesse an dem weiterreichenden Engagement, das zur Entwicklung der betreffenden Länder erforderlich wäre, verbindet sich oft genug mit einer höchst aggressiven Wirtschaftspolitik, deren Ziel es ist, den Einfluß auf die rentablen Industriezweige und die florierenden Handelskontore auszudehnen. Ein Beispiel dafür ist der Wettlauf der Investoren um die Chancen, die sich bei der wirtschaftlichen Öffnung Vietnams bieten.

In den Beziehungen zwischen Nord und Süd zeichnet sich schließlich ein dritter Kreis ab, der zwar noch begrenzt, aber in Ausdehnung begriffen ist. In den Regionen, aus denen er besteht, sind die Vernachlässigung, der Verfall der staatlichen Organe, die politische und wirtschaftliche Auflösung so weit fortgeschritten, daß sich schon wieder regelrechte *Terrae incognitae* oder, wie Xavier Maufer sie nennt, Grauzonen gebildet haben.

Der Verfall des Staates, die extreme Gewalttätigkeit der bewaffneten Auseinandersetzungen, die Rückkehr zu Subsistenzwirtschaften, die unter malthusianistischen Hunger- und Krankheitszyklen leiden – das alles wirft diese Zonen in einen Zustand zurück, wie er vor ihrer «Entdeckung» herrschte. Das Horn von Afrika ist ein Beispiel für die Entstehung eines solchen weißen Flecks, für eine ganze Region, die man mikroskopischen und lokalen Mächten überläßt und die selbst für die letzten Zeugen, das heißt, für Journalisten und Angehörige von Hilfsorganisationen, nicht mehr zugänglich ist. Zu diesen weißen Flecken in ländlichen Gebieten gesellt sich eine immer größere Zahl von dichtbevölkerten Ballungsgebieten, die man sich selbst überläßt, so daß sich diese vielarmig wuchernden Megalopolen der dritten Welt, in denen soziale Fehlentwicklungen und Bandengesetze herrschen, jeder Polizeiaufsicht und Medienkontrolle entziehen.

Für die «unterentwickelten» Kontinente äußert sich das Ende des Gegensatzes zwischen den Blöcken vor allem in einem rasch nachlassenden Interesse der Großmächte. Nachdem die Menschen aus dem Norden sich in den Süden begeben haben, um dort große Gebiete zu erobern, ihre Religion zu verbreiten und ihre Regierungsform heimisch zu machen, später, um dort die Konfrontation zweier globaler «Systeme» fortzusetzen, sehen sie plötzlich überhaupt keinen Grund mehr, in die dritte Welt zu gehen. Offenbar geben sie sich mit einer höchst oberflächlichen Anwesenheit zufrieden, wie sie die Kontore im 17. Jahrhundert darstellten, als man dort Handel jeder Art betrieb und Reichtümer zusammenraffte, ohne den Wunsch zu verspüren, auf das Innere der Kontinente einzuwirken.

Zur Abwehr der verschiedenen «Bedrohungen» – der Wanderbewegungen, der wirtschaftlichen Konkurrenz, der ökologischen Gefahren – ersetzt man die Logik der Intervention und Kontrolle durch eine Logik der Distanzierung.


## Gefühle erster Klasse

Es lohnt sich in der Tat zu fragen, ob es den Demokratien des Nordens, die angeblich so schwach, so hilflos und so sehr von Widersprüchen zerfressen sind, nicht wieder einmal in kurzer Zeit gelungen ist, den neuen Gegensatz in einen Vorteil zu verwandeln. Haben sie die steigenden Fluten des Südens – der Bevölkerung, der Armut und des Verbrechens – nicht geschickt kanalisiert und sich so die Energie verschafft, die die Räder der liberalen Gesellschaft antreibt? Wird der Aufstand des Südens gegen das Elend und die Vernachlässigung, ein Aufstand, der angeblich gefährlich und zerstörerisch ist, nicht bereits so beschnitten und organisiert, daß er die Ungleichheit festschreibt, gegen die er sich eigentlich richtet?

Am Beispiel der Sowjetunion habe ich ausführlich dargelegt, daß es nicht entscheidend ist, ob der erklärte Feind auch wirklich einer ist, sondern nur, ob er in der Lage ist, diese Funktion zum größeren Nutzen der liberalen Kultur wahrzunehmen. Mit dem Süden verhält es sich genauso: Es spielt keine Rolle, ob es ihn gibt oder nicht und ob er eine «Bedrohung» darstellt oder nicht. Entscheidend ist, ob er die bedrohliche Rolle überzeugend spielen kann und ob er in dieser Funktion von Vorteil ist. Und da ist festzustellen, daß der Süden ein «guter» Feind ist, das heißt, daß er für die liberale Kultur einen sehr vorteilhaften Partner abgibt.

Das scheint zunächst einmal für den militärischen Bereich zu gelten. Wir haben gesehen, daß der sowjetische Feind am Ende seiner Rolle in diesem Bereich nicht mehr ganz gerecht werden konnte.

Durch den Wechsel von Osten nach Süden bleibt die Bedrohung nuklear wie konventionell erhalten, dabei sind die Bedingungen aber weit interessanter.

Auf nuklearem Sektor war die UdSSR ein ernstzunehmender Gegner, der in der Lage war, aus eigener Kraft oder mit Hilfe von Spionage kostspielige Forschungsarbeiten voranzutreiben. Im Süden sind die Waffen und ihre Trägerraketen sehr viel primitiver. Die anarchische Auflösung des ex-sowjetischen Arsenals birgt die Gefahr, daß spaltbares Material und Atomwaffen weiterverbreitet werden, allerdings in «archaischer» Form. Wenn in diesem Zusammenhang von «neuen Atommächten» die Rede ist, so ist am wahrscheinlichsten, daß eine Vielzahl von Staaten in den Besitz primitiver oder gar schmutziger Bomben kommen, für die sie höchst einfache oder gar keine Trägerraketen besitzen. Mit einer solchen terroristischen und sporadischen Verwendung von Kernwaffen sind weit geringere Gefahren verbunden, als man im allgemeinen vermutet. Zunächst einmal ist in diesen Fällen, im Gegensatz zu dem der UdSSR, nicht die Rede von einem nuklearen Gleichgewicht und einem massiven oder gar totalen Zerstörungspotential. Die Gefahr ist sehr viel geringer. Wie der Golfkrieg gezeigt hat, ist die beste – und einzige – Reaktion auf diese diffuse und technisch anspruchslose Gefahr die Entwicklung von Raketenabwehrtechniken. Was das SDI im großen wollte, läßt sich künftig völlig ausreichend im kleinen durchführen. Während die UdSSR wegen des hohen Standards ihrer

Kernwaffenarsenale ein schlechter Kandidat für die neue technische Entwicklung (Raketenabwehr-Forschung) war, erweist sich
der Süden als geeignet für entsprechende Bestrebungen. Schutz-
systeme für Städte, Warnanlagen für Waffensatelliten und solare
Abwehrsysteme für Raketen mittlerer Reichweite (vom Typ
GPALS[10]) eröffnen der militärischen Forschung ein neues und
fruchtbares Feld.[11] In diesem Bereich besitzt nur der Norden geeignete Infrastrukturen. Zwar besteht in Wirklichkeit wenig
Anlaß zur Furcht, aber der ernsthafte und reale Charakter der
Bedrohungen, zu deren Abwehr diese Maßnahmen bestimmt
sind, läßt sich dennoch behaupten. Das ist die absolute Traum-
situation für die liberale Kultur: Geängstigt, aber unverwundbar,
kann sie sich die Gefahr ausmalen, ohne fürchten zu müssen, in
ihr unterzugehen.

Auch auf dem Gebiet der konventionellen militärischen Bedrohung stellt sich die neue Situation günstiger dar. Gewiß läßt sich
jetzt auf die Vervielfältigung der Konflikte verweisen, ihren explosiven, unkontrollierten und unkontrollierbaren Charakter.
Und tatsächlich sind in den letzten vier Jahren die Kampfzonen
viel zahlreicher geworden und sogar Kriege zwischen den Staaten
ausgebrochen, was es seit fünfundvierzig Jahren praktisch nicht
mehr gegeben hat. Allerdings darf man diese Konflikte nicht für
sich betrachten, sondern muß sie in ihrer Beziehung zu den Groß-
mächten des Nordens sehen. Dann ist zu erkennen, daß sie
weniger Probleme aufwerfen, als es den Anschein hat.

Grundsätzlich läßt sich sagen, daß alle Konflikte des sowjeti-
schen Kommunismus während der letzten fünfzehn Jahre zur
Konfrontation der Großmächte führten. Die Logik des kalten
Krieges schloß diese Staaten zu zwei Militärblöcken zusammen,
die sich auf allen Krisenschauplätzen gegenüberstanden. Ob der
Krieg in Angola oder im kambodschanischen Dschungel statt-
fand, geführt wurde er – zumindest potentiell – stets von Ost und
West. Daraus erwuchs eine Art Verpflichtung zur Intervention.

10 GPALS: Global proctection against limited strike.
11 Vgl. M. Boucheron, *Paix et Défense*, Dunod, Paris 1993, S. 249f.

Die Welt dieser Jahre durfte keine «Löcher» aufweisen. Sie war in Einflußsphären aufgeteilt, und wenn einer der «Blöcke» an einem Ort Fuß faßte, mochte er auch noch so entlegen und öde sein, war der andere gezwungen, jedem weiteren Vordringen sogleich Einhalt zu gebieten.

Heute befinden sich die Großmächte nicht mehr im Gegensatz, sondern arbeiten Hand in Hand. Gegenüber dem Süden empfinden die Staaten des Nordens alle die gleiche Verteidigungsnotwendigkeit, wenn sie sich auch für unterschiedliche Gebiete zuständig fühlen. Zu gleichen Teilen ist die Stabilisierung des Limes und seiner Pufferzone zwischen den Vereinigten Staaten, Rußland und Europa aufgeteilt. Jedem ist in seiner Region die bewaffnete Verteidigung seines Abschnittes der Schnittstelle zwischen Nord und Süd übertragen. So ist es kein Zufall, daß gleich in den ersten Jahren nach Ende des kalten Krieges wechselseitig gebilligte Interventionen stattfanden: von den Amerikanern in Panama und von den Russen in Aserbeidschan.

Seither haben beide ihre Zonen verstärkt. Besonders die Russen haben in Innerasien ein Netz von Pufferstaaten (mit dem Dreh- und Angelpunkt Usbekistan) eingerichtet. Dank ihrer oft sehr unnachgiebigen Herrschaft (Tadschikistan) gelingt es ihnen, diese Zone zu stabilisieren, die einheimische Bevölkerung festzuhalten und Bevölkerungsgruppen, die als instabil und gefährlich gelten, nach Süden zurückzudrängen. In der ihm eigenen Art, scheinbar nachgiebig und von Mitleid bewegt, verhält sich Westeuropa nicht anders, wenn es zuläßt, daß Serben und Kroaten die Überreste des ehemaligen Jugoslawien unter sich aufteilen, damit dort stabile Staaten entstehen, die frei von der islamischen «Bedrohung» sind.

Das Besondere am Nord-Süd-Limes ist, daß jeder für seinen Abschnitt verantwortlich ist. Vorbei sind die Zeiten, da die Vereinigten Staaten die einzigen Vertreter der freien Welt gegenüber der UdSSR waren und da die anderen sich hinter dem breiten Rücken der westlichen Schutzmacht verstecken konnten, um auf deren Kosten Handel und Wohlstand zu pflegen. Fortan sind alle entwickelten Länder aufgefordert, ihre südlichen Grenzen zu überwachen, das heißt, für die nötigen Schutzvorkehrungen zu sorgen.

Die Lastenteilung funktioniert besser, wenn man von der Notwendigkeit einer konventionellen Militärintervention ausgeht. Das war während des Golfkrieges und seinen Auswirkungen (vor allem in Kurdistan) zu erkennen. Es gibt keine amerikanische Intervention mehr, die nicht durch Einschaltung der UNO multilateralisiert wird, das heißt, deren Kosten man nicht unter den Verbündeten aufteilt. Was Kissinger also während des kalten Krieges mühsam durchgesetzt hat – die Beteiligung der Europäer und Japaner an der kollektiven Verteidigung –, ergibt sich im neuen Nord-Süd-Kontext ganz von allein.

Doch das letzte – und wichtigste – Verdienst des Limes liegt darin, daß er die Zahl dieser konventionellen Militäroperationen einschränkt. Diese Behauptung steht in so krassem Widerspruch zur allgemeinen Wahrnehmung, daß wohl einige Erläuterungen erforderlich sind.

## Gleichgültigkeit als Handlungsprinzip

Im Gegensatz zu dem Eindruck, den das aktuelle politische Geschehen bei oberflächlicher Betrachtung zu vermitteln scheint, trägt die neue weltpolitische Landschaft entschieden dazu bei, das Engagement der Großmächte zu verringern. Sicherlich ist das schwer einzusehen, wenn man bedenkt, wie sich die UNO-Friedensaktionen in den letzten Monaten vervielfältigt haben. Von El Salvador bis Kambodscha, Angola bis Kurdistan hat es den Anschein, als habe die internationale Gemeinschaft in den letzten drei Jahrzehnten noch nie so viele Aktionen durchgeführt. Um diesen Eindruck zu korrigieren, müssen wir zwei Punkte näher betrachten.

Zunächst einmal ist eine deutliche Unterscheidung zu treffen: Auf der einen Seite gibt es die echten UNO-Operationen, die unter der Kontrolle des Generalsekretärs der Organisation bleiben und an denen eine Vielzahl von Staaten unter direkter internationaler Verwaltung beteiligt sind (wie es etwa der Fall war in Kambodscha, Angola und El Salvador). Auf der anderen Seite gibt es die alliierten Interventionen, die in erster Linie von den Ländern des Nordens unter amerikanischem Kommando durchgeführt werden (so im Golfkrieg, in Kurdistan und in Somalia).

Im ersten Falle handelt es sich um echte Gemeinschaftsunternehmen, deren Wirkung beschränkt ist und deren Häufigkeit sich wegen der begrenzten UNO-Mittel nicht mehr steigern läßt. Sieht man von den beiden großen Einsätzen in Kambodscha und El Salvador ab, so sind die Interventionen der UNO in ihrem Ausmaß eher bescheiden. In Angola blieb das internationale Engagement schwach und unbefriedigend, so daß der Krieg gleich danach wieder ausbrach. In Moçambique hat sich der Sonderbeauftragte des Generalsekretärs bitter darüber beklagt, daß in dem Land kein Hunger herrsche und daß deshalb niemand zu einer Intervention bereit sei. In Afghanistan hat eine UNO-Intervention praktisch überhaupt nicht stattgefunden.[12]

In all diesen Regionen hat der eindrucksvolle Apparat der UNO nur die eine Aufgabe, das mangelnde Engagement der Großmächte zu vertuschen. Auf den meisten ehemaligen Nebenschauplätzen des kalten Krieges ist die internationale Präsenz auf die UNO beschränkt, eine Präsenz, die keinen Vergleich mit der Zeit aushält, als sich dort die östliche und die westliche Militärmacht entweder direkt oder durch stellvertretende Verbündete gegenüberstanden. So ist beispielsweise nicht zu bezweifeln, daß Afghanistan heute eine Region geworden ist, in der sich das Drama lokal abspielt (oder besser regional, durch die indirekte Intervention des iranischen und des pakistanischen Nachbarn). Die dort früher engagierten Großmächte sind inzwischen auf weite Distanz gegangen. Im Falle Südostasiens führt man immer die große UNO-Aktion in Kambodscha an, um das Engagement der

---

12 Zu einer vernünftigen Klassifizierung dieser Interventionen vgl. den Bericht der Médecins Sans Frontières: F. Jean (Hg.), *Face aux crises*, Hachette Pluriel, Paris 1993.

internationalen Gemeinschaft in dieser Region zu beweisen. Doch wenn man es mit den militärischen Anstrengungen vergleicht, die die Franzosen, die Amerikaner, die Chinesen und die Russen während des Vietnamkrieges unternommen haben, dann zeigt sich deutlich, um wieviel bescheidener die Friedensanstrengungen ausfallen: Insgesamt gesehen, erleben wir einen Rückzug der Großmächte.

Die einzigen internationalen Operationen, die diesen Namen verdienen – und die vor allem mit dem früheren Engagement vergleichbar sind – sind die sehr seltenen militärischen Unternehmungen, die unter amerikanischem Kommando stattgefunden haben. Sieht man von der kurzen Intervention in Somalia ab[13], beschränken sie sich praktisch auf den Golfkrieg und seine Folgen. Das ist gewiß kein Zufall. Der Bereich, auf den sich alle Interventionen konzentrieren, ist der Limes zwischen Nord und Süd, und zwar in den Fällen, in denen sich andere Mittel als unzureichend erweisen, um die Stabilität zu sichern – und das wird sicherlich noch lange so bleiben.

Jenseits dieser sensiblen Zone, in den Tiefen der südlichen Kontinente, ist das außerordentlich Neue an der gegenwärtigen Situation, daß sie Untätigkeit gestattet. Als sich noch die Supermächte gegenüberstanden, wurde ihre Konfrontation von einer globalen Logik herbeigeführt. Kein Dschungel war undurchdringlich, keine Wüste verlassen und kein Volk vergessen genug, um nicht zum Gegenstand einer Ost-West-Konfrontation werden zu können. Nicht daß irgend jemand den Wunsch gehabt hätte, das Streitobjekt zu besitzen oder zu kontrollieren, aber es galt zu verhindern, daß *der andere* diese Energien oder diese Räume nutzte. Vor allem mußten die beiden Großmächte in ihrem globalen Spiel miteinander in Berührung bleiben und dafür sorgen, daß nicht irgendwelche Teile der Welt sich ihrem Einfluß entzogen und möglicherweise die Ruhe ihrer Koexistenz störten.

13 Die den Amerikanern sicherlich nachhaltig im Gedächtnis bleiben und sie von weiteren militärischen Abenteuern mit humanitärer Zielsetzung abhalten wird.

Das sieht heute ganz anders aus. Der Süden ist nicht mehr das Objekt von Besitzansprüchen wie in der Kolonialzeit oder des Verlangens, ihn zu beeinflussen und zu unterwerfen, wie im kalten Krieg, sondern er wird dadurch gebändigt, daß man ihn auf Distanz hält. Es gilt, den Limes zu stabilisieren (durch starke Pufferstaaten und – so selten wie möglich – durch begrenzte internationale Militärinterventionen), um den Norden vor den Auswirkungen der Krisen und Konflikte der fernen Kontinente zu schützen. Solange diese Stabilität gewährleistet ist, können die Großmächte die Kriegsschauplätze getrost sich selber überlassen. Ein erstes Beispiel für die neue Gleichgültigkeit war der Bürgerkrieg in Liberia. In der guten alten Zeit des kalten Krieges hätte die heftige militärische Auseinandersetzung, die in dem eher ruhigen Westafrika ausbrach, augenblicklich die Begehrlichkeit der Großmächte geweckt. Die kämpfenden Parteien hätten selbstverständlich versucht, bei der einen oder anderen Partei Unterstützung zu bekommen, so daß sich der gefährliche Mechanismus der internationalen Intervention in Bewegung gesetzt hätte. Dagegen hat sich in der neuen Situation der Konflikt gewissermaßen frei entwickelt und ist nur durch geringfügige regionale Einmischung gemäßigt (oder kompliziert) worden. Was eine Ausnahme hätte bleiben können, wird zur Regel. Die meisten Konflikte, die im Süden ausbrechen oder fortdauern, rufen keine Intervention von seiten der Großmächte auf den Plan. Im Südsudan wütet der Bürgerkrieg und erntet als einzige Reaktion allgemeine Gleichgültigkeit. Gleiches gilt für Afghanistan und Angola.

Gewiß, der Süden wird von immer mehr und gewalttätigeren Krisen erschüttert, aber daraus dürfen wir nicht schließen, daß deshalb die internationale Beteiligung größer geworden wäre. In der neuen Situation nach dem kalten Krieg läßt sich das Gleichgewicht durch Nichteinmischung aufrechterhalten. So entstehen in bestimmten Regionen *Terrae incognitae*, was für die Großmächte durchaus keinen Nachteil bedeutet. Im Gegenteil, sie bilden daraus Elemente ihrer Sicherheit. Denn diese explosiven lokalen Kriege haben über die Gebiete hinaus, auf denen sie stattfinden, überhaupt keinen bedrohlichen Charakter, sofern dafür

Sorge getragen wird, ihre internationalen Auswirkungen einzugrenzen.

Von den großen Militäroperationen zur Stabilisierung des Limes abgesehen, bei denen die Kosten geteilt werden und die
Position des Nordens so stark ist, daß er wenig zu befürchten hat,
bedarf es nur eines begrenzten Militärengagements im Süden,
wenn man sich damit abfindet, ihn sich selbst zu überlassen. Im
Unterschied zum sowjetischen Feind, der es jeden Augenblick
erforderlich machen konnte, einen Verband der Marines in unfreundliche Dschungelgebiete zu entsenden, gelingt es der «Bedrohung» aus dem Süden kaum, die Armeen des Nordens aus
ihren Kasernen zu locken. Das geschieht nur bei Vorkommnissen
in großer Nähe, die die Gefahr der Instabilität bringen.

Die UNO-Operationen und die humanitären Interventionen
haben die Aufgabe, das Mißverhältnis zwischen der Vielzahl von
Konflikten im Süden und der sehr bescheidenen Zahl von echten
Interventionen zu vertuschen. Statt sich zu bemühen, diese Kriege
zu verhindern, sie zu beenden oder auch nur zu regulieren, begnügt man sich, ihnen ihren unmenschlichen Charakter soweit
als möglich zu nehmen. Das Mitleid, durch humanitäre Aktionen
in die Tat umgesetzt, ist die neue und unentbehrliche Begleiterscheinung der Realpolitik gegenüber der Apokalypse des Südens.
Mit dem Mitleid lassen sich die (seltenen) Interventionen rechtfertigen, wenn sie denn notwendig sind. Zu Zeiten des kalten
Krieges fand die «Einmischung» immer nur im Namen des Kampfes gegen das gegnerische Lager statt: Als die Amerikaner auf
Grenada landeten, taten sie das nicht, um die Karibik zu stabilisieren, sondern um der «kommunistischen Gefahr» zu begegnen. Die Sowjets haben ihre Truppen nicht nach Afghanistan
geschickt, um ihre südlichen Grenzen zu sichern, sondern um
dem «Imperialismus» Einhalt zu gebieten. Heute muß man sich
etwas anderes einfallen lassen. Humanitäre Anliegen sind der
beste Vorwand, um im Ausland zu intervenieren, wenn es denn
noch notwendig ist. Aber sie dienen auch in der großen Mehrzahl
der Fälle dazu, die Nichteinmischung zu rechtfertigen. In den
Konflikten, in denen es um nichts geht, in den Zonen, die man

ohne Skrupel sich selbst überläßt, wie zum Beispiel Somalia, dient allzu schreiendes menschliches Elend zur Rechtfertigung kurzer humanitärer Gesten. Werden sie noch dazu von Soldaten in Uniform durchgeführt, so entsteht der Eindruck, daß sich die Großmächte engagieren, obwohl wir in Wirklichkeit nur ihrer Untätigkeit beiwohnen.

## Eine eindrucksvolle Bedrohung

Diese «Bedrohung durch den Süden» rechtfertigt die Beibehaltung der Kernwaffen, regt zur Entwicklung neuer Raketenabwehrtechniken an und verlangt – zum Zwecke seltener Interventionen am genau markierten Limes – den Unterhalt schlagkräftiger konventioneller Truppen. Dabei braucht man sie nicht mehr in der Ferne einzusetzen und kann sich gleichzeitig am Anblick ihrer humanitären Hochherzigkeit erfreuen. So ist der «bedrohliche Süden» für die liberale Kultur nicht nur nicht so nachteilig, wie man meinen könnte, sondern bietet auch in seiner Eigenschaft als neuer Feind unbestreitbare Vorteile.

Was sich für den klassischen Militärbereich zeigen läßt, könnte man genauso für die anderen Aspekte der Gefahr nachweisen: die Wanderbewegung, die wirtschaftliche Konkurrenz, die ökologische Bedrohung, und so fort. Man braucht sich nur die südlichen Kontinente näher anzusehen, um zu erkennen, daß die entwickelten Länder auch in dieser Hinsicht alle Trümpfe in der Hand halten. So ist auf wirtschaftlichem Gebiet offenkundig, daß die Erzeugerkartelle heute nicht mehr in der Lage sind, dem Markt ihr Gesetz aufzuzwingen. Wenig ist dem Süden von der Euphorie Anfang der siebziger Jahre geblieben, als er den Beginn einer neuen Wirtschaftsordnung zu erleben meinte. Heute tendieren die Volkswirtschaften des Nordens zu verstärktem Protektionismus und schließen sich gegen die Konkurrenz aus der dritten Welt ab. Gleichzeitig erlaubt die Liberalisierung, die den Märkten des Südens aufgezwungen worden ist, daß die Produkte aus den hochtechnisierten Ländern freieren Zugang finden, was zu einer

Schwächung der wenigen Industriezentren führt, die sich im Süden entwickeln konnten.

Was die Wanderbewegungen angeht, so verlieren die Länder der dritten Welt regelmäßig einen Großteil ihrer qualifizierten Arbeitskräfte an die Staaten, die die Südamerikaner «erste Welt» nennen. Auch wenn sich die entwickelten Länder wegen der wirtschaftlichen und sozialen Folgen der Wanderbewegungen, die sie erleben, sehr besorgt zeigen, so ändert das nichts daran, daß die Konsequenzen für die Länder des Südens weit schwerwiegender sind. Sie müssen auch weiterhin den größten Teil des Bevölkerungswachstums und der Landflucht auffangen. Zu einem Zeitpunkt, da sich der Norden wegen ein paar hunderttausend Flüchtlingen, die er aufnehmen muß, Sorgen macht, sammeln sich auf den südlichen Kontinenten mehr als siebzehn Millionen solcher Flüchtlinge. Während die wirtschaftliche Wanderbewegung im Norden weitgehend dem regulierenden Einfluß des Beschäftigungsvolumens gehorcht, steht in den Großstädten des Südens das Wachstum der Elendsviertel in keinem Verhältnis zum Arbeitsplatzangebot. Auch hier hat der Norden weit mehr Handlungsmöglichkeiten, als er glaubt. Durch die Logik der Distanzierung, die der Politik des Limes zugrunde liegt, gelingt es ihm, sich die großen Wanderungsströme vom Leibe zu halten. Dabei holt er sich aber weiterhin die qualifiziertesten Arbeitskräfte aus dem Reservoire, das die Massen des Südens bilden. In Zeiten wirtschaftlichen Wachstums stehen sie zur Verfügung, werden anschließend aber wieder in das Anderswo des Südens abgeschoben, wo sie keinen Unterhalt beanspruchen.

Auf ökologischem Gebiet hat die Erkenntnis von der Anfälligkeit der globalen Gleichgewichtssysteme eine entwicklungsfeindliche Ideologie entstehen lassen, die für den Norden äußerst vorteilhaft ist. Ökologisch gesehen ist die Industrialisierung der dritten Welt gefährlich. So ist es möglich, den Handelspartner, dessen Konkurrenz man fürchtet, unter Verweis auf den Umweltschutz im Zaum zu halten. Da baut Indien unter großen Kosten Fabriken zur Herstellung von Kühlschränken auf, und dann wird ihm vorgehalten, daß die gewählte Technik die Ozonschicht ge-

fährde. So stellt man es vor die Wahl, sich entweder eine andere
Herstellungstechnik zuzulegen, für die es aber die Patente und die
Maschinen vom Norden erwerben muß, oder auf die Produktion
der Geräte zu verzichten und sie in den entwickelten Ländern zu
kaufen, die sie auf die richtige Weise herstellen. Die Weltkonferenz über Umwelt und Entwicklung, die 1992 in Rio stattgefunden hat, bot der liberalen Kultur und besonders den Vereinigten
Staaten Gelegenheit, auf diese Argumente zu pochen. In bezug
auf die Verschmutzung der Atmosphäre können die entwickelten
Länder der Bevölkerung des Südens grundsätzlich die Hauptver-
antwortung zuschieben, verwenden sie doch Holzfeuer und primitive fossile Brennstoffe. So erklärt sich die alarmierende
Schlagzeile in *Le Monde* nach der Konferenz des Weltenergierats:
«Der Energieverbrauch in den Ländern der dritten Welt wird
Anfang des 21. Jahrhunderts explosionsartig zunehmen.»[14]

Die Schlußfolgerung liegt auf der Hand: Der Süden darf auf
keinen Fall eine ähnliche Entwicklung einschlagen, wie sie der
Norden hinter sich hat. Dessen ökologische Fehler – von denen er
sich schließlich durch das Bemühen um geeignete Techniken frei-
gekauft hat – dürfen vom Süden nicht wiederholt werden. Diese
Rhetorik verbindet sich mit den Thesen einiger entwicklungsfreu-
diger Theorien und läuft darauf hinaus, dem Süden jeden Zugang
zur industriellen Kultur zu verbauen.

Es mag den Anschein haben, als sei diese Feststellung auf eine
übermäßige Parteinahme für die dritte Welt zurückzuführen.
Doch ich möchte mit ihr nur zeigen, wie die Sache *von der anderen Seite her aussieht* und wie die liberale Kultur, ohne sich
dessen bewußt zu sein, die Gefahren aus dem Süden in Instrumente zur Durchsetzung eines Macht- und sogar Hegemoniean-
spruchs umwandeln kann.

Kurz und bündig dargelegt, können diese Argumente kaum
überzeugen. Auch auf tausend Seiten würde ihnen das nicht besser gelingen. Denn auf die neue Apokalypse legt man großen
Wert. Ob sie real ist, spielt keine Rolle, entscheidend ist, daß sie

14 *Le Monde*, 25. September 1992.

notwendig ist. Je mehr Vorteile die liberale Kultur aus ihr zieht, desto lebenswichtiger ist es für sie, diesen Umstand hinter der ständigen Übertreibung der Bedrohung durch den Süden zu verbergen.[15] Wer heute mit dem Schreckgespenst der Mafia, der Bevölkerungsexplosion, der Völkerwanderung oder des religiösen Fanatismus winkt, darf sich lebhaften Beifalls sicher sein. Wie einst mit dem bolschewistischen Feind läßt sich auch mit dem aus dem Süden Angst und Schrecken verbreiten. Der unausgesprochene Pakt, der diese neue Apokalypse mit der liberalen Kultur verbindet, kann nur seine Aufgabe erfüllen, wenn er hinter einer furchterregenden Rhetorik verborgen bleibt.

Das Klima der Angst und des Mitleids, das die Frage der Nord-Süd-Beziehungen einhüllt – der Angst vor den Tragödien und Gefahren, die auf diesen Kontinenten zu Hause sind, und das tätige Mitleid, mit dem man die unerträglichsten Erscheinungsformen dieser Tragödien mildert –, dieses Klima dient zur Rechtfertigung der Abwehrmaßnahmen, die der liberalen Kultur ermöglichen, Nutzen aus dem neuen Feind zu ziehen und die wachsende Gleichgültigkeit zu bemänteln, mit der man diesen in immer weitere Fernen rückenden Zonen begegnet.

Doch die grüne Apokalypse, von der oben die Rede war, und diese hier, die der Süden hervorbringt, malen Gefahren an die Wand, die fern sind und von außen kommen. Beide können die Lücke nicht ganz ausfüllen, die der sowjetische Kommunismus hinterlassen hat. Dazu bedarf es noch einer dritten Apokalypse, die von innen kommt und der es gelingt, der liberalen Kultur jenes Unterfutter von Schrecken zu liefern, ohne die sie nicht leben kann.

15 Nachzulesen bei Didier Bigo, «Du discours sur la menace et de ses ambiguités», *Les Cahiers de la sécurité intérieure*, Nr. 14, August/Oktober 1993.

# VII
# Ausgrenzung – ein Carnotscher[1] Kreisprozeß

*«Was nützt der Schutzwall aus nuklearen und konventionellen Waffen, die nach außen gerichtet sind, wenn die Gefahr von innen kommt? Wenn die Gesellschaft im Inneren langsam, aber sicher verkommt?»*

In einem schmalen Band[2], den er seiner Sekretärin in wenigen Tagen diktiert, bringt 1973 ein Mann das zum Ausdruck, was viele empfinden: Die neue Apokalypse sitzt im Inneren der Gesellschaft, nicht nur in den Kräften, die sie verändern wollen und den Klassenkampf predigen, sondern in jener inneren Entwicklung, die sie zersetzt. Ob Proletarier oder Ausbeuter, die Darsteller des marxistischen Dramas befinden sich innerhalb des Produktionssystems. Aber sie vergegenwärtigen sich nicht das tragische Geschick derer, die von diesem System ausgestoßen werden. Beherrschend oder beherrscht, wer an der «normalen» Welt der Arbeit teilhat, ist trotz allem privilegiert. Denn am schlimmsten ist die Situation für die ständig wachsende Zahl derer, für die diese Welt verboten ist, für diejenigen, die René Lenoir die Ausgeschlossenen oder «Ausgegrenzten» nennt.

Diese neue Apokalypse, die ganz auf das Innere der Gesellschaft beschränkt ist und die aus der Angst vor einem Zerfall der Gesellschaft erwächst, vor einer inneren Zersetzung, vor der Möglichkeit, daß der gesellschaftliche und politische Zement

1 Von S. Carnot 1824 entwickelter reversibler Kreisprozeß in der Thermodynamik.
2 R. Lenoir, *Les Exclus*, Le Seuil, Paris 1973.

nicht mehr hält, wird sich in den folgenden Jahren kräftig entwickeln. Und der Begriff der Ausgrenzung wird sich nach und
nach erweitern.

Als René Lenoir ihn beschrieb, wollte er nur auf die Unzuläng-
lichkeiten des Wachstums hinweisen. Am Ende der euphorischen
und expansionistischen Jahre angelangt, zeigt die Entdeckung der
Ausgegrenzten, daß Wachstum an sich nicht ausreicht, um die
ganze Bevölkerung zu erfassen. Die Mechanismen des Wohlfahrtsstaates, die ihre Entstehung der klassischen Politik und dem
gewerkschaftlichen Kampf verdanken, können nicht verhindern,
daß eine große Gruppe in die Isolierung abgleitet. Die Hoffnungen der Liberalen (das Wachstum) und die der Sozialisten (die
Umverteilung) werden gleichermaßen von einer unbestreitbaren
Tatsache zunichte gemacht: Die Wohltaten der Wirtschaftsent-
wicklung werden nicht allen zuteil. In die Massenproduktion von
Gütern und Dienstleistung wird nicht automatisch die ganze Bevölkerung eingeschlossen. Am Wegesrand sammeln sich die Stiefkinder der Entwicklung.

Etwas später, nach der ersten Ölkrise im Jahr 1974, verdüstert
sich das Bild noch weiter: Die Vorteile des Wachstums bleiben
nicht nur manchen vorenthalten, einige Gruppen werden von ihm
auch geschwächt. Viele, die von der Wohlstandswelle erfaßt worden sind, befinden sich in einer prekären Situation; beim geringsten wirtschaftlichen Einbruch gleiten sie nicht nur in ein
bescheideneres Leben ab, sondern in Not und Elend. Das ist die
neue Armut, die die Ausgrenzung um eine Dimension der Angst
und Bedrohung erweitert.

Doch zu dieser negativen und beunruhigenden Sicht der sozialen Ausgrenzung gesellt sich zur selben Zeit eine andere Bewegung, die die Ausgrenzung als Befreiung fordert. Unter dem
Einfluß von Marcuse und der – gegen die kapitalistische wie die
kommunistische Gesellschaft gerichteten – Kritik am eindimen-
sionalen Menschen[3], dessen Verfassung auf den totalitären Einsatz der Technik zurückzuführen ist, entwickelt sich eine militan-

---

3 H. Marcuse, *Der eindimensionale Mensch*, a.a.O.

te Bewegung zur Befreiung des Individuums. Der Kampf gegen die Unterdrückung findet nach dieser Auffassung nicht mehr zwischen verschiedenen Klassen, sondern zwischen Individuum und «System» statt. In Abwehr gegen die Konformität der Masse schließt man sich zu kleinen Gruppen zusammen, sucht neue Wege oder Erfahrungen psychischer, familiärer oder religiöser Art und versucht, andere Formen der Arbeit zu entwickeln. In dieser Zeit beginnt der bunte Forderungskatalog der regionalen, feministischen, ethnischen und religiösen Minderheiten das Bild der Republik zu verändern, das bislang so einheitlich, egalitär und unteilbar wirkte.

Während der achtziger Jahre setzt sich diese Entwicklung fort, begleitet von einer tiefgreifenden Umgestaltung der Gesellschaft. Doch die offizielle Politik braucht lange, um sie zu berücksichtigen. In diesem Jahrzehnt setzt sie noch auf die klassischen Denkmuster, das heißt, den Neoliberalismus (Reagan in den Vereinigten Staaten), den Sozialismus oder die Sozialdemokratie (Europa). Als man das Problem der Ausgrenzung entdeckt, versucht man ihm mit klassischen Methoden beizukommen. Wer in ihm den Beweis für das Scheitern des Wohlfahrtsstaates erblickt, versucht sein Glück mit «natürlichen» Lösungen, mit den Gesetzen des Marktes, die im Gegensatz zu allem stehen, was die «Entdeckung» der Ausgeschlossenen offenbart hat. Die Sozialisten bekämpfen die Ausgrenzung mit sozialen, das heißt, quantitativen Instrumenten, die sie aus der Zeit übernommen haben, als der Kapitalismus noch archaischere Formen besaß und mehr mit der Verwaltung des Mangels zu tun hatte als mit den Fragen, die durch die Überflußgesellschaft aufgeworfen werden.

Die radikale gesellschaftliche Veränderung, die zur heutigen Ausgrenzung geführt hat, hat sich – ob negativ besetzt wie bei René Lenoir oder positiv wie bei den Achtundsechzigern und ihren Nachfolgern – bis zum Beginn der neunziger Jahre weitestgehend außerhalb der Politik im Rahmen der bürgerlichen Gesellschaft vollzogen, während die Vorstellungen noch von den alten sozioökonomischen Gegebenheiten bestimmt waren.

Diesen Bruch zwischen dem modernen und dem postmodernen

Staat haben die Soziologen sehr genau analysiert. In ersterem, den Lipovetsky disziplinär/revolutionär nennt, herrscht noch die Norm, die gesellschaftlichen Modelle sind rigid, die Klassen eindeutig voneinander abgegrenzt. Der revolutionäre Kampf, ebenfalls normativ und diszipliniert, bildet den «rebellischen» Kontrapunkt dieser Ordnung.[4] Damit nährt er die marxistische Apokalpyse und stärkt die Ordnung.

Das Merkmal des postmodernen Staates am Ausgang der dreißig glorreichen Jahre ist die Abschwächung der Aufwärtstendenzen (des sozialen Aufstiegs oder die langsame Auflösung der herrschenden Klassen) zugunsten der horizontalen Ausbreitung einer enormen Mittelschicht.[5] Dieser gewaltige Mittelblock zeigt zunehmend Risse, zerfällt und bildet keine Klassen mehr, die durch ihre Funktion im Produktionsprozeß definiert sind, sondern Minderheiten, die sich durch ihren Lebens- und Konsumstil definieren. Die ausgegrenzten Gruppen von Lenoir, wenn man ihnen nicht nur diejenigen zurechnet, die Opfer einer quantitativen Diskriminierung sind (Einkommen unterhalb der Armutsschwelle, abhängig von fremder Hilfe, unfähig, den Lebensunterhalt selbst zu verdienen), sondern auch diejenigen, die Gegenstand einer qualitativen Diskriminierung sind (aufgrund ihrer Herkunft, ihrer Rasse, ihres Geschlechts oder ihres Alters), erfassen am Ende den gesamten gesellschaftlichen Bereich. Der Mann weißer Hautfarbe, mittleren Alters, heterosexuell, in festem Arbeitsverhältnis, bei guter Gesundheit, wird ebenfalls zur Minderheit.

Im Zuge eines Personalisierungsprozesses erleben alle diese Gruppen eine endlose Zahl von Unterteilungen – das Individuum versucht, sich zu vereinzeln und sich in der Gruppe den von ihm beanspruchten Freiraum zu verschaffen.

Neben stabilen gesellschaftlichen Minderheiten nimmt die soziale Zersplitterung auch die Gestalt informeller, lockerer Gruppierungen an. Dort unterhalten die Mitglieder vielfältige Bezie-

4 G. Lipovetsky, *L'Ere du vide*, Gallimard, Paris 1983.
5 H. Mendrasm, *La Deuxième Revolution française*, Gallimard, Paris.

hungen, die sie gleichzeitig an mehrere, oft gegensätzliche Gruppierungen binden. Das ist die Renaissance der Stammesorganisation (*retribalisation*), die Michel Maffesoli beschreibt: Der geschwächte Individualismus neigt dazu, Gruppen mit verschwimmenden Grenzen zu bilden – Banden, soziale Netze, Gangs.[6]

Dieser gesellschaftliche Fragmentationsprozeß vollzieht sich oben wie unten: Oben ist es der postmoderne Narzißmus, der durch den besonderen Konsumstil seinem Erscheinungsbild, den Freizeitgewohnheiten, der Wohnkultur und der Moral einen persönlichen Charakter verleiht. Unten ist es die Unsicherheit der Verhältnisse, die die jungen Leute veranlaßt, unbeständige Bindungen in der Gang, der Siedlung und so fort zu knüpfen.[7]

Die Entwicklung dieser Aufgliederung, dieser Auflösung aller Mehrheiten, dieses Zusammenbruchs des disziplinären Modells hat sich langsam, aber stetig vollzogen. Seit fünfzehn Jahren ist die neue gesellschaftliche Situation bereit, ihre Rolle als Apokalypse anzutreten, aber erst in der großen Stille nach dem Ende des Kommunismus hat sie in ihren krassesten Erscheinungsformen den Charakter einer echten Bedrohung angenommen.

In den Vereinigten Staaten haben die Unruhen von Los Angeles plötzlich gezeigt, wie explosiv die neue soziale Konstellation sein kann. Rassengegensätze, Elend, wirtschaftliche Ausgrenzung und Bandenkriege haben Amerika vor Augen geführt, wie außerordentlich brüchig sein sozialer Zusammenhalt geworden ist. Schon in den dreißiger Jahren haben Faris und Dunham die Anomalie der amerikanischen Innenstädte beschrieben und gezeigt, wie Vereinsamung, Alkoholismus, Straffälligkeit und psychische Erkrankungen zunehmen, je weiter man von der Wohlstandsperipherie der Ballungsgebiete in ihre Zentren vordringt.[8] Doch diese Erscheinungen sind sehr viel krasser geworden, und vor

---

6 M. Maffesoli, *Le Temps des tribus*, Klincksieck, Paris 1987.
7 G. Lipovetsky, *Le Crépuscule du devoir*, Gallimard, Paris 1992.
8 Zitiert bei R. Bastide, *Sociologie des maladies mentales*, Flammarion, Paris.

allem treten sie nach einer Wachstumsperiode auf, die man sich
1935 nur schwer hat vorstellen können. Die Amerikaner sind sich
der Grenzen ihres Schmelztiegels bewußt geworden und haben
erkannt, daß diese sozialen Prozesse Fliehkräfte freisetzen und die
Gesellschaft zerstückeln. In Europa hat eine neue Linke die Idee
entwickelt, daß man heute politisches Handeln nicht mehr am
Klassenkampf und der Analyse der Produktionsverhältnisse, das
heißt, der Arbeitsbedingungen, ausrichten kann. So wird jetzt die
soziale Ausgrenzung stärker betont, denn man möchte, daß die
Politik die zehn Jahre – freiwilliger – Verspätung aufholt, in denen
sie lieber an der klassischen und bequemen Vorstellung der marxistischen Apokalypse festgehalten hat, auch auf die Gefahr hin,
sich dann mit der Tatsache ihres Verschwindens abfinden zu müssen.

In Ost- und Südeuropa nimmt die gesellschaftliche Auflösung
noch beunruhigendere Formen an: ethnische Auseinandersetzungen, extremistische Racheakte, rassistische Rückfälle, organisiertes Verbrechen – in diesen Erscheinungen drückt sich der
unvermittelte Übergang von disziplinären Gesellschaften zu einer
Postmoderne aus, die durch keinen Personalisierungsprozeß vorbereitet wurde und in der das Individuum keine andere Zuflucht
als die gewaltsam und übereilt geschaffene Gemeinschaft hat (die
Ethnie, den Clan, die Religionsgemeinschaft, die Rasse). Obwohl
der Prozeß in diesen Ländern ganz anders verläuft als die langsame Entwicklung der westlichen Gesellschaften zur Postmoder-
nität, sind die beiden Vorgänge meist miteinander verquickt. Das
Ganze nährt eine wachsende Furcht vor dem sozialen Zerfall – die
neue innere, implosive Apokalypse. So gewinnt René Lenoirs
Prophezeiung wieder an Bedeutung, verstärkt durch die Jahre der
Personalisierung, die rasche Veränderung der ethnischen Strukturen in den westlichen Ländern, die traurige Aktualität, die die
Minderheitenfrage in Osteuropa gewonnen hat.

# Von Angkar Leu zum Carnotschen Kreisprozeß

Neben der ökologischen Angst und der Angst vor dem Süden beschäftigt die Demokratien vor allem die Angst vor der inneren Situation, die Apokalypse der Auflösung. Da sehnt sich mancher nach autoritären Methoden zurück. Um dem behaupteten progressiven Zerfall der Gesellschaft Einhalt zu gebieten, ruft man nach Gesetz und Ordnung und nötigenfalls auch nach der Ordnung ohne Gesetz. Für die Bekämpfung der gesellschaftlichen Auflösung und der Ausgrenzung, heißt es, seien die totalitären Zwangsregime viel besser gerüstet. Diese Einschätzung ist allerdings vollkommen falsch.

Diktaturen, die von einer festen Vorstellung des Guten ausgehen und der Gesellschaft eine bestimmte Ordnung aufzwingen, erscheinen nur auf den ersten Blick homogen. Zwar ist die Ausgrenzung unsichtbar, dafür aber viel radikaler als in anderen Gesellschaften.

Als beispielsweise die Roten Khmer in Kambodscha herrschten, trieben sie die «Kriminellen» zusammen, Menschen, die in irgendeiner Weise Widerstand geleistet hatten – häufig unerheblich und nur, weil sie überleben wollten –, und führten sie in den Wald. Unter dem Vorwand, sie Angkar Leu vorzuführen, das heißt, der höchsten Organisation, wurden sie schlicht und einfach erschossen.[9] Die totalitäre Ausgrenzung vollzieht sich wie diese Hinrichtungen: heimlich, versteckt hinter dem Stacheldraht eines Lagers, in der Ferne, die den Verbannten aufgezwungen wird, in dem Schweigen, das die politischen Morde umgibt. Alles spielt sich «im Wald ab». Deshalb können sich totalitäre Gesellschaften als vollkommen homogen darstellen. Doch im Scheinwerferlicht taucht nur ein kleiner Teil auf, der auf einem riesigen unsichtbaren Fundament ruht: massenhafte Ausrottung, Deportationen, Vertreibungen, Ausbürgerungen, Hungersnöte, politische Hinrichtungen, Geheimhaltung. Die totalitäre Ausgrenzung ist umfangreich und unumkehrbar: Wer in den Tod, das Exil oder die

9 Pin Ya Thaï, *L'Utopie meurtrière*, Ed. complexe.

Lager geschickt wird, ist für das System gestorben. Hinter ihrer scheinbaren Widerstandsfähigkeit verbergen die totalitären Gesellschaften eine ungeheure Auszehrung ihrer Lebenssubstanz.

Um ihre Normen der unterworfenen Bevölkerung aufzuzwingen, müssen sie sie dezimieren. Diese vergeudete Energie kann ein Regime nach einer gewissen Zeit völlig entkräften, entweder weil es die Reihen seiner Bevölkerung so gelichtet hat, daß, wie in Kambodscha vor dem Einmarsch der Vietnamesen, nur noch eine Wüste, ein Massengrab bleibt, oder weil die ganze Bevölkerung, wie 1980 in Polen, zu Dissidenten geworden ist.[10] Zwar nimmt nicht in allen totalitären Regimen die Bevölkerungsanämie so extreme Formen an, doch die Symptome treten überall auf. Die hohe Konzentration von Ordnung und Disziplin in der Mitte darf nicht über das ungeheure Maß von Entropie und Erosion in den Randbereichen hinwegtäuschen.

Ganz anders gehen die Demokratien mit der Ausgrenzung um. Für sie ist das Phänomen eine öffentliche Angelegenheit, die sie unablässig vorzeigen und aufbereiten. Wie in einem Carnotschen Kreisprozeß, in dem man sich mit der Verschwendung nicht abfindet, sondern sie wieder in diesen Prozeß einspeist, fangen die Demokratien die vergeudete Energie ein und verwerten sie. In diesen Gesellschaften vollzieht sich die Ausgrenzung nicht marginal, an der Peripherie, sondern zentral. Sie erzeugen sie durch Wiederverwertung: Es entsteht eine Fluchtbewegung, die die ganze Gesellschaft erfaßt, aber die Flucht führt in die Gesellschaft zurück. Kurzum, die demokratische Ausgrenzung nährt das System, statt es auszuzehren, und stärkt es, statt es zu schwächen. Die These soll kurz erläutert werden.

10 A. Smolar, *Une société en dissidence*, 1978.

# Wenn die Peripherie zum Zentrum wird

Stellen wir zunächst einmal fest, daß die Demokratie ein positives Ideal nur in revolutionären Zeiten ist, wenn es gilt, der Tyrannei die «Freiheit» entgegenzuhalten. Doch im Alltag fest etablierter liberaler Gesellschaften geht der positive Gehalt des demokratischen Vertrags fortwährend verloren, ohne daß der soziale Zusammenhalt darunter leidet. Kein Glaubensbekenntnis wird mehr gelehrt, und die republikanischen Werte sind eher der Wappenschmuck der Parteien als die Wirklichkeit einer gemeinsamen Kultur. Die Flucht in Minderheiten oder die persönliche Identitätssuche schafft eine Distanz zu dem, was möglicherweise an demokratischer «Mitte» übriggeblieben ist. Nur noch die politischen Wappenträger – die Parlamentarier, die Regierung, die politische Klasse – leiden unter der Auszehrung der Mitte und unter einem wachsenden Mißkredit. Deshalb richtet sich die ganze Aufmerksamkeit auf die Peripherie: Nach den Medien zu urteilen, besteht das demokratische Paradoxon darin, die Ausgrenzung in den Mittelpunkt zu rücken. Unter dem Einfluß der Kommunikationsmittel macht die kollektive Vorstellung die Abweichung im Herzen des Systems heimisch. Die Mutterliebe ist keine Thema mehr, wohl aber der Muttermord. Regelmäßige Arbeit lockt niemanden mehr hinter dem Ofen hervor, während Arbeitslosigkeit die Gemüter erhitzt. Fällt das Thermometer und erobern die Obdachlosen den Bildschirm, dann steigt die Gesellschaft in ihre Katakomben hinab, begibt sich auf die Straßen und läßt die Ausgestoßenen an die Oberfläche kommen.

Nichts ist aufschlußreicher als das Fernsehen totalitärer Staaten: Dort wird die Macht verherrlicht, in langen Einstellungen sieht man alte Gesänge und Tänze. Zum Lobpreis der Arbeit werden ständig Fabriken, Baustellen, Arbeiter und das Werk ihrer Hände gezeigt. Dagegen verbirgt die demokratische Gesellschaft ihre Werkzeuge trotz ihrer außerordentlichen Produktivität. Fabriken erscheinen auf dem Bildschirm nur, wenn sie schließen. Der Arbeiter kommt nur zu Wort, wenn er streikt. Flugzeuge, Schiffe und Züge müssen in Katastrophen verwickelt sein, um allgemeines Interesse zu finden. Echt und im Mittelpunkt der Aufmerksamkeit ist der demokratische Held nur, wenn er mit allen Mitteln versucht, der Gesellschaft zu entfliehen, sie zu zerstören oder sich selbst zu zerstören: als Drogenabhängiger, Obdachloser, Terrorist oder Straftäter. Bei diesem Spiel ist am zentralsten, wer von der Mitte am weitesten entfernt ist: Der verbrauchte Angestellte, der seiner eintönigen Arbeit und seinem mittelmäßigen Leben ausgeliefert ist, das sich für ihn schließlich in seiner unglücklichen Ehefrau verkörpert, erregt zwar Aufsehen, wenn er sich irgendwann unter Alkoholeinfluß dazu entschließt, sie umzubringen. Aber er ist lange nicht so zentral wie der Serienmörder, von dessen – ohne erkennbares Motiv begangenen – Taten eine eindrucksvolle Reihe von Opfern zeugt. Und dieser wiederum ist es nicht in dem Maße wie der große Verbrecher, der Staatsfeind, der seine Revolte durch Morde zum Ausdruck bringt, der raubt und plündert, am Rande der Gesellschaft lebt, aber ihr buchstäblich Herzklopfen verursacht, bis er schließlich von der Bildfläche verschwindet, wobei er der nie in den Medien auftretenden Polizei bis zum letzten Augenblick die Schau stiehlt.[11]

Mit dem Ende der bolschewistischen Epoche und der Auflösung des verpflichtenden Grundkonsenses, der ganz Frankreich zu Allerheiligen auf den Friedhöfen und am 14. Juli am Arc de Triomphe versammelte, hat die demokratische Hülle jeden positiven Inhalt verloren. Die kollektive Vorstellung konzentriert sich auf die Peripherien; sie pflegt die Angst und nährt die Apokalypse mit ihren Schreckensbildern, führt aber gleichzeitig jeden in den Schoß der Gesellschaft zurück, der sich von ihr entfernt. Sie institutionalisiert und diversifiziert das automatische Einverständnis, den Gesellschaftsvertrag, der sich nicht auf die Anerkennung bestimmter Werte gründet, sondern auf die Unmöglichkeit, sie bei Todesstrafe abzulehnen.

Gilt es, dem Rassismus Einhalt zu gebieten? Die Ausländer

---

11 Jacques Mesrine ist den Franzosen als ideale Verkörperung dieses faszinierenden Typus der sozialen Abweichung im Gedächtnis geblieben.

werden in die schlimmsten Wohngebiete abgeschoben, man läßt
sie zu Wort kommen, man zeigt sie, wie sie leiden, Erfolg haben,
sich integrieren. Sie ziehen sich zurück, und schon sind sie im
Mittelpunkt. Sie haben sich ausgeschlossen, folglich gliedern sie
sich wieder ein. Der Mechanismus ist alt, nur daß er jetzt zur
Regel wird. In den Vereinigten Staaten haben die Schwarzen den
Jazz im Widerstand gegen Sklaverei und Ausgrenzung hervorgebracht. Als die amerikanische Demokratie diese Musik in den
Mittelpunkt ihres Kulturbetriebs stellte, hat sie die Schwarzen
damit wieder eingegliedert. Was keineswegs mit Gleichberechtigung zu verwechseln ist. Die Schwarzen bleiben auch heute
weitgehend ausgeschlossen, werden aber durch die Formen der
Revolte, die aus dieser Ausgrenzung erwachsen, wiederum ins
Zentrum des Systems integriert. Der Rock, ein rebellischer Auf-
schrei, ist eine durch und durch zentrale Kunstform. Sobald die
Jugendbanden in den Gettos beunruhigende Phänomene hervorbringen – Rap, Tag, Hip-hop –, wird diese zentrifugale Energie
wieder ins Zentrum der gesellschaftlichen Vorstellung zurückge-
leitet. Was am meisten provoziert, hat die besten Aussichten, auch
am erfolgreichsten zu sein. Wenn der Staatsfeind den Rassenkrieg
erklärt, landen seine Platten in den Charts. Wenn «Nique-ta-
Mère» (NTM – Fick-deine-Mutter) zur besten Sendezeit auf allen
Bildschirmen erscheinen darf, muß man etwas noch Stärkeres,
das heißt, noch Gewalttätigeres, noch Radikaleres, noch Ausge-
grenzteres finden, um wieder in den Mittelpunkt zu kommen.

Typisch für diese Mechanismen ist das Schicksal eines Mannes
wie Xavier Emmanuelli in Frankreich. Der Arzt spezialisierte sich
auf die Notfallmedizin und wurde Mitbegründer des SAMU, eines französischen Rettungsdienstes. Das bislang unbeachtete
medizinische Fachgebiet fängt augenblicklich an, das Interesse
der Medien zu erregen, und wird zum Thema eines modernen
Heldenepos. Im Kreise der Notfallärzte beginnt sich eine kleine
Gruppe für die dritte Welt zu engagieren und bricht in diese vergessenen Gebiete auf. Emmanuelli gründet die Médecins Sans
Frontières: Rasch haben die Medien das Thema aufgegriffen, und
Emmanuelli befindet sich wieder im Zentrum. Auf der Suche

nach einer weniger auffälligen Tätigkeit verläßt er die Médecins Sans Frontières und begibt sich nach Fleury-Mérogis, um sich mit jenen Stiefkindern unserer Gesellschaft zu befassen, die sie in Strafanstalten fortschließt. Es dauert keine drei Monate, da sind die Zuchthäuser im Mittelpunkt der allgemeinen Aufmerksamkeit, und die Gefängnismedizin wird zum Schnittpunkt aller sozialen Spannungen. Plötzlich gibt es eine Fülle von Interviews, Büchern und Artikeln zu diesem Thema. Noch immer auf der Suche nach den Menschen, die von unserer Gesellschaft vergessen werden, nimmt Emmanuelli schließlich die Leitung des Clochards-Krankenhauses in Nanterre ein. Diesmal ist er überzeugt, bei diesen Unglücklichen seinem Bedürfnis nach einem persönlichen und ehrlichen Engagement gerecht zu werden, dem er unter Ausschluß der Öffentlichkeit nachgehen kann. Nach einem knappen Monat hat man die Tuberkulose als das dringlichste medizinische Problem der Zeit wiederentdeckt, und unser bescheidener Held findet sich einmal mehr auf der Titelseite der *Libération* wieder . . .

Wäre er seiner ärztlichen Kunst in einer großen Institution nachgegangen, das heißt, wäre er im «Zentrum» geblieben, hätte sich niemand für ihn interessiert. Aber da er seinem Interesse für die Randgebiete menschlicher Existenz, für die Ausgegrenzten gefolgt ist, hat er niemals den wirklichen Mittelpunkt der gesellschaftlichen Vorstellung verlassen.

Die großen Mechanismen der kollektiven Kommunikation sind alle mit dieser Wiedereingliederung von Fluchtbewegungen befaßt. Als sich die Jury des Prix Goncourt vor die Wahl gestellt sieht, zwischen dem Buch eines Autors von den Antillen, der sich häufig des Kreolischen bedient und bei Gallimard erschienen ist, das heißt im Tempel der «zentralen» Literatur, und dem viel besseren Buch eines ehemaligen Kommunisten in einem «peripheren» Verlag, zögert sie keinen Augenblick. Die Nominierung von Patrick Besson hätte nur den geringen Vorteil gehabt, daß man im Zentrum der Literaturpreise einen Verlag wiedereingegliedert hätte, der von solchen Auszeichnungen normalerweise ausgeschlossen ist. Dieser kleinen Wiedereingliederungsschleife hat die

Jury offenbar die große Schleife vorgezogen, um durch sie den Sohn der Inseln, den Mann von kreolischer Hautfärbung, diese zentrifugale und marginale Existenz, mitten in die literarische Vorstellungswelt der französischen Nation zu führen.

«Genet oder die Unmöglichkeit des Skandals» lautete zur gleichen Zeit eine Schlagzeile in *Le Monde des livres*. Und tatsächlich gehören heute die schrillsten Provokationen, die radikalste gesellschaftliche und politische Kritik zum klassischen Spielplan der Staatstheater. Und die konservative Literatur eines Monsieur Jean Dutourd müßte man wohl, wollte man sie denn charakterisieren, als «marginal» bezeichnen.

Die totalitären Gesellschaften, die ganz davon in Anspruch genommen sind, den Kern ihres Dogmas zu verkünden, bemühen sich verzweifelt, eine Zensur durchzusetzen, die sie zur Unfruchtbarkeit verurteilt. Dagegen lassen die demokratischen Gesellschaften über alles mit sich reden, saugen gierig auf, was sich entfernt, und lehnen ab, was sich im Zentrum befindet, um es zurückzuholen, wenn es sich ausgeschlossen hat. So kommen heute die traditionellen Werte der Familie, der Arbeit und der Nation, nachdem sie vorübergehend vertrieben waren, in den Schmähschriften von Philippe de Villiers minoritär, folkloristisch und rebellisch zu uns zurück.[12]

Die jungen Leute, die in den siebziger Jahren in die Berge des Yosemite Nationalparks aufbrachen, um sich bekifft und glückselig stundenlang in ihren Gummischuhen in die ungeheuren sonnenbestrahlten Granitwände zu hängen, waren nur ein Nebenprodukt jener großen Suche nach Freiheit und Natur, die die einen veranlaßte, die Städte zu verlassen und Schafe zu züchten, und die anderen, Bomben in ihnen zu legen. Zehn Jahre später ist das «Free Climbing» zum Modesport geworden, das die Unternehmen ihren Managern empfehlen, um Selbstvertrauen – das heißt, Vertrauen in die Firma – zu lernen. Und Schuhwerk, das den Kletterschuhen nachempfunden ist, gehört zum letzten Schrei der Stadtmode.

---

12 Ph. de Villiers, *Combat pour les valeurs*, Albin Michel, Paris.

## Ausgrenzungsindustrie

Wie das letzte Beispiel zeigt, kommt die gesellschaftliche Fragmentation, die Zersplitterung der Gruppen und Verhaltensweisen, nicht nur den kollektiven Vorstellungen in der Demokratie zugute, sondern auch dem Produktionssystem. Der Bruch mit dem Prinzip des Mehrheitsverhaltens, die außerordentliche Vielfalt der Minderheitengruppen, die Suche nach einer Individualität, für die man all die vielen, unbeständigen Register zieht – diese neuen Spielarten des Menschlichen bedeuten für die liberalen Volkswirtschaften eine Fülle von Absatzmärkten.

In den sechziger Jahren sagten die Volkswirtschaftler vorher, daß die enorme Entwicklung der Produktivität rasch dazu führen werde, daß die «klassische» Nachfrage befriedigt sei. Daraus schlossen sie auf die Notwendigkeit, die Bedürfnisse zu steigern, das heißt, durch geeignete Werbetechniken den Wunsch nach Überflüssigem zu wecken, das Veralten von Produkten zu beschleunigen und ihnen durch technische Neuerungen sowie veränderte Aufmachung neue Attraktivität zu verleihen. All das ist geschehen. Doch wie man die Sache auch betrachtet, die Bedürfnisse des einzelnen Verbrauchers sind nicht ins Ungemessene gestiegen. Die Diversifizierung ist nicht gelungen, weil sich die Bedürfnisse des Wirtschaftssubjekts vervielfältigt haben, sondern weil sich die Bedürfnisprofile vervielfältigt haben: Jede Minderheitengruppe identifiziert sich mit einem bestimmten Typus von Produkten, und innerhalb dieser Gruppen personalisiert der einzelne noch einmal seine Kaufentscheidungen. Die Postmoderne, die Unbeständigkeit der individuellen Optionen, neotribalistische Tendenzen – stammesartige Zusammenschlüsse mit bestimmten Konsumgewohnheiten als Kristallisationskernen – wirken auf das Produktionsgeschehen außerordentlich anregend. Zur Notwendigkeit, immer unterschiedlichere Kundenwünsche zu bedienen, gesellt sich der (für die Entstehung neuer Absatzmärkte) vorteilhafte Effekt der unvermeidlichen Reibereien oder gar Zusammenstöße, zu denen es zwischen diesen Aktivitäten und Gruppen kommen muß. Auf den Markt der Gewalt (Waffen,

Videos, Musik, Filme) antwortet der der Sicherheit (Alarmanlagen, Wachdienste, Unterdrückung); auf den Markt der Einsamkeit (Singleappartments, individuelle Autotypen, Fertiggerichte für Singles) antwortet der der Sozialkontakte (Begegnungsclubs, interaktive Computerspiele, Clubreisen). Auch hier erlaubt die außerordentliche Widerspruchstoleranz der liberalen Gesellschaft, das völlige Fehlen zentraler Normen eine fast unendliche Bandbreite von Konsumstilen. Die angebliche Apokalypse des Zerfalls liefert zunächst einmal eine neue Grundlage für die Produktivität.

In diesem Zustand der Aufsplitterung verändert sich sogar die Funktion des Gesetzes. Das Verbot zieht keine Grenze zwischen Innen und Außen wie in den totalitären Gesellschaften. Wer sie dort überschreitet, kommt vor das reale oder symbolische Angkar Leu: Seine Ausgrenzung erfolgt augenblicklich und absolut. In demokratischen Gesellschaften zieht die Übertretung des Verbots keine unwiderrufliche Sanktion nach sich. Mehr als irgendeine humanitäre Maßnahme ist die Abschaffung der Todesstrafe Ausdruck dieser demokratischen Weigerung, eine echte Ausgrenzung vorzunehmen. Die Demokratie ist, das müssen wir uns immer wieder vor Augen halten, ein System, dem man nicht entflieht. Seine Fähigkeit zur Wiedereingliederung ist so stark, daß es die Vorstellung, einen Menschen ein für allemal aus seinen Grenzen zu verbannen, nicht ertragen kann.

In der Demokratie dient das Verbot lediglich dazu, zwei Konsumbereiche voneinander abzugrenzen. Was sich legitim nicht auf die eine Weise beschaffen läßt, kann man auf eine andere bekommen. Minderjährige darf man nicht vergewaltigen, kann sich aber in Pornoläden Bilder dieses Vorgangs beschaffen. Zu beiden Seiten der Grenze finden wir dann unterschiedliche Produktionsformen, Preise und Gewinnspannen. Im großen und ganzen sorgt das Verbot dafür, daß eine Ware, die gesetzlichen Regelungen unterliegt, nicht kostenlos oder zu preiswert angeboten wird. Sie zwingt uns, bei der Befriedigung unserer Bedürfnisse Prozeduren zu folgen, die in hohem Maße mit wirtschaftlichen Abläufen gekoppelt sind. Tabak darf man nicht mehr auf seinem Balkon anpflanzen, sondern muß ihn in dem Spezialgeschäft an der Ecke kaufen. Gewalttätige Triebregungen kann man nicht an seinen Mitbürgern befriedigen, darf sich aber einschlägige Videos und Filme anschauen. Wiederum handelt es sich um Beispiele, in denen das Verbot die Betroffenen von einem Bereich der «normalen» Gesellschaft in einen anderen verweist. In vielen Fällen ist das Verbot nur die Demarkationslinie zwischen klassischen und straffälligen Gruppen. Das Gesetz zielt keineswegs darauf ab, Heroinsüchtige, Rauschgifthändler oder Pädophile zu eliminieren. Es schickt sie lediglich auf die andere Seite einer Grenze, die die Spielregeln festlegt.

## Integration durch Minderheitenstatus

Das Ergebnis ist eine zweistufige soziale Einbindung. Die Integration des Individuums vollzieht sich in einer Minderheitengruppe, während diese Gruppe ihrerseits von der demokratischen Gesellschaft integriert wird, und zwar durch die Bande, die diese Gesellschaft mit jedem eingeht, sofern er vorgibt, sich auszugrenzen.

In Gruppen, deren Verhalten am stärksten von der Norm abweicht, die eine legale Grenze eindeutig überschreiten, sorgt das Gefühl, sich außerhalb des Gesetzes zu bewegen, für den inneren Zusammenhalt. Die Drogenabhängigen haben Zeichen und Codes, an denen sie sich erkennen, die Halbstarkenbanden in den Vororten binden ihre Mitglieder häufig durch eine vorsätzliche und obligatorische Gesetzesübertretung an sich (z. B. ein Verbrechen, das auf Befehl ausgeführt wird).

Das Modell ist nicht nur in höchst devianten, sondern auch in ganz traditionellen Gruppen zu beobachten. In demokratischen Gesellschaften vollzieht sich die Integration heute über die Zugehörigkeit zu einer (oder mehreren) Minderheiten. Sogar die ehemals absoluten Mehrheiten in Frankreich, beispielsweise die Franzosen «französischer Abstammung», versuchen sich dadurch eine politische Identität zu geben, daß sie für sich einen Minder-

heitenstatus in Anspruch nehmen.[13] Auch die demokratischen
Institutionen haben hier ihre außerordentliche Flexibilität unter
Beweis gestellt. Mit dem disziplinären Staat endete auch die per-
manente Alleinherrschaft einer homogenen Gruppe, wie es die
Gaullisten lange Zeit in Frankreich, die Democrazia Cristiana in
Italien und die beiden großen, einander ablösenden Parteien in
England waren. Doch angesichts der gesellschaftlichen Zersplitterung der Wählerschaft und der Vielfalt von Meinungen und
Gruppen erfüllen die demokratischen Systeme die Funktion, die
ihnen prinzipiell von Anfang an übertragen war: Sie verwandeln
eine gewaltige Ansammlung von gegensätzlichen, unterschiedlichen und einander gelegentlich überlagernden Gruppen in einen
einfachen numerischen Ausdruck. Bei der Wahl eines amerikanischen Präsidenten materialisiert sich durch eine Zahl in einem
einzigen Menschen ein fast unüberschaubares Konglomerat von
Gruppen, Lobbys, Armen und Reichen, Schwarzen, Homosexuellen und Feministinnen, unter denen sich eine unbekannte Zahl
von homosexuellen und feministischen Schwarzen befindet.

Die strenge republikanische Haltung mit ihren Werten und
ihrer Opferbereitschaft wird auf der Rechten wie auf der Linken
nur noch von Minderheiten reklamiert. Wollte man andererseits
einen Minimalkonsens der demokratischen Kultur bestimmen,
würde er sicherlich aus der Erklärung der Menschenrechte bestehen. Von allen Proklamationen der disziplinären Epochen läßt
sich nur noch diese lesen. Das entsetzliche Lied *Marseillaise des
enfants* können wir heute beim besten Willen nicht mehr singen.[14]

13 Und als solche gegen Handlungen beschützt werden wollen, die ein
Romain Marie als Ausdruck eines «antifranzösischen Rassismus» bezeich-
net.
14 *Marseillaise des enfants:*

| | |
|---|---|
| Nous entrerons dans la carrière | Bien moins jaloux de leur survivre |
| quand nos aînés n'y seront plus | que de partager leur cercueil, |
| Nous y trouverons leur poussière | nous aurons le sublime orgueil |
| et la trace de leurs vertus. | de les venger ou de les suivre. |

(Wir werden unsere Pflicht tun, wenn unsre Väter ihr nicht mehr nachkom-

Die Vorstellung, für die Freiheit zu sterben, ist völlig aus der Mode gekommen. Sarajewo wird nicht das Gegenteil beweisen. Dagegen liefert die Erklärung der Menschenrechte eine annehmbare gemeinsame Grundlage. Jedem sichert sie das Recht zu, sich seinem Personalisierungsprozeß zu widmen, sich als Individuum zu fühlen und beliebige Gruppen mit anderen zu bilden. Sie erkennt das Recht auf Besitz, auf Genuß, auf Gleichheit und Gleichberechtigung an, auch wenn wir uns bemühen, anders als die anderen oder ihnen sogar überlegen zu sein. Auf der Grundlage der Menschenrechte kann sich die soziale Zersplitterung ungehemmt entfalten. Den Grundsatz von der Souveränität des Volkes ergänzt sie durch die zahlenmäßige Mehrheit, die im geeigneten Augenblick die Zersplitterung wieder zusammenfaßt.

Dieser gesellschaftliche Minimalvertrag gewinnt seine Kraft also weder aus der Macht des «Souveräns», den die Menschen akzeptieren, das heißt, des Staates, noch aus den individuellen Einschränkungen, die zu achten sie sich verpflichten, denn, wie gesehen, werden es immer weniger Einschränkungen. Abweichungen von der Norm, Verstöße gegen staatliche und religiöse Vorschriften, die praktisch grenzenlose Wandlung der Sitten: nichts ist mehr unmöglich, und die demokratische Kultur liefert alles, auch das, was sie verbietet.

Der Zement, die Triebfeder zur Befolgung des Vertrags kommt also mehr als je zuvor von außen: Der Naturzustand ist für die gesellschaftlichen Auflösungserscheinungen verantwortlich und für die Angst, die sie hervorrufen.

Alle positiven Mechanismen, mit denen die Ausgrenzung für die Zwecke und den Nutzen der liberalen Gesellschaft eingespannt wird, verbirgt man hinter dem Schrecken. Die kollektiven Vorstellungen, die sich, wie gesehen, weitgehend von der sozialen

men können. Wir werden nur noch ihren Staub und die Spuren ihrer Tugend finden. Weit weniger darauf bedacht, sie zu überleben, als ihr Grab zu teilen, wird es unser höchster Stolz sein, sie zu rächen oder ihnen nachzufolgen.)

Zersplitterung nähren und so dazu beitragen, sie wieder ins Zentrum einzugliedern, versehen sie dessenungeachtet stets mit einem negativen Vorzeichen. Rauschgiftsucht, Bandenbildung, Arbeitslosigkeit, organisiertes Verbrechen, Pornographie und Gewalt – alles Aktivitäten, die weitgehend in das soziale Geschehen integriert und in Wirklichkeit regelmäßige Erscheinungsformen der demokratischen Gesellschaft sind – werden als schreckliche und unkontrollierbare Gefahren hingestellt. So preisen die kollektiven Vorstellungen die Freiheit, während sie gleichzeitig der Furcht Nahrung geben. Dieses fruchtbare Widerspruchsprinzip gestattet der liberalen Kultur einerseits, den Drogenabhängigen als einen Menschen hinzustellen, der sich frei entscheiden kann, unsere Achtung verdient, ein vollgültiges Mitglied der demokratischen Welt ist und bestimmte Angebote der Freiheit annimmt, die uns allen zur Verfügung stehen und auf die wir alle Wert legen. Um ihn andererseits, im Programm eines Konkurrenzsenders etwa, als unberechenbare Bestie vorzuführen, die sich in der Gewalt eines schrecklichen Giftes befindet. Da wird zugleich das vertraute Bild des Sohnes oder Bruders beschworen, der ein ähnliches Schicksal erleiden könnte, und das ferne, fremde des Angreifers, der uns aus dem Dunkel anspringt, um uns zu berauben oder umzubringen.

Zur Zeit der marxistischen Apokalypse hat es die liberale Gesellschaft verstanden, dank des Widerspruchsprinzips ausgerechnet die zu unterstützen, die sie im gleichen Atemzug als ihre schlimmsten Feinde bezeichnete. Von der Genfer Konferenz im Jahre 1922 bis zu den umfangreichen Getreidelieferungen an die UdSSR in den siebziger Jahren bildete dieses Entgegenkommen die Grundlage der Doppelpolitik gegenüber dem Osten. Lenin, der nie begriffen hatte, welche Macht der Westen aus dem Widerspruchsprinzip schöpfte, sagte hohnlachend: «Die Kapitalisten verkaufen uns sogar den Strick, um sie aufzuhängen.» Doch in Wirklichkeit hatte der Strick, der ihm verkauft worden war, die Aufgabe, ihn ordentlich festzubinden, um ihn an heftigen Bewegungen oder gar am Schlagen zu hindern, ihm aber genügend Bewegungsfreiheit zu lassen, um seine Drohungen auszustoßen

und eben dadurch den Zusammenhalt jener Kultur zu sichern, die
er angeblich zerstören wollte.

Dank des gleichen Mechanismus kann man heute im Falle der
inneren Apokalypse zulassen, daß die Zersplitterung sich entfaltet, sie sogar fördern und dadurch dem Produktionssystem wichtige Impulse geben, während man sie gleichzeitig als schreckliche
Gefahr hinstellt. Die liberale Kultur bedient sowohl die Bedürfnisse derer, die sich ihr entziehen, als auch derer, die beschützt
werden wollen.

Man wird einwenden, daß diese Apokalypse doch durchaus
eintreten kann, auch wenn sich die des Marxismus letztlich als
Illusion erwiesen hat. Tatsächlich kann ich nicht beweisen, daß
das Wirtschaftssystem nicht zusammenbrechen wird und daß
daraufhin die vielen Gruppen, die heute noch durch einen me-
chanischen und schwachen Konsens miteinander verbunden sind,
explosionsartig auseinanderdriften könnten. Nichts garantiert,
daß sich die osteuropäischen Gesellschaften nicht in autoritären
Systemen und erbarmungslosen Gesellschaftsverträgen zusam-
menfinden, die sich auf die Nation, die Religion und das Blut als
höchste Werte berufen. Und nichts garantiert auch, daß die Aufspaltung in ethnische Gruppen, die alle Bereiche der amerikanischen Gesellschaft erfaßt, nicht eines Tages zu ihrem Zerfall
führt.

Im Unterschied zum Bolschewismus gehören die neuen Apokalypsen der Ökologie, des Südens oder der Ausgrenzung der
Gegenwart an und sind noch ungebrochen in ihrer Wirkung. Wer
heute versichert, daß sie nicht in die Katastrophe führen, wird
ebensowenig Glauben finden wie in den fünfziger Jahren jemand, der sich nicht an den allgemeinen Kassandrarufen beteiligt und in der UdSSR keinen Konfliktfaktor gesehen, sondern
statt dessen auf ihr heimliches Einverständnis mit dem Westen
hingewiesen hätte. Vielleicht muß man diese konservative Funktion der Apokalypsen klaglos akzeptieren. Sie sind ein wichtiges
Werkzeug zur Erhaltung des liberalen Systems, und das ist sicher
gut so.

Ich will also nicht versuchen, den Pessimismus zu zerstreuen,

sondern zugeben, daß sich drohende Wolken über der Erde zu-
sammenziehen, die die Beziehungen zwischen Nord und Süd
überschatten und mit ihren ungünstigen Klimaeinflüssen das innere Gleichgewicht der demokratischen Gesellschaften bedrohen.

Viel gewonnen hätte ich schon, wenn ich den Leser davon überzeugt hätte, daß diese Gefahren nicht nur Elemente der Apokalypse sind, sondern *auch* die Entwicklung und sogar die Macht
der liberalen Kultur fördern. Exemplarisch sind die siebzig Jahre
Bolschewismus, falls sie uns heute dazu dienen, die außergewöhnliche Kraft der demokratischen Gesellschaften zu beweisen
und zu zeigen, welch unvergleichliches Geschick diese darin besitzen, sich zunutze zu machen, was sich ihnen entgegenstellt.
Wenn es heute also nicht möglich ist, diese Gesellschaften daran
zu hindern, Furcht zu verbreiten und dadurch für den eigenen
Zusammenhalt zu sorgen, so können wir wenigstens die außerordentlich positive Rolle solcher Störungen anerkennen. Ohne
die marxistische Revolte und – in heutiger Zeit – ohne die ökologische Utopie, ohne die Herausforderung des Südens und ohne
die Neigung zur Ausgrenzung gäbe es keinen Fortschritt für die
demokratischen Gesellschaften. Sie könnten kaum ihren Fortbestand sichern. Ein langes Loblied habe ich auf ihre Fähigkeit zur
Vereinnahmung der Revolte gesungen. Bleibt nur noch das Loblied auf das, was dieses System unterhält, was sein Räderwerk
antreibt: das Loblied auf die Forderungen, die Dissidenten, die
Störenfriede. Es gilt, in dieser liberalen Welt, die die Flucht unmöglich macht und die Revolte wiederverwertet, den Weg der
menschlichen Freiheit nachzuzeichnen.

# Die unsichtbare politische Hand

# VIII
## Angst – die einzige demokratische Leidenschaft

> *Statt Liebe verbindet sie die Furcht voreinander.*
>
> La Boétie[1]

Im Herzen der modernen Demokratie wohnt ein klassisches Paradoxon: Wie kann man die Freiheit garantieren, ohne sich ihr auszuliefern? Wie kann man ein politisches System auf die freie Meinungsäußerung aller gründen, ohne daß diese Freiheit dem Gebäude schadet, dem sie sich verdankt?

Auf diese Frage geben die demokratischen Institutionen nur eine individuelle Antwort: Wer das Gesetz übertritt, wird bestraft. Die Gesellschaft behält sich das Recht vor, ihn mit Sanktionen zu belegen. Sie grenzt seine Freiheit ein, indem sie sie, mit Montesquieus Worten, als die Möglichkeit definiert, all das zu tun, «was das Gesetz erlaubt». Doch die Grenze, die dem einzelnen gezogen ist, entfällt, sobald wir uns dem kollektiven Souverän, dem Volk selbst, zuwenden. Da es das Gesetz macht, kann es nicht durch dieses eingeschränkt werden. Wenn es ihm einfällt, die demokratischen Institutionen abzulehnen, wenn das Volk, der Ursprung der legitimen Macht, sich anschickt, deren Form oder sogar Geist zu verändern, wenn es seine Leidenschaft nicht mehr für die Freiheit, sondern die freiwillige Knechtschaft entdeckt, wenn es den Wunsch verspürt, sich einer starken, antidemokratischen Macht auszuliefern, wer kann es daran hindern? Platons

---

1 Günther Horst, (Hg.), *Etienne de la Boétie, Von der freiwilligen Knechtschaft*, Europäische Verlagsanstalt, Hamburg 1992, S. 91.

alte Frage – «Wenn das Volk einen Tyrannen will . . .» – ist keineswegs gelöst, zumindest theoretisch nicht.

Deshalb versteht man das Leben der Demokratie immer als Überleben; in jeder Epoche wundert man sich aufs neue, daß ein solches Gebäude, in der Nachbarschaft derartiger Abgründe errichtet, nicht in sie hinabstürzt. Als eine politische Form, die sich der Geschichte und ihren zerstörerischen Dämonen schutzlos darbietet, hat die Demokratie dieser Ansicht nach eigentlich immer nur Glück gehabt: Die Gegner sind zu schwach gewesen, um den Grundwiderspruch der Demokratie auszunützen.

In der Einstellung von Historikern zu demokratischen Regierungen wechseln sich Bewunderung und Mitleid ab. Bewunderung, weil es ihnen immer wieder gelingt, unumgängliche Katastrophen zu vermeiden; Mitleid, weil sich neue Gefahren zeigen, sobald die alten überstanden sind.

Die vorangehenden Kapitel hatten die Aufgabe, diese Auffassung völlig auf den Kopf zu stellen: Es gibt überhaupt keinen Grund, die Demokratien zu bemitleiden, wenn ihnen Feinde erwachsen, denn die sind ihre wertvollsten Verbündeten. Wenn wir für das Jahrhundert mit seiner langen marxistischen Ära und seinen neuen Apokalypsen ein Fazit ziehen wollen, so können wir feststellen, daß die Demokratien, mögen sie auch als Nationen manche Schlacht verloren haben, als Repräsentanten eines Systems alle Kriege gewonnen haben. Die Zeiten, in denen die Gefahr der Apokalypse am größten war, haben immer auch die eindrucksvollsten Entwicklungen der demokratischen Gesellschaften gesehen. Je größer die Gefahren waren, desto stärker haben sie sich ausgedehnt, vertieft und zusammengeschlossen.

Von dem Gedanken, das Überleben der liberalen Kultur sei lediglich der Vorsehung zu verdanken und das Blatt könne sich jederzeit wenden, müssen wir uns freimachen. Wenn wir diese hundert Jahre nicht mehr als eine Kette wunderbarer Ausnahmen betrachten, so können wir einige konstante Gesetze der Demokratie erkennen, die uns das Verständnis ihrer Stärke erleichtern. Wie reagiert sie auf Gefahren, wie neutralisiert sie die Oppositionen, die ganz natürlich aus der schrankenlosen Nutzung der Freiheit er wachsen? Seit dem 18. Jahrhundert spielen diese Fragen in der politischen Philosophie eine große Rolle, doch die Spekulationen der Aufklärung über den Gesellschaftsvertrag sind weitgehend theoretisch geblieben; man bemühte sich, die Demokratie zu beschreiben, die man erst ins Leben rufen wollte. Wir hingegen sind in der glücklichen Lage, ein Jahrhundert Demokratie überblicken zu können. Was sich die Aufklärer vorstellen mußten, können wir mühelos registrieren und so die Frage zu klären versuchen, wie es der Demokratie gelungen ist – und es muß ihr gelungen sein, denn sonst hätte sie sich nicht so lange halten können –, den schwierigen Widerspruch zwischen Freiheit und Stabilität zu lösen.

Unrecht hatten zweifellos jene, die, wie Locke und Montesquieu, meinten, man könne die demokratische Entwicklung sich selbst überlassen, die Sanftmut der «guten Regierung» werde von allein die Herzen der Völker gewinnen. Für die liberale Kultur haben sich weder die Hindernisse von allein ausgeräumt noch die Aufstände spontan beruhigt. Daß die «Tugend» die Menschen schon zur demokratischen Mäßigung veranlassen werde und daß der Rebell sich von der friedlichen Barmherzigkeit des Rechtsstaates rühren lasse, sind Träume geblieben. Das bürgerliche 19. Jahrhundert hat die Hoffnung auf eine solche natürliche Bekehrung der Völker zur republikanischen Regierungsform nie aufgegeben. In ihrer Freude über die Geburt der Arbeiterdichtung erklärte George Sand ergriffen: «Der Parnasse ist gestürmt; die Analphabeten haben die Tore gesprengt, und das kühne Volk, das vor kurzem noch nichts anderes im Sinn hatte, als Schlösser und Bastillen zu schleifen, wird nun den Musen Tempel auf jener Erde errichten, die es mit seinem Blut und Schweiß getränkt hat.»[2]

Die Verfasserin von *La Mare au diable* hatte natürlich unrecht. Der Kampf der Arbeiter sollte sich nicht in Vierzeilern und Sonetten äußern, und noch viele andere Bastillen mußten brennen. Die Demokratie des 20. Jahrhunderts ist nicht unter Gesängen entstanden. Immer wieder hatte sie sich neuer Feinde zu erwehren. Deshalb müssen wir untersuchen, wie sie das geschafft hat.

2 Zitiert bei: Michelet, *Le Peuple*, Flammarion, Paris, S. 111.

Sicherlich nicht dadurch – und diesmal ist Rousseau zu widersprechen –, daß sie sich in eine Schreckensherrschaft verwandelt hat. Die Einwilligung in den Gesellschaftsvertrag der liberalen Kultur ist nicht mit brutaler Gewalt durchgesetzt worden. Man hat die Menschen nicht dazu «gezwungen, frei zu sein».

Die Demokratie hat sich ohne Rückgriff auf die von Robespierre so geschätzte «Tyrannei der Freiheit», ohne Härte entwickelt. In gewisser Weise hat sie durch ihre Nachgiebigkeit triumphiert. Während die Anhänger autoritärer Staatsformen, die religiösen Fanatiker und die Menschen, die die Demokratie hassen, ihre ganze Energie und manchmal auch ihr Leben opfern, um ihren Ideen zum Sieg zu verhelfen, haben die Liberalen immer nur schweigende Mehrheiten um sich geschart, die wenig Aktivität zeigen, wenn sie nicht sogar ganz auf die Ausübung der Rechte verzichten, die ihnen die Demokratie gewährt. Die Menschen nutzen ihre Freiheit, während das staatsbürgerliche Bewußtsein so verblaßt, daß es praktisch ganz aus dem sozialen Leben verschwindet; nichts hindert uns, die extremsten Ansichten zu vertreten.

Wenn die Macht der Demokratie weder aus der Schwäche ihrer Gegner noch aus sozialem Zwang erwächst, woher kommt sie dann? Die Frage läßt sich mit einem einzigen Wort beantworten: aus ihrer Autonomie. Der liberalen Kultur ist es gelungen, sich vom Einverständnis der Menschen, die ihr angehören, unabhängig zu machen. Aus der größtmöglichen Gefügigkeit zieht sie die gleichen Vorteile wie aus der erbittertsten Feindschaft. Sie lebt von dem, was sich ihr widersetzt. In diesem Sinne ist das liberale System autonom: Ob die Menschen es gutheißen oder ablehnen, es macht sich diese gegensätzlichen Positionen gleichermaßen zunutze. Das ist die wichtigste Lehre, die wir aus den Apokalypsen dieses Jahrhunderts ziehen können, vor allem aus der wichtigsten, die aus der bolschewistischen Revolution erwachsen ist. Wie gesehen, sind die radikalsten Versuche, die demokratische Kultur zu bekämpfen und ihre Grundsätze in Frage zu stellen, zugleich die Ereignisse gewesen, die dieser Kultur für ihre Entwicklung am besten zustatten gekommen sind.

In bezug auf die römischen Institutionen meinte Machiavelli, sie hätten die Freiheit nicht trotz der erbitterten Oppositionsbewegungen in ihrem Inneren bewahren können, sondern gerade weil es sie gab. Im Gegensatz zu straff organisierten politischen Gesellschaften wie etwa Sparta, wo der institutionelle Rahmen allen aufgezwungen wurde, bis irgendwann die Feindseligkeit so groß wurde, daß man ihn abschüttelte, waren die römischen Institutionen stets nur das vorläufige und fließende Spiegelbild der inneren Gleichgewichtszustände – des Gleichgewichts zwischen konstruktiven und destruktiven Bestrebungen, Erhaltung der Ordnung und Wandel, dem Widerstand bestimmter sozialer Schichten und dem heftigen Druck anderer Gruppen. Roms politische Gesellschaft war nur scheinbar abhängig von diesen inneren Bewegungen; in Wirklichkeit war sie viel autonomer und gewann aus den Turbulenzen die Energie, die sie für ihre Stabilität brauchte. Diese Fähigkeit findet sich heute verstärkt in der liberalen Kultur wieder. Durch ihre weltweite Ausdehnung, den Umfang ihrer wirtschaftlichen Aktivitäten und ihre übernationalen Verflechtungen ist sie weit autonomer geworden als die antike Demokratie.

Im wirtschaftlichen Bereich weiß man schon lange um diese Autonomie. Adam Smiths' «unsichtbare Hand», ein Begriff, mit dem er beschreibt, wie der Markt unabhängig vom Bewußtsein der Wirtschaftssubjekte funktioniert, ist das erste und bekannteste Bild für die Autonomie des liberalen Systems. Aber die Apokalypse-Beispiele, die ich in diesem Buch erläutert habe, zeigen, daß es auch auf politischem Gebiet eine sehr weitgehende Autonomie der demokratischen Kultur gibt. Für den Zusammenhalt des Systems sorgt eine *unsichtbare politische Hand*. Sie verwandelt feindselige Meinungen und Handlungen in vorteilhafte Impulse. Sie stärkt das System durch das, was sich ihr widersetzt, und knüpft, weitgehend unbewußt und gewissermaßen passiv, die sozialen Bindungen. Die Theorie dieser unsichtbaren Hand muß noch geschrieben werden. Ich kann sie hier nur skizzieren. Die Untersuchung der Apokalypsen unseres Jahrhunderts, erst der bolschewistischen, dann derer, die wir heute

erleben, sollte uns zunächst von einem überzeugt haben: Die unsichtbare politische Hand gewinnt in den demokratischen Gesellschaften ihre Energie aus der Furcht. Siebzig Jahre lang hat der
sowjetische Kommunismus die Rolle des großen Schreckgespenstes gespielt, und nicht zuletzt hat die Furcht, die er hervorgerufen
hat, dazu gedient, die demokratischen Gesellschaften zu stärken.

Inzwischen sind neue Ängste an ihre Stelle getreten – die Angst
vor dem Süden, die Angst vor Naturkatastrophen und vor der
Auflösung der Gesellschaft –, deren stabilisierende Funktion für
den Zusammenhalt der liberalen Kultur ich erläutert habe.

Da ich der Meinung bin, daß in diesen Gesellschaften der Gesellschaftsvertrag nicht aus der bewußten Entscheidung von
Individuen erwächst, die positiven Werten verpflichtet sind, noch
aus dem gewaltsamen Zwang, den die Macht ihnen gegenüber
ausübt, sondern in erster Linie aus der Angst, die die Menschen
empfinden, wenn sie von der etablierten Ordnung abweichen,
sagt mir von allen klassischen Beschreibungen des Gesellschaftsvertrages die Hobbessche am meisten zu.

Im komplizierten System des Hobbesschen Werkes zeichnet sich
das – scheinbar – einfache Schema eines auf die Furcht gegründeten
Gesellschaftsvertrages ab. Im Naturzustand bekriegt jeder jeden.
Die Menschen befinden sich gleichzeitig in einem Zustand vollkommener Freiheit und vollkommener Knechtschaft, weil ihnen die
anderen fortwährend ihren Willen schrankenlos aufzwingen und
weil diese Entfesselung gegensätzlicher Willensäußerungen, diese
Hypertrophie der Macht eines jeden in Gewalt und Anarchie endet.
Um sich aus diesem Zustand des Krieges aller gegen alle zu befreien,
sind die Menschen bereit, die Macht an den Leviathan abzugeben,
eine Institution, die allen ihre Regeln vorschreibt und allein das
Recht hat, Zwang auszuüben. Dieser souveräne Leviathan, der die
höchste Macht verkörpert und von allen menschlichen Strebungen
unabhängig ist, ist das erste Bild eines autonomen Systems, dem die
Menschen sich nicht anvertrauen, weil sie darin ein Ideal verwirklichen möchten oder weil es sie dazu zwingt, sondern nur, weil es
ihnen mit seiner Hilfe gelingt, Not und Verderben zu entgehen.

Dabei dürfen wir den Naturzustand, von dem Hobbes spricht,

nicht als ferne und primitive Epoche mißverstehen, also als einen wilden, ursprünglichen und abgeschlossenen Zustand. Hobbes beschreibt den Naturzustand des Menschen in jedem gegebenen Augenblick der Geschichte. Vor allem betrachtet er seine eigene Zeit. Vor Augen hat er die Übergriffe der Puritaner und die utopischen Träume von der antiken Demokratie, die die englischen Universitäten so intensiv beschäftigen. Er beobachtet die heftige Konkurrenz dieser unterschiedlichen Weltanschauungen und die Zwietracht, die unter den Menschen herrscht. Daraus schließt er, daß die Meinungen der Menschen und das Streben nach dem Guten jeden gegen jeden aufbringt. In dem Wunsch, ihren Ideen zum Sieg zu verhelfen, wenden sich die einen gegen die anderen, ohne daß der Machtausübung des Starken über den Schwachen Grenzen gezogen sind. Hobbes' Beschreibung des Naturzustandes ist eine Kritik an den menschlichen Utopien und die Beobachtung, daß die Menschen unfähig sind, auf friedlichem Wege ein Ideal zu verwirklichen. Wer ein Engel sein will, wird buchstäblich zum Ungeheuer. Der Zustand der Reinheit, das Streben nach Vollkommenheit und der Versuch, den anderen eine bestimmte Vorstellung des Guten aufzuzwingen, entfesseln heftige Rivalitäten, in denen der Mensch seine tierischsten Kräfte mobilisiert, um den Gesetzen seiner Vernunft zu gehorchen.

Wenn wir wieder in unser Jahrhundert zurückkehren, so sehen wir, daß die demokratische Kultur genau mit den Worten, die Hobbes zur Charakterisierung des Naturzustandes gewählt hat, das bolschewistische Vorhaben zeit seines Bestehens beschrieben hat. Angetreten, um eine neue Reinheit zu entdecken, eine bestimmte Vorstellung des Guten zu verwirklichen, eine vollkommene Welt zu erbauen, die den Bedürfnissen aller Rechnung trägt und die Ketten der Ausbeutung zerbricht, haben die Kommunisten danach nur Not und Verderben gebracht. Einmal mehr zeigt sich im sowjetischen Universum die Rückkehr der Menschen zum Naturzustand, wenn sie sich von ihren unvereinbaren Wünschen leiten lassen. Der Hobbessche Naturzustand ist durch zwei extreme und scheinbar entgegengesetzte Übel gekennzeichnet: die Anarchie und die Hypertrophie der Macht.

Die Anarchie in der sowjetischen Welt nehmen vor allem die Engländer aufs Korn, wenn sie in der Vorkriegszeit die Anfänge des Kommunismus kritisieren: Unter der bolschewistischen Diktatur befinden sich die Menschen in einer Situation extremer Schwäche. Schutzlos sind sie allen Gewaltakten ausgeliefert, die der Mensch dem Menschen antun kann. Wenn einer alles verloren hat, bleibt ihm immer noch die Möglichkeit zur Sabotage, zur Denunziation und zur Zerstörung. Auf diesem «roten Rad», auf dem sich kein sicherer Stand gewinnen läßt, ist das Leben eines jeden «einsam, elend, grausam, tierisch und kurz».

Die Hypertrophie der Macht, die unter Stalin deutlicher zutage treten wird, ist das Lieblingsthema der amerikanischen Kritiker. Wer im sowjetischen System Autorität besitzt, dessen Herrschaft ist schier unbegrenzt. Wie Hobbes sagt, sein «Ich wird zum Feind aller anderen».

Doch auch wenn der einzelne nicht von allen, sondern nur noch von einer kleinen Zahl unterdrückt wird, macht das sein Unglück nicht wesentlich erträglicher. Entscheidend ist, daß diese Unterdrückung schrankenlos und unvermeidlich ist. Den Verteidigern der liberalen Kultur geht es allein um den Nachweis, daß jemand, der die völlige Gleichheit und die Befreiung des Menschen anstrebt, genau das Gegenteil bewirkt: Er erstickt die Freiheit, kettet jeden an alle und zieht diese Fesseln so fest, daß kein Fortschritt und keine Entwicklung mehr möglich sind, kurzum, er stellt einen Naturzustand wieder her, in dem der Tod herrscht.

Im Gegensatz zum Kommunismus verkündet die liberale Kultur kein Ideal, keine Utopie, keine Vorstellung vom Guten. Sie duldet sogar, daß sich in ihrem Inneren die marxistische Kritik äußert, die die Ungerechtigkeit der demokratischen Kultur anprangert und ihren Untergang prophezeit. Sie zeigt den Menschen nur, daß die Vertreter dieser Kritik, sobald sie an die Macht gekommen sind, eine Unterdrückung schlimmster Art praktizieren. Auf diese Weise wird der Wunsch, die liberale Kultur zu zerstören, unversehens mit der Absicht gleichgesetzt, jegliche soziale Ordnung aufzuheben. Das Ende der Demokratie wird zum Ende der Menschheit und die Apokalypse der liberalen Gesellschaft zu der jedes sozialen Lebens.

Dem Schiffbruch, den die Freiheit in der UdSSR erleidet, und dem bolschewistischen Naturzustand setzt die liberale Kultur kein konkurrierendes Ideal entgegen, sondern bietet nur eine Möglichkeit der Rettung. Das Boot, das sie in der Nähe des sowjetischen Wracks auf den Wellen tanzen läßt, besitzt weder Ruder noch Riemen. Es hat kein Ziel und fährt nirgendwohin, aber es ist trocken und schwimmt. Die Menschen im Westen akzeptieren, daß es unbequem ist und steuerlos treibt, denn ihnen ist diese Ungewißheit immer noch lieber als der sichere Tod, den sie vom sowjetischen Naturzustand erwarten. Solange der demokratische Vertrag ihnen erlaubt, dem Tod zu entgehen, interessieren sie die Vertragsbedingungen wenig.

Allerdings weist das Hobbessche System einen Geburtsfehler auf: Sobald die Menschen sich Leviathan anvertrauen, der absoluten Macht, die ihre gesellschaftlichen Prozesse regelt, hört der Naturzustand auf. Mit ihm verschwindet der Grund ihrer Unterwerfung. Sobald das Volk zu Sicherheit und Wohlstand gelangt ist, vergißt es, undankbar und von kurzem Gedächtnis, die Verhältnisse, die es dazu veranlaßt haben, sich um diese Errungenschaften zu bemühen, und es wendet sich von dem repressiven System ab, dem es sie verdankt. In dem Maße, wie den Menschen die Erinnerung an die Unbilden des Naturzustands entrückt, sind sie geneigt, sich erneut für entgegengesetzte Utopien, Meinungen und Bestrebungen zu begeistern, die mit Sicherheit alle ihre Fortschritte zunichte machen würden.

Der demokratischen Kultur des 20. Jahrhunderts ist es gelungen, diesen Mangel des Hobbesschen Systems zu korrigieren. Die unsichtbare politische Hand begnügt sich nicht damit, die Menschen zu einem Gesellschaftsvertrag zu führen, zu dem sie sich durch die Angst vor dem Naturzustand gezwungen fühlen, sondern ist gleichzeitig bemüht, diesen Naturzustand zu verlängern, ihm Dauer zu verleihen, so daß sein wüstes Schauspiel nicht zu einer allmählich verblassenden Erinnerung wird, sondern den Menschen stets lebhaft vor Augen steht.

Von genau dieser Art ist der Sieg, den die Demokratien über den sowjetischen Kommunismus errungen haben: nicht die Vernichtung des Gegners, sondern seine Neutralisierung, eine versteckte Partnerschaft. Wie die Dompteure, die so tun, als kämpften sie mit ihren Raubkatzen, sie aber jeden Abend im Käfig füttern und pflegen, haben die westlichen Nationen den sowjetischen Kommunismus unablässig unterstützt und ihm immer wieder in den Sattel geholfen, während sie vorgaben, ihn zu bekämpfen. Wäre Lenin 1919 besiegt worden, hätte die Utopie, für die er stand, nicht ihre ganze tödliche Wirkung entfalten können. Dann hätte sich die Erinnerung an diese Schrecken, wie die an alle vergangenen Ereignisse, mit der Zeit verflüchtigt. Statt dessen konnte man das ganze Jahrhundert hindurch dem Volk immer wieder das kommunistische Unheil als abschreckendes Beispiel vor Augen führen. Die Koexistenz mit dem sowjetischen Naturzustand ist einer der großen Vorteile, über die die unsichtbare politische Hand gegenüber dem Hobbesschen Modell verfügt. Während sie für den Fortbestand des Naturzustands sorgt, benutzt sie ihn gleichzeitig, um die Völker des Westens zur Anerkennung des liberalen Gesellschaftsvertrags zu bewegen.

Doch ist diese Situation nicht allein das Verdienst der Demokratie. Wir dürfen nicht verkennen, wie bereitwillig der sowjetische Kommunismus die Rolle des privilegierten Feindes auf sich genommen hat. Das konnten die anderen totalitären Systeme unseres Jahrhunderts bei weitem nicht so gut. Vielleicht hat sich der Leser gewundert, wie wenig in diesem Buch der Faschismus berücksichtigt wurde und daß ich kaum auf die totalitären Ideologien eingegangen bin, die von einem übersteigerten Begriff der Rasse und der Nation ausgingen. Doch mein Thema ist nun einmal die liberale Kultur, ihre Entwicklung und der dauerhafte Halt, den sie in lange bestehenden Apokalypsen findet. Der Faschismus ist ein totalitäres System, das sich als ungeeignet erweist, eine stabile Verbindung mit der liberalen Kultur einzugehen. Er steht ihr zugleich zu fern und zu nah. Zu nah wegen seiner Produktivität: die Beibehaltung der kapitalistischen Organisationsmodelle verlieh den faschistischen Regimen eine bemerkenswerte und erschreckende wirtschaftliche Leistungsfähigkeit. Zu fern wegen seines nationalistischen, selbstgenügsamen, kriegerischen und instabilen Charakters. Die faschistische Revolution, die noch von einem Sozialismus mit universellen Zügen geprägt war, hat sich zu einem rein nationalen Nazismus entwickelt, der sich mit militärisch gesicherten und feindseligen Grenzen umgab. Mit diesem Totalitarismus war für die demokratische Kultur keine Koexistenz, keine unmerkliche und fruchtbringende Kontrolle möglich. Sie hatte keine andere Wahl, als ihn zu bekämpfen und zu besiegen.

Dagegen befindet sich der Bolschewismus zugleich innerhalb und außerhalb des liberalen Universums: innerhalb, weil er die kommunistische Rebellion im Zaum hält, außerhalb, weil er sich als eigener Staat konstituiert. Er ist schwach, desorganisiert und ineffizient genug, um nicht ohne die Hilfe seiner Feinde überleben zu können: Der Leninpakt von 1921 wird diese Zusammenarbeit besiegeln. Genügend bewaffnet, um im Inneren Schrecken zu verbreiten und um für die Demokratien eine glaubhafte Bedrohung abzugeben, andererseits aber nicht hinreichend aufgerüstet, um sie zu besiegen und sie zu erobern, ist die UdSSR auf eine Existenz als Bittstellerin angewiesen – zwar läuft sie in Lumpen herum, aber mit dem Stolz eines Prahlhanses, der bei der geringsten Beleidigung jedem seinen mottenzerfressenen Handschuh ins Gesicht schleudert.

Dieser maßgeschneiderte, ideale Feind hat der liberalen Kultur gestattet, einen Gesellschaftsvertrag aufzusetzen, der nicht den endgültigen Verzicht auf den Naturzustand zur Grundlage hat, sondern die ständige Furcht vor einem Schreckgespenst – dem real existierenden Sozialismus. In dieser Konstellation hat der einzelne stets die Wahl, seine Freiheit wird nicht angetastet. Aber ihm wird deutlich vor Augen geführt, daß die radikalsten Wahlmöglichkeiten, die sich ihm bieten, diejenigen, die den revolutionären Bruch des liberalen Vertrags vorsehen, in eben jenen Naturzustand führen, dessen Wirkung er in Osteuropa beobachten kann und der ganz offensichtlich den Tod bedeutet. Das Neue der modernen demokratischen Kultur liegt darin, daß sie gleichzeitig den gesellschaftlichen und den Naturzustand hervorbringt – eine Entwicklung, die Hobbes nicht vorhersehen konnte. Sie sorgt für den Fortbestand beider, trennt sie aber sorgfältig voneinander.

Die paradoxe Praxis, die weitgehend unbewußt bleibt, bestimmt die Funktion der unsichtbaren politischen Hand. Sie leitet die liberalen Gesellschaften viel sicherer, als es ein einheitliches Bewußtsein und ein bestimmter Wille könnten. Dem Lotsendienst liegt ein einfaches Prinzip zugrunde: Es gilt stets, die Angst zu maximieren.

Totalitäre Gesellschaften versuchen, eine bestimmte Vorstellung vom Guten zu verwirklichen – ohne daß es ihnen gelingt. Die einzige Basis demokratischer Gesellschaften ist die Beschwörung des Bösen, von dem sie sich Erlösung versprechen. Nie ist ihr Zusammenhalt fester als in dem Augenblick, in dem sich die Furcht vor dem kollektiven Tod deutlich in Gestalt jenes Naturzustandes abzeichnet, dessen Schauspiel sich ihren Mitgliedern darbietet. Die politische Aufgabe der demokratischen Gesellschaften liegt auf der Hand: Sie sollen nicht eine bestimmte Vorstellung vom Guten verkünden, sondern das Böse wählen, es benennen, es im Zaum halten, für seinen Fortbestand sorgen und die ganze demokratische Gesellschaft für den Kampf gegen diesen Feind mobilisieren.

Siebzig Jahre lang war es die Aufgabe von Politikern, Medien und Geistlichen (generell betrachtet, was einzelne Ausnahmen nicht ausschließt), das bolschewistische Böse zu beschwören, zu benennen und in seinem Fortbestand zu sichern, indem sie ihm Profil und Farbe verliehen, das heißt, jenen Naturzustand am Leben zu erhalten, den die öffentliche Meinung fürchten und meiden sollte.

Lange Zeit war der Marxismus bei dieser unbewußt betriebenen Furchtmaximierung für die unsichtbare politische Hand der Wunschpartner. Einerseits nährte er die inneren Ängste der liberalen Kultur, indem er ihren Zusammenbruch vorhersagte, indem er ihre angeblichen Widersprüche bloßlegte und das Protestpotential um sich scharte. Andererseits unterwarf er diese Revolten einer strengen Disziplin und verknüpfte sie mit dem Schicksal des Sowjetreiches, ein Schicksal, das in doppelter Hin-

sicht als bedrohlich empfunden wurde: zum einen durch die
Unterdrückung, die dort herrschte, zum anderen durch die Ag-
gressionsgefahr, die für die demokratische Kultur vermeintlich
von ihm ausging. So trug von außen zur Stabilisierung dieser
Kultur bei, was angeblich mit ihr brach. Der einzige Ausweg, der
den Menschen zu bleiben schien, um vor den Ungerechtigkeiten
des liberalen Systems zu fliehen, bot eine noch schrecklichere
Aussicht, die nämlich auf den sowjetischen Naturzustand. Folglich konnte man es den Menschen der demokratischen Länder
durchaus überlassen, sich frei zu bewegen, solange ihnen zwischen dem Abgrund, den die endgültige Krise des Kapitalismus
darstellte, und dem des bolschewistischen Naturzustands nur ein
schmaler Pfad blieb, der ihnen festen Halt bot.

Doch leider verlor die bolschewistische Apokalypse ab Ende
der sechziger Jahre ihre objektive Basis. So langsam sich auch die
sowjetische Gesellschaft entwickelte – weshalb man lange Zeit so
tun konnte, als gäbe es überhaupt keinen Wandel in ihr –, so hatte
sie sich am Ende doch offenkundig vom Idealtypus des Naturzustands wegentwickelt. In Breschnews UdSSR herrschte weder die
konvulsivische Gewalt eines anarchischen Naturzustands noch
die cäsarische Machtentfaltung der stalinistischen Epoche. Da
kamen die Dissidenten wie gerufen, um die apokalyptischen Beschreibungen des kommunistischen Universums trotz veränder-
ter Verhältnisse fortzusetzen. In bewegenden Bildern schilderten
sie dem Westen eine Welt, die die Lager in der schlimmsten Zeit
des Stalinismus zum Vorbild hatte. Diese Bücher hatten das Verdienst, der UdSSR damals ein wenig von dem Schrecken zurück-
zugeben, den die frühere Sowjetunion besessen hatte. So versahen
sie sie mit einem letzten Abglanz krimineller Achtbarkeit, wie ihn
harmlose Alte ernten, wenn man sich bewundernd die Helden-
taten ihrer Jugend zuraunt. Aber es war zu spät. Mochte die
Sowjetunion auch noch Angst machen, Lust machte sie keine
mehr. Nur wenn ein Böses die radikale Revolte repräsentiert,
kann es so machtvoll und aktiv sein, daß es zu *dem* Bösen wird,
vor dem das liberale System Zuflucht verspricht. Es muß die
demokratische Kultur an ihrem empfindlichen Punkt treffen,

dort, wo sie sich sterblich weiß – oder glaubt. Mit dem Anfang der siebziger Jahre verändern sich diese empfindlichen Punkte. Neue Ängste treten auf (Angst vor der Zerstörung der Natur, Angst vor der Auflösung der Gesellschaft, Angst vor dem Süden). Auf sie antworten neue Idealismen, die der Marxismus nicht zu assimilieren vermag.

Die Kirche, die Medien und die Politiker – Werkzeuge der unsichtbaren politischen Hand – bemühen sich fleißig, die neuen Gluten zu entfachen, und lassen so die Vorstellung von neuen Apokalypsen und einem neuen Naturzustand entstehen. Wenn sich das Thema verändert, wenn der Marxismus allmählich von der Bildfläche verschwindet, so geschieht das zum Nutzen der neuen Ängste, die die gleiche Aufgabe erfüllen. Sie stellen das Hobbessche Universum wieder her, in dem der Gesellschaftsvertrag defensiv und passiv bleibt, mehr auf die Furcht gegründet als auf das Bekenntnis zu expliziten Wertvorstellungen.

Der Naturzustand, mit dem sich die demokratische Natur umgibt, entwickelt sich parallel zum gesellschaftlichen Zustand und ist seine spiegelbildliche Entsprechung. Die Hervorbringungen beider sind miteinander verbunden, und entscheidend ist, daß sie ein Paar bilden, daß einer auf den anderen verweist. Vom Marxismus bis hin zu den neuen Apokalypsen bleibt sich das Werk der unsichtbaren Hand im Prinzip gleich. Mehr als je zuvor in diesem Jahrhundert wird die Angst die einzige demokratische Leidenschaft sein.

*

Angesichts dieser Entwicklung scheint mir der Sieg der liberalen Kultur über die totalitären Systeme gar nicht so ungewöhnlich, ja, fast unausweichlich zu sein.

Zunächst gilt es, diesen Sieg, vor allem den über den Kommunismus, besser einzuordnen. Er reduziert sich sicher nicht auf den Fall der Mauer in Berlin, den man eher als einen Apokalypsenwechsel denn als einen Sieg bezeichnen müßte. Der wirkliche Sieg der demokratischen Gesellschaft über den Kommunismus liegt nicht darin, daß sie ihn am Ende niedergeworfen hat, sondern daß sie ein dauerhaftes und erfolgreiches Paar mit ihm gebildet hat, daß sie ihn unterstützt und sich gewinnbringend zunutze gemacht hat.

Wenn wir das Vorgehen der unsichtbaren politischen Hand beobachten, verstehen wir besser, woher die liberale Kultur ihre Kraft nimmt und warum sie sich gegenüber totalitären Versuchen überlegen erweist.

Auf wirtschaftlichem Gebiet ist seit langem erwiesen, daß es der unsichtbaren Hand des Marktes viel besser als bewußter und strenger Planung gelingt, Handelsbeziehungen, Ressourcennutzung und Optimierungsprozesse zu steuern. Die komplexen modernen Gesellschaften lassen sich nur sehr schlecht von einem totalitären Willen lenken, der ihrem raschen Wandel stets hinterherhinkt. Gleiches ist für den politischen Bereich festzustellen: Die unsichtbare politische Hand ist unendlich viel wirksamer als alle totalitären Bestrebungen. Freilich ist angesichts der Widersprüche, der scheinbaren Brüche und Schwächen der demokratischen Gesellschaften die Versuchung groß, nach einer strengen Ordnung zu rufen, für ein entschiedeneres Durchgreifen des Staates zu plädieren, kurz, mehr Ordnung und Entschlossenheit zu verlangen. In der Demokratie gibt es ein demagogisches Lager, das fortwährend die liberale Weichheit anprangert, die «Soft-Ideologie», den Leichtsinn und die Schwäche der Staatsorgane, die viel zu sehr auf der Linie der bürgerlichen Gesellschaft lägen. Statt dessen verlangen sie Stärke und Unnachsichtigkeit, mit einem Wort, den männlich schlichten Sinn der einfachen und extremen Lösungen. Dieser Weg ist eine Sackgasse. Wenn wir aus der demokratischen Entwicklung dieses Jahrhunderts einen Schluß ziehen können, dann den, daß die unsichtbare politische Hand all jenen bewußten Anstrengungen überlegen ist, unter denen die totalitären Gesellschaften zu leiden haben. Die einfachen und autoritären Methoden führen alle nach einer Zeit scheinbaren Erfolgs in festgefahrene Situationen, in denen die Staatsmacht, selbst wenn sie sich machiavellistisch und gerissen verhält, die kreativen und fortschrittlichen Fähigkeiten der Gesellschaft einengt.

Die «Widersprüche» der liberalen Kultur, über die sich die

Marxisten so lustig gemacht haben, sind nur eine scheinbare
Schwäche. Zwar sind die Regierenden in diesen Gesellschaften
weitgehend ohnmächtig, ihre Handlungsfreiheit wird durch eine
Reihe von Regeln eingeschränkt, aber wenn auch die Macht der
Mächtigen begrenzt sein mag, die der Gesellschaft ist dafür um so
größer. Die Widersprüche der demokratischen Gesellschaften
sind keine Nachteile oder Schwächen: Sie sind von zentraler Bedeutung für das System und verleihen ihm seine Stärke. Die
Vielfalt der Entscheidungszentren, ihr möglicher Gegensatz, die
gleichzeitige Äußerung von Meinungen, die einander radikal widersprechen, eröffnen diesen demokratischen Gesellschaften die
Möglichkeit zu höchst gerissenen Manövern. In ihrer unbewuß-
ten und verschwommenen Art ist diese Gerissenheit unendlich
viel flexibler als der zentralisierte Zynismus, mit dem eine Handvoll Machthaber in den totalitären Gesellschaften ihre uneingeschränkte Herrschaft ausüben. Diese mögen noch so geschickt
mit Lüge und Täuschung arbeiten, sie werden nie jenes Maß an
Doppelzüngigkeit erreichen, das in den demokratischen Gesellschaften ganz offen praktiziert wird.

Die Sowjetunion und ihre Verbündeten unterstützen und sie
gleichzeitig bekämpfen, die Umwelt unvermindert verschmutzen
und sich leidenschaftlich für den Umweltschutz einsetzen, der
dritten Welt mal mitleidig und mal rücksichtslos begegnen, die
soziale Zersplitterung ermutigen und sie als tödliche Gefahr
brandmarken – all das ist gleichzeitig im demokratischen Universum möglich. Deshalb können im Zuge der gleichen Entwicklung
Naturzustand und gesellschaftlicher Zustand hervorgebracht
werden. Auf diese Weise stellt sich das automatische Einverständnis her, der implizite Gesellschaftsvertrag, der den Menschen
unter dem Vorwand, ihnen die Wahl zu lassen, jede Möglichkeit
nimmt, den empfindlichen Punkt eines Systems zu treffen, welches alles und sein Gegenteil ist und das den Widerspruch zu
seinem Dreh- und Angelpunkt macht.

Die Autonomie der liberalen Kultur ist das genaue Gegenteil
jener Abhängigkeit, in der sich die klassischen Diktaturen von der
freiwilligen oder erzwungenen Zustimmung ihrer Untertanen be-

finden. Unbesorgt können die demokratischen Gesellschaften in ihrem Inneren alle Strebungen zulassen, weil diese keine Bedrohung darstellen. Sie dürfen die freie Entfaltung der menschlichen Energien gestatten, da sie sicher sind, daß die Freisetzung dieser Energien – und mögen sie noch soviel Hitze erzeugen – das Gefäß, das sie enthält, nicht zum Schmelzen bringen wird. Dagegen ist totalitären Systemen Bewegung verhaßt, da sie ihre Ordnung gefährdet. Unablässig schließen sie alles aus, was sie bedroht, und bedrohen alle, die noch ihrer Macht unterworfen sind. Nicht die geringste Flexibilität gestattet dieser von vornherein verlorene und fortgesetzte Kampf zwischen der rigiden Form, die der Gesellschaft aufgezwungen wird, und dem Bestreben der Menschen, diese engen Grenzen zu überschreiten. Dagegen kann die demokratische Kultur alles dulden und alles hervorbringen, hat sie doch dank ihrer Autonomie die Gewißheit, daß diese Umtriebe sie nicht im geringsten bedrohen.

Was also aus der Ferne betrachtet wie eine Konsequenz der Freiheit wirkt, erweist sich bei genauerem Hinsehen als eine versteckte Form der Diktatur. So wie sich das liberale System heute zeigt, besitzt es vielleicht die vollkommenste und unumschränkteste Machtfülle, über die jemals eine Gesellschaftsstruktur verfügt hat. Es gibt keine Gewalt, die die demokratische Kultur nicht zu ihrem Vorteil einzusetzen weiß, kein abweichendes Verhalten, das ihr nicht nützlich ist, keine Rebellion, deren Energie sie sich nicht letztlich zu eigen macht, keine Apokalypse, deren Beschwörung ihr nicht zu höherem Ruhm verhilft. So erweist sie sich als eine Gesellschaft, der man nicht zu entfliehen und der man keine Auflehnung entgegenzusetzen vermag. Eine Diktatur ist sie insofern, als sie sich allen aufzwingt, auch denen, die sie ablehnen.

Diese Diktatur der Freiheit unterscheidet sich grundlegend von den klassischen, auf Zwang gegründeten Diktaturen, die eine gewaltsame Verschmelzung von Macht und Gesellschaft anstreben. Um jeden Preis wollen sie die Menschen zu der vorgefaßten Meinung bekehren, die sie vom Guten haben. Nach ihrem Willen sollen sich die gesellschaftliche Wirklichkeit und ihr politisches Projekt zu einer vollkommenen Einheit zusammenschließen.

Dagegen versteht die liberale Kultur eine strikte Trennung zwischen System und Gesellschaft herzustellen. Dieses System darf mit seinen wirtschaftlichen wie politischen Mechanismen sowenig wie möglich in die gesellschaftlichen Ereignisse und menschlichen Aktivitäten eingreifen, während umgekehrt diese Aktivitäten, so frei sie auch sind, den Apparat nicht gefährden dürfen, der sie ermöglicht. In gewissem Sinne ist die demokratische Kultur auf eine doppelte Gleichgültigkeit gegründet.

Die erste Gleichgültigkeit ist die des liberalen Systems gegenüber den Menschen, die ihm angehören. Das System wird, vor allem in seinem wirtschaftlichen Zuschnitt, immer inter- und übernationaler und ist deshalb immer schwerer zu kontrollieren. Dagegen können die Menschen ihre politische Wahl nur noch auf nationaler und lokaler Ebene zum Ausdruck bringen, das heißt, ohne die wirklichen Kraftquellen des Systems zu erreichen. Diese Spaltung zwischen dem nationalen Bereich – der wohl oder übel der Raum bleibt, in dem die demokratische Kontrolle stattfindet – und dem übernationalen Bereich, in dem die wirklich wichtigen Entscheidungen getroffen werden, ist eine der Ursachen für die Autonomie der liberalen Kultur. Sie hat mehrere Vorteile. So erlaubt sie z. B. dem Wirtschaftssystem, sich der demokratischen Kontrolle zu entziehen.

Außerdem läßt sich durch sie der politische Protest in Schranken halten, indem man ihn auf einen nationalen Rahmen eingrenzt. Die Geschichte des 20. Jahrhunderts ist reich an Beispielen für solche Einkapselungen der politischen Revolte auf einen fest umgrenzten Bereich. Der Faschismus, an sich eine Ideologie mit universeller Perspektive, hat in nationalistischen Mächten Gestalt angenommen, die sich aggressiv verhielten, für die anderen Nationen nicht tolerierbar waren und sich deshalb scharf abgrenzten. Noch deutlicher haben wir gesehen, wie sich der Bolschewismus mit dem nationalen Gebiet des ehemaligen Zarenreichs zufriedengegeben hat, was ihm einerseits das Überleben sicherte und ihn andererseits seiner Natur entfremdete. Andere revolutionäre Einkapselungen haben Kuba und China erlebt. Gegenwärtig erlaubt die Entwicklung von Pufferstaaten zwischen Nord und

Süd den entwickelten Ländern, ihre Anstrengungen auf eine kleine Zahl von Ländern zu beschränken, die den Druck der Wanderbewegungen und der Turbulenzen aus den ferneren Regionen der dritten Welt auffangen sollen.

Die Zersplitterung der Nationen und ihre Gegensätze, die häufig als Hindernisse für die Entwicklung der liberalen Kultur genannt werden, sind in Wirklichkeit deren beste Voraussetzungen: Sie grenzen die Reichweite menschlicher Entscheidungen ein. Und da sie diesen die Möglichkeit nehmen, die globalen Handlungsspielräume des Systems zu beschneiden, bescheren sie den Utopien ein Schicksal, das räumlich begrenzt ist und durch den Gegensatz benachbarter und unfreundlich gesinnter Nationen beeinträchtigt wird. Die zweite Gleichgültigkeit ist die, die die Individuen immer stärker angesichts der globalen Entwicklung des Systems empfinden. In meiner Darstellung der Apokalypsen habe ich Bewegungen mit universeller Zielsetzung, wie etwa die ökologische Bewegung, bevorzugt. Doch seit dem Ende des Marxismus entwickeln sich immer häufiger Bewegungen mit lokaler Zielsetzung, die nicht die globale Veränderung der liberalen Kultur anstreben, sondern die Verwirklichung eines punktuellen Vorhabens. So mehren sich Minderheitenansprüche, regionalistische Bestrebungen und lokale Protestbewegungen. An die Stelle der revolutionären Mechanismen treten, vor allem in der dritten Welt, Konflikte, die mikroskopischen Ursprungs sind und Gesamtperspektiven immer stärker vermissen lassen. In den entwickelten Ländern weicht der politische Kampf mit sozialen und politischen Zielen in zunehmendem Maße dem devianten Verhalten einzelner oder kleiner Gruppen, deren Gewalttätigkeit um so heftiger wird, je mehr es ihnen an einer globalen Zielsetzung gebricht und je mehr sie Zweck und Mittel zu verwechseln scheinen. Die Bandenkriege in den Städten sind das beste Beispiel für solche ziellosen Revolten, in denen die Aktion sich selbst genügt und offenbar ohne eine übergreifende Idee auskommt.

Diese zweite Gleichgültigkeit läßt die Menschen zunehmend unregierbarer erscheinen, obwohl ihre Proteste in Wirklichkeit immer unbedeutender werden. Die liberale Kultur präsentiert sich den Menschen, die in ihr leben, wie eine zweite Natur, der gegenüber sie sich ohnmächtiger denn je fühlen. Der Mensch in der Revolte, auf den Straßen der Vorstädte und in den wuchernden Großstädten, ist schlechter gerüstet als der Angehörige eines Naturvolks im Urwald. Er kann Feuer legen und seine Träume lebendig werden lassen, indem er für kurze Zeit eine Lichtung in diesen Dschungel schlägt: Er weiß, daß der Wald sich wieder schließen wird. Die Diktatur der Freiheit mit ihren geheimnisvollen Gesetzen erlaubt ihm alles, aber fürchtet ihn nicht mehr im geringsten.

Muß man sich über das Ende der Geschichte freuen und die doppelte Gleichgültigkeit der Menschen und des demokratischen Systems fördern? Die Konservativen behaupten es. Nachdem sie lange in (und von der) Furcht vor der sowjetischen Bedrohung gelebt haben, werden sie jetzt nicht müde, den angeblichen «Sieg der Demokratie» zu feiern, und versuchen, eine Gesellschaft herbeizureden, in der der Mensch ungehindert der Suche nach seinem privaten Glück nachgehen kann, während das Wirtschaftssystem für den unendlichen Fortschritt seiner materiellen Lebensbedingungen sorgt.

Die Auffassung beruht auf einer zweifelhaften Voraussetzung, die man eher als Frage formulieren muß: Dient die Autonomie der demokratischen Kultur dem Wohl der Menschen? Das ist gründlich zu bezweifeln.

Die unsichtbare politische Hand ist an der Erhaltung des Systems, nicht am Fortkommen der Individuen interessiert. An der Arbeitsweise der liberalen Kultur ist nichts moralisch oder a priori menschlich. Sich selbst überlassen, bedienen sich die konservativen Mechanismen, die sie schützen, aller Mittel, auch solcher, die sich mit dem von ihr reklamierten Ideal der Freiheit und Menschlichkeit nicht im mindesten vertragen. Als es galt, der kommunistischen Gefahr Einhalt zu gebieten – was praktisch hieß, sie zu hegen und zu pflegen –, war alles erlaubt, und die unsichtbare politische Hand suchte Hilfe bei ziemlich anrüchigen Verbündeten. In den dreißiger Jahren waren das die faschistischen

Regime, die sich anfangs eines schuldhaften Wohlwollens erfreuten. Nach dem Krieg hat man sich dann sehr zweifelhafter Militärregierungen bedient, um die Subversion einzudämmen. Nach dem spektakulären Vordringen marxistischer Staaten in den Jahren 1975-1980 hat man schließlich Kräfte zur Hilfe gerufen, die demokratischen Vorstellungen so fern standen wie die Roten Khmer, die afghanischen Fundamentalisten oder die Kontras in Nicaragua. Sie sollten für die demokratische Welt in ihren Grenzmarken die Rolle der Wachhunde spielen. Heute steht die Bedrohung aus dem Süden im Vordergrund der Aufmerksamkeit, und deshalb unterhält man entlang des Nord-Süd-Limes eine Reihe von Diktaturen, die die – unausgesprochene – Aufgabe haben, Pufferstaaten zu stabilisieren und den Druck einer dritten Welt aufzufangen, die jeglichem Einfluß entzogen ist.

Die doppelte Gleichgültigkeit des Systems und der Menschen, die ihm angehören, schafft eine Situation, die letztlich niemandem dient. Die Entwicklung der liberalen Kultur setzt ein Gleichgewicht zwischen konservativen und Unruhe stiftenden Mechanismen voraus. Allein dem Einfluß ersterer unterworfen, läuft das liberale System Gefahr, an einer Art Erstickungstod zu sterben. Letztlich gewinnt das System seine menschliche Dimension durch die Unruhe, die Utopie und die Revolte. Der Marxismus und die Forderungen, die er gestellt hat, haben die liberalen Volkswirtschaften mit einem sozialen Inhalt versehen. So hat die ökologische Utopie die Industrie von ihrem zerstörerischen Weg abgebracht; die Forderung nach Entwicklung wird durch die Dritte-Welt-Utopie aufrechterhalten. Dank der achtundsechziger Utopie der Befreiung wurde das Gesellschaftssystem vielfältiger und permissiver.

Denen, die die liberale Kultur bedrohen, verdankt sie ebensoviel, wenn nicht mehr, als denen, die sie erhalten wollen. Marx hat ihr bessere Dienste erwiesen als Tocqueville, Illich und Marcuse bessere als Revel oder Bukowski, und Sartre hat letzten Endes mit seiner mutigen Entscheidung für die Revolte gegenüber Aaron recht behalten.

Den Leuten, die uns unablässig erklären, daß es die Freiheit zu

zügeln gelte, damit die Demokratie keinen Schaden nehme, ist
entgegenzuhalten, daß die liberale Diktatur durch die Wahrnehmung dieser Freiheit nicht nur nicht bedroht ist, sondern aus ihr
sogar ihre Energie gewinnt.

Lassen wir die vage Furcht beiseite, die jedesmal den Untergang
der Demokratie verkündet, wenn jemand die Kühnheit besitzt,
eine neue Forderung zu stellen, Gerechtigkeit zu verlangen oder
von der Revolution zu sprechen. Ein Klima dumpfen Schreckens
herrscht in den Demokratien. Wie gesehen, ist es eine wesentliche
Voraussetzung für das Wirken der unsichtbaren Hand, die für den
Zusammenhalt dieser scheinbar so freien Gesellschaften sorgt.
Achten wir darauf, daß diese Hand nicht zu fest zupackt. Tragen
wir dafür Sorge, daß die Zerstückelung und der Bedeutungsver-
lust der menschlichen Revolten diese nicht immer lokaler, mikro-
skopischer und partikularer werden läßt, nicht zu einer übermä-
ßigen Schwächung der Unruhe stiftenden Mechanismen führt.
Überhandnehmend, könnten die konservativen Mechanismen
dann nämlich nicht nur die Freiheit ersticken, sondern auch das
System selbst, das immer stärkere Konzentrationserscheinungen
zeigen und zum Selbstzweck werden würde. Dann könnte Toc-
quevilles Prophezeiung in Erfüllung gehen: «Man glaubt, daß die
neuen Gesellschaften täglich ihr Gesicht verändern werden, und
ich habe Angst, daß sie schließlich allzu unbeweglich bei denselben Einrichtungen, denselben Vorurteilen, denselben Sitten ver-
harren werden; dergestalt, daß das Menschengeschlecht stehen-
bleibt und sich selber beschränkt; daß der Geist sich ewig wieder
und wieder über sich selbst beugt, ohne neue Ideen hervorzubrin-
gen; daß der Mensch sich in kleinen, einsamen und unfruchtbaren
Bewegungen erschöpft und daß die Menschheit sich zwar unaufhörlich bewegt, aber nicht mehr fortschreitet.»[3] Und er schließt:
«Hegen wir also vor der Zukunft jene heilsame Furcht, die uns
wachen und kämpfen läßt, nicht jenen schwächlichen und mü-

---

3 A. Tocqueville, *Über die Demokratie in Amerika*, ausgewählt und her-
ausgegeben von J. P. Mayer, Reclam, Stuttgart 1985, S. 298.

ßigen Schrecken, der die Herzen niederdrückt und lähmt!»[4] Wachen und kämpfen; und fordern, sei hinzugefügt. Die einzige wirklich menschliche Funktion in der demokratischen Diktatur ist der Versuch, sie zur Erfüllung extrem anspruchsvoller Forderungen zu bringen. Dieses System vermag vieles, fordern wir noch mehr. Machen wir in ihm die unbescheidensten Utopien heimisch. Auf daß die Ideologie mit ihren Hoffnungen, ihrem aufklärerischen Drang und ihren Kämpfen wiederauferstehe! Auf daß die Gerechtigkeit, die Freiheit, die Ehre und das Glück aller wieder das höchste Anliegen des Menschen werden. Verlangen wir das Unmögliche und lassen wir es von dem großen demokratischen Apparat in eine stets unzureichende Wirklichkeit verwandeln, die uns nie zufriedenstellen darf.

Ich weiß, daß der Mensch im Namen von Forderungen, die zu groß für ihn waren, viele Verbrechen begangen und unzählige Tragödien heraufbeschworen hat. Man hat es uns wieder und wieder erzählt. Ich bin davon nicht überzeugt. Die universellen Utopien haben die menschliche Gewalt nur ihrem Ordnungsanspruch unterworfen, sie gewissenhaft verwaltet und ihren Strom zwischen begradigte Ufer gelenkt. Der Marxismus hat die Gewalt nicht geschaffen; er hat ihr eine Richtung gegeben. Mit seinem Verschwinden gewinnen die zahllosen lokalen Konflikte, die sich auf ihn beriefen, wieder ihren ursprünglichen Charakter zurück – den der Tradition, des Terrors und des Blutes. Man unterliegt einer Täuschung und einem Irrtum, wenn man meint und verkündet, das Ende der Ideologien bedeute auch das Ende der Gewalt. Sie verzweigt sich nur. Statt der großen Erschütterungen, die den Menschen ihre Träume brachten und der Geschichte als Triebfeder dienten, setzt das Verblassen der Utopien wie ein zerbrochener Spiegel diffuse Gewaltsplitter, ein Streumuster von Verbrechen frei, die zwar weiterhin zur Stärkung der demokratischen Kultur beitragen, dies aber in einer Weise, die eher Stillstand bedeutet.

Das Jahrhundert hatte uns davon überzeugt, daß Utopien mör-

4 Ebd., S. 359.

derisch sind. Wir könnten bald die Erfahrung machen, daß ihre Abwesenheit noch mörderischer ist. Vielleicht werden wir entdecken, daß die einzige Aufgabe, die uns bleibt, darin besteht, die Energien und die Verzweiflung auf Dinge zu richten, die nur für uns selbst Sinn haben. Angesichts des liberalen Systems, seiner Macht, seiner ungeheuren Produktivität läuft die Äußerung bestimmter Wörter – unsere Kinder, der Planet, Würde – vielleicht auf die Verwendung einer Sprache hinaus, die nur noch wir selbst verstehen können. Die tragischen Helden, die man für die letzten ihrer Art hielt, Kyo oder Lawrence von Arabien, werden sicherlich aus dem Heer der gefallenen Aktivisten wiederauferstehen. Sie waren fest von der Wahrheit ihres Ideals überzeugt. Das machte sie unmenschlich. Sie dachten, ihre Revolution könne die gesamte Kultur verändern. Und sie haben verloren, denn sie dauert fort. Ihr Blick ging weit nach oben und weit in die Ferne, und sie setzten ihren Kampf fort, obwohl sie wußten, daß ihre Sache hoffnungslos war. Aber sie waren sich sicher, daß ihre Niederlage ihnen zum Sieg verhelfen würde, weil sich ihr Ideal heimlich in dem System, dem es ein Ende zu setzen wähnte, einnistete. Diese menschlichen Helden erweckten Hirngespinste zum Leben, doch die waren brüderlich und großherzig.

Angesichts der Diktatur der Freiheit muß der Mensch in der Revolte mehr denn je zum Dissidenten werden. Den Leuten, die ihm die Resignation einer beendeten Geschichte vorschlagen, die bunte Scheinwirklichkeit einer lokalen Gewalt, die sich selbst der einzige Zweck ist, die dumpfen Gefühle des Stammes, denen muß er das entgegensetzen, was ihn nicht zum Rad in einer Maschine, nicht zum Tier in einer Horde, sondern zum Menschen macht: die Sehnsucht nach einer Utopie.

Man entgegne mir nicht, es gebe kaum noch welche. Keine Sorge! Es werden neue entstehen. Das kommende Zeitalter wird das der großen Träume oder der Sklaverei sein. Denn falls diese apokalyptischen Jahre überhaupt etwas bewirkt haben, dann haben sie die Menschen davon überzeugt – ob sie sich dessen bewußt sind oder nicht –, daß sie diesen außerordentlichen Apparat nicht wieder loswerden können, den sie einmal selbst geschaffen haben und der sich inzwischen verselbständigt hat. Und dieses Bewußtsein ist in der dritten Welt stärker ausgeprägt, da man dort das wirkliche Wesen der demokratischen Kultur zuerst entdeckt hat. Doch etwas anderes, das sich erst nach und nach zeigen wird, haben die meisten noch nicht erkannt: In welchem Maße diese Diktatur der Freiheit sich von allen Zwangsdiktaturen unterscheidet, die sie im Laufe ihrer Geschichte erlebt haben und die im Vergleich zu ihr sehr schwach erscheinen. Der Unterschied liegt darin, daß die Diktatur der Freiheit alles erlaubt. Sie verbietet die Utopie nicht nur nicht, sondern lebt sogar von ihr. Ohne Übertreibung darf man sagen, daß sich in der Revolte die gemeinsamen Interessen der Menschen und der liberalen Kultur treffen. Für die Menschen ist die Revolte das Mittel, die großen Ideen zum Leben zu erwecken, die ihr besonderes Wesen ausmachen, und sie in die Welt zu bringen. Der liberalen Kultur dient die Revolte dazu, die Tätigkeit jener unsichtbaren politischen Hand mit Energie zu versorgen, die ihr unter Nutzung aller Freiheit ihre Stärke gibt.

In der Zeit, als sich das liberale System im Aufbau befand, im 19. Jahrhundert, als das Bürgertum die Grundlagen der demokratischen Verfassungen und der großen industriellen Strukturen legte, konnte Proudhon ausrufen: «Der wirkliche Revolutionär ist ein Liberaler.» Der entschloß sich nämlich zum freien Unternehmertum, zur Produktion und schuf die Werkzeuge. Da war es notwendig, die konservativen Mechanismen zu stärken, die das entstehende System schützten.

Heute, da es funktioniert und sich immer mehr verselbständigt, brauchen wir die Unruhe stiftenden Mechanismen. Sonst droht die liberale Kultur zum Selbstzweck zu werden, die Menschen für ihre Dienste einzuspannen, die Umwelt auf der Hälfte des Planeten der Zerstörung preiszugeben und die dritte Welt ihrem Elend zu überlassen.

Deshalb müssen wir wieder an universelle Strebungen appellieren, gegen alle Vernunft Gerechtigkeit, Gleichheit und Brüderlichkeit einfordern und im Unterschied zu damals ausrufen: «Heute ist der wirkliche Liberale ein Revolutionär.»

# Danksagung

Ich möchte dem Centre Culturel des Fontaines danken, das mir während der Arbeit an diesem Buch Unterkunft gewährt hat, und der Bibliothek des Instituts d'Études Politiques in Paris, die mir bei meinen Nachforschungen geholfen hat. Dank für Rat und Ermutigung schulde ich C. Malhuret, D. Radford, J. Baudouin, O. Cail, P. Boniface, B. Alfandari, M. Jaeglé, J.-M. Milou und M. Vachon. Schließlich bin ich V. Kübler zu Dank verpflichtet für die große Sorgfalt, mit der sie das Manuskript getippt hat.

Für die in diesem Buch zum Ausdruck gebrachten Meinungen zeichne ich ganz allein verantwortlich. Keiner Institution, keiner Person der Öffentlichkeit und keiner Partei dürfen diese Auffassungen zur Last gelegt werden.

HANS APEL

# Der kranke Koloß

Europa – Reform oder Krise
240 Seiten. Gebunden

Die Europäische Gemeinschaft – eine teure Illusion, gebaut aus
Milliardensubventionen für dänische Schweine-, sizilianische
Oliven- und norddeutsche Milchbauern, gepflegt von ausge-
musterten Politikern der Mittelklasse, eine egalitäre Bürokra-
tenutopie der perfekten Reglementierung von allem und jedem
zum Zwecke des kontinentalen Einheitslooks?

Hans Apels Buch «Der kranke Koloß» enthält eine Fülle von
wirtschafts- und währungspolitischen Vorschlägen zur Reform
der EG. Sein mit großer Sachkenntnis vorgetragenes Plädoyer
ist die Vision für ein vernünftiges Europa und setzt neue Maßstäbe in der politischen Diskussion.

ROWOHLT

KURT BIEDENKOPF
HELMUT SCHMIDT
RICHARD VON WEIZSÄCKER

# Zur Lage der Nation

128 Seiten. Klappenbroschur

Der Begriff der Nation – so das Fazit der in diesem Band
vereinigten Beiträge zur ersten Jahresversammlung der «Deutschen Nationalstiftung» – darf nicht noch einmal der extremen
Rechten überlassen werden. Auch nicht den Gegnern der europäischen Einigung, die einen nebulösen Vaterlandsbegriff
gegen den Geist von Brüssel auszuspielen versuchen, wo doch
in einem «Europa der Nationen» nationale und europäische
Einigung sich gegenseitig bedingen.
 Die Deutschen stehen noch immer wie Herkules am Schei-
deweg: einerseits die Sehnsucht, auch als politische Nation
endlich das Ansehen zu erlangen, das anderen Nationen seit
jeher selbstverständlich ist, andererseits die Sorge, die durch
die Wiedervereinigung möglich gewordene staatliche und politische Zusammenfassung aller Deutschen könne zu Entwicklungen führen, die dem Ganzen schaden.
 Ob wir eine Nation sind, bestimmen nicht nur wir, sondern
auch unsere Nachbarn – erleben sie ein in Selbstzweifeln er-
starrtes Deutschland, oder spüren sie die alte Hybris wieder
aufkeimen? Die Autoren dieses Buches antworten mit der
Autorität jener Politiker, die beim Wiederaufbau eines demokratischen Deutschlands bewiesen haben, daß Rechtsstaat,
Republik und Nation keine unversöhnlichen Gegensätze sein
müssen.

ROWOHLT

HORST EHMKE

# Mittendrin

448 Seiten. Gebunden

Horst Ehmke, streitlustiger Akteur der Bonner Politik, der wie
kaum ein zweiter das spannungsreiche Verhältnis der Trias
Brandt–Schmidt–Wehner kannte, schildert in diesem Buch den
Machtwechsel von der Großen Koalition zur sozialliberalen
Ära; die Ostpolitik Willy Brandts und die Guillaume-Affäre;
das Krisenmanagement und den Sturz Helmut Schmidts – ein
Vierteljahrhundert Bundesrepublik bis zur Einheit, auf die keiner vorbereitet war. Ein Buch voller erstaunlich unbekümmer-
ter politischer Erinnerungen.

ROWOHLT · BERLIN